复杂地层及环境条件下地铁区间隧道盾构进出洞关键技术

杨永杰　毛宇飞　李　围　董立波　王栋梁　著

中国铁道出版社有限公司

2020 年·北　京

内容简介

本书依托中国电建集团承建的哈尔滨轨道交通 2 号线一期工程，开展了复杂地层及环境条件下地铁区间隧道盾构进出洞关键技术的研究，主要包括复杂条件下盾构进出洞端头加固技术、富水砂层盾构区间钢套筒密闭技术、富水砂层盾构区间钢套筒始发与接收技术、复杂条件下地铁区间隧道盾构进出洞关键技术等内容。

本书为城市轨道交通土建工程专业书籍，可为从事轨道交通工程施工、设计、监理和建设管理技术人员的指导用书和继续教育用书，也可作为高校教师和研究生的参考用书。

图书在版编目(CIP)数据

复杂地层及环境条件下地铁区间隧道盾构进出洞关键技术/杨永杰等著. —北京：中国铁道出版社有限公司，2020.12

ISBN 978-7-113-27361-3

Ⅰ. ①复… Ⅱ. ①杨… Ⅲ. ①复杂地层-地铁隧道-隧洞工程-盾构法 Ⅳ. ①U231.3

中国版本图书馆 CIP 数据核字(2020)第 204073 号

书　　名：**复杂地层及环境条件下地铁区间隧道盾构进出洞关键技术**
作　　者：杨永杰　毛宇飞　李　围　董立波　王栋梁

策划编辑：陈小刚
责任编辑：黎　琳　　　　**编辑部电话**：(010)51873065
封面设计：曾　程
责任校对：苗　丹
责任印制：高春晓

出版发行：中国铁道出版社有限公司(100054，北京市西城区右安门西街 8 号)
网　　址：http://www.tdpress.com
印　　刷：三河市国英印务有限公司
版　　次：2020 年 12 月第 1 版　2020 年 12 月第 1 次印刷
开　　本：787 mm×1 092 mm 1/16　印张：9.75　字数：223 千
书　　号：ISBN 978-7-113-27361-3
定　　价：58.00 元

前言

哈尔滨城市轨道交通2号线一期工程施工区域跨域松花江，该区域属于典型的漫滩地质条件，地下水位高、砂层较厚，采用盾构法施工区间隧道可以提高施工的速度和安全性。为了解决富水砂层地区城市轨道交通隧道盾构施工中的盾构机始发及到达难题，需开展富水砂层地区盾构机钢套筒始发及土压平衡到达接收技术研究。此外，还遇到了盾构机及钢套筒整体过站技术、密闭车站内盾构机调头与二次始发技术、狭小空间密闭车站内盾构机解体施工技术以及暗挖车站内盾构机侧向平移吊出技术难题。因此，总结形成《复杂地层及环境条件下地铁区间隧道盾构进出洞关键技术》一书具有重要意义。该技术为哈尔滨地区的城市轨道交通系统的快速、安全建设提供必要的技术支持，同时也为国内其他城市复杂地层及环境条件下地铁区间隧道盾构进出洞提供有益参考。

本书依托哈尔滨城市轨道交通2号线一期工程，采用理论分析、技术开发、现场工艺试验相结合的综合研究方法，系统地介绍复杂地层及环境条件下地铁区间隧道盾构进出洞的关键技术，主要内容如下：

1. 复杂条件下盾构进出洞端头加固技术

主要包括端头加固目的及加固技术选择、高压旋喷桩外包素地连墙综合加固技术、端头冻结法加固技术和管棚注浆与袖阀管注浆加固技术。

2. 富水砂层盾构区间钢套筒密闭技术

主要包括钢套筒辅助盾构进出洞的特点、富水砂层盾构区间钢套管密闭体系构建、钢套筒结构设计技术、富水砂层盾构区间钢套筒密闭技术、含钢套筒与洞门连接密封技术、钢套筒筒体密封技术及回填材料选择、钢套筒与反力架连接密封技术以及盾构进出洞管片施加预应力技术。

3. 富水砂层盾构区间钢套筒始发与接收技术

主要包括洞门处地连墙玻璃纤维筋技术、钢套筒始发技术、盾构区间钢套筒接收技术和盾构区间钢套筒始发与接收质量控制措施。

4. 复杂条件下地铁区间隧道盾构进出洞关键技术

主要包括盾构机及钢套筒整体过站技术、密闭车站内盾构机调头与二次始发技术、狭小空间密闭车站内盾构机解体技术以及暗挖车站内盾构机侧向平移吊出技术。

本书撰写分工：中国水利水电第一工程局有限公司杨永杰撰写第1章和第4章，中国电建集团铁路建设有限公司毛宇飞撰写第5章5.1节到5.3节，莆田学院闽江学者讲座教授李围撰写第3章和第6章，中国水利水电第一工程局有限公司董立波撰写第2章，中国水利水电第一工程局有限公司王栋梁撰写第5章5.4节到5.6节。全书由李围统稿。

本书撰写过程中，参阅了许多专家学者发表的论文，在此表示真诚的谢意！

时间仓促，加之水平有限，书中如有不妥之处，恳请同行专家及读者给予批评和指正。

作　者

2020年12月

目录

第1章 绪　　论

1.1 研究背景

进入21世纪以来,人口快速涌入各大中城市,城市化规模不断扩大,城市地面可开发利用的空间越来越小。为了缓解人口膨胀所造成的地面交通日益拥堵,改善人居环境,城市空间已逐渐向地下空间扩展。目前,城市轨道交通作为最有效解决地面交通拥堵的途径而被我国各大中城市广泛采用。经过多年的技术研究和实践积累,城市轨道交通施工已经形成了多种成熟的施工方法,如明挖法、暗挖法和盾构法。由于城市轨道交通主要修建在各大城市的繁华城区,区间隧道明挖法和暗挖法因其造成的交通中断时间长、施工干扰大以及对已有建筑物影响大等缺陷,已逐渐被盾构法所替代。相比于明挖法和暗挖法,盾构法具有安全可靠、速度快、对周围环境影响小、不影响交通、受气候影响小且适用于长隧道掘进施工等优势,在城市轨道交通隧道施工中得到了广泛应用。

盾构进洞是盾构法施工的重点和难点,事关隧道贯通的成败,特别是当进洞端地层较差、地下水丰富且周边存在环境风险源时,进洞端措施控制不当,极易导致涌水(砂)、地面塌陷、隧道变形、建(构)筑物和管线破坏等事件的发生,造成重大经济损失和不良的社会影响。

作为我国东北地区的重要省会城市,哈尔滨受当地经济发展的制约,城市轨道交通发展较晚。近年来,哈尔滨地区交通拥堵情况日益严重。为了改善城市交通状况,黑龙江省政府和哈尔滨市政府下大力气发展城市轨道交通系统,哈尔滨市的城市轨道交通因此得到了快速发展。

哈尔滨城市轨道交通2号线一期工程施工区域将跨域松花江,该区域属于典型的漫滩地质条件,地下水位高、砂层较厚,采用盾构法施工区间隧道可以提高施工的速度和安全性。如大耿家站—龙川路站区间地下水位于粉砂层中,部分粉砂层和全部细砂层、中砂层均为富水层,且设计中接收端头采用素墙与垂直旋喷桩相结合的加固方案,加固范围至隧道外轮廓外3 m。由于加固深度太深导致素墙和旋喷桩加固质量难以保证,故导致盾构的始发和到达极易出现涌砂、塌方的工程事故。

面对富水砂层这一不利的地质条件,同时考虑哈尔滨城市轨道交通施工中无法回避的高寒天气,如何安全可靠地实现盾构机在富水砂层地区的始发和到达,将是决定哈尔滨城市轨道交通2号线1期工程大耿家站—龙川路站等区间施工成功的关键。另一方面,由于哈尔滨城市轨道交通2号线处于市区繁华路段、施工场地有限,在洞门附近采用传统的土体加固措施很难实现。在这种条件下,采用近年来兴起的钢套筒技术解决盾构的始发和接收是可行的。

为了解决富水砂层地区城市轨道交通隧道盾构施工中的盾构机始发及到达难题，需开展“富水砂层地区盾构机钢套筒始发及土压平衡到达接收技术研究”。此外，还遇到了盾构机及钢套筒整体过站技术、密闭车站内盾构机调头与二次始发技术、狭小空间密闭车站内盾构机解体施工技术以及暗挖车站内盾构机侧向平移吊出技术难题。因此，总结形成“复杂地层及环境条件下地铁区间隧道盾构进出洞关键技术”具有重要意义。该技术为哈尔滨地区的城市轨道交通系统的快速、安全建设提供必要的技术支持，同时也为国内其他城市复杂地层及环境条件下地铁区间隧道盾构进出洞提供有益参考。

1.2 技术现状

1. 富水地层盾构进出洞技术

许骕[1]以上海轨道交通 15 号线 19 标段上海西站站—铜川路站盾构区间上行线盾构进洞为例，对盾构机在承压富水砂层中的进洞工艺进行研究与分析。通过进洞端头井地基加固、止水密封装置安装、打设环箍等一系列工艺，保证了盾构进洞时的止水效果，确保了盾构顺利进洞。

针对北京地区富含多层承压水地层，在不降水条件下，就常规方法并辅助止水槽、泄压孔和进洞端一定范围内使用多孔管片深孔注浆等措施，陈金刚等[2]进行了盾构进洞技术研究，并通过北京地铁某盾构区间进行了现场试验。该进洞技术保证了盾构机安全进洞，比冻结法端头加固、钢套筒进洞技术具有一定的优势。

马国强[3]针对天津地铁 5 号线张兴庄站盾构出洞接收工程下穿铁路和 3 号线地铁的复杂工程环境以及在富水软弱地层内掘进的不利地质条件，提出了轨道加强、注浆、人工地层冻结、钢护筒和惰性砂浆等多项综合措施，并给出了轨道加强方式、注浆参数、惰性砂浆配合比、人工冻结管布置等要点。

李飞[4]依托长沙市南湖路大型江底泥水盾构隧道工程，基于该隧道河西到达端粉细砂地层特征，分析了浅覆大直径盾构隧道进洞的工程风险，提出了适合粉细砂地层条件的进洞安全控制技术。彭仁[5]介绍了长江西路越江隧道盾构出洞中所应用的井点降水技术，包括井点降水的布置、工艺流程、施工中安全和质量的控制等，对在软土地基施工的大型市政隧道工程，提供可借鉴的盾构出洞施工阶段的井点降水技术。

2. 冻结法加固技术

王星童[6]基于天津站盾构进洞水平冻结加固工程，通过对杯形冻结温度场现场实测，分析盐水温度变化及不同主面、界面冻结温度场发展规律。现场试验表明：在微承压性富水粉砂层地质工况下利用冻结法加固岩土体可行；杯底范围岩土体受杯体冻结壁的影响，冻结发展速度更快，基本呈线性发展；土体与地连墙交界面冻结温度发展速度较内部土体快；冻结 30 d，杯体主面、界面冻结平均温度分别可达 −14.22 ℃和 −10.30 ℃，杯底冻结平均温度可达到 −25 ℃。

盾构隧道端头井冻结法加固的重点在于形成稳定封闭的冻结壁，李福锋[7]以杭州地铁 4 号线江北风井盾构出洞工程为例，考虑相变潜热及端头井地下墙与冻土之间的热交换，通过数值模拟与冻结实测数据对比，分析了盾构出洞过程中的冻土温度场发展规律，提出了水平冻结加固风险控制措施。

康杰[8]采用高分子材料PVC冻结管，经过水平冻结孔施工、管路连接、羊角安装、测斜打压试验、冻结站安装及调试、积极冻结及维护冻结等一系列施工工艺，保证了盾构出洞口地基冻土的加固效果，确保盾构顺利出洞；并与传统采用碳素钢管工艺进行比较，分析碳素钢管与PVC管对冻结法施工工艺的利弊影响。

李方政等[9]基于盾构进洞地基冻结法加固免拔管的需要，选取PVC塑料管作为盐水冻结管，开展了PVC管在冻结过程中的抗弯强度和挠度、拉伸剪切强度、水密耐压、温度应力试验研究，得出PVC管抗弯强度随冻结温度降低而增大，挠度随冻结温度降低而减小的结论。现场试验也验证了PVC冻结管的水密性和可切割性。因此，PVC冻结管在盾构进洞盐水水平冻结工程中应用具有可行性。

为了解决盾构进出洞免拔管问题，崔兵兵等[10]采取PVC(聚氯乙烯)管作为冻结管，进行盾构进洞免拔管盐水冻结加固工艺性试验；分析了冻结过程中PVC冻结管在低温盐水冷冻下的渗漏性，冻结管管壁和冻土壁的温度分布规律，以及盾构推进过程中PVC冻结管的可切割性；获得了PVC管作为盐水冻结管的可行性。

3. 钢套筒辅助技术

福州地铁1号线茶亭站—达道站区间隧道端头井处地下存在大量混凝土、石块等建筑垃圾，原设计高压旋喷桩实施难度大、旋喷效果差，为确保盾构进洞安全，采用了水平冻结与钢套筒相结合辅助盾构进洞的工艺技术，保证了盾构进洞安全。丁国胜[11]从盾构进洞方案的选择、冻结壁承载力检算、冻结孔布置、钢套筒设计安装、盾构进洞过程、洞门密封等方面对该工艺技术进行分析阐述。

钢套筒结合端头加固辅助盾构始发在高水压、复杂地质等环境下，端头加固效果不佳，且现有的钢套筒辅助始发技术不成熟，存在较高的风险。在广州13号线一期工程南岗站—温涌路站区间中，伍伟林等[12]针对始发端超高水压、周围管线和房屋密集等复杂环境条件，通过对钢套筒关键技术进行分析及改进，在无端头加固的条件下，成功采用泥水平衡盾构钢套筒完成了始发。

夏晨欢[13]结合上海地铁11号线某区间盾构工程的施工实际，从技术角度对钢套筒辅助盾构进洞工艺进行了全面研究与实践。

4. 盾构进出洞新技术

张国成等[14]研究TBM盾构机在空推段步进时，通过油缸克服TBM盾构机与步进架、步进架与地面之间的不同摩擦力，进行转换来完成TBM盾构机前进，避免常规TBM盾构机空推前进，需要先施工混凝土导台方式。

盾构接收工艺有钢套筒接收、明洞接收和二次进洞等施工方法。针对天津地铁某线路区间施工的实际情况，袁伟[15]详细介绍了该工程二次进洞工艺技术，通过分析盾构接收过程中的盾构机参数和实际数据，明确了盾构二次进洞过程中的参数建议值。

郭志峰[16]详细介绍了深港连接隧道由泥水压力平衡转换为常压出洞并快速平移至吊装井的系列技术，解决了“凸”型竖井泥水盾构出洞吊装的难题。

郭振国[17]以天津某地下三层地铁车站盾构明洞接收工程为例，采取泡沫混凝土等洞口硬化封闭措施；施工过程中需要防止洞门及箱体破除过程中出现渗漏水；在出洞过程中加强对冷冻体的温度监测,采取合理的技术措施防止盾构机刀盘冻住。

武汉轨道交通 4 号线二期第三标段拦江路站—钟家村站区间隧道与轨道交通 6 号线区间隧道钟家村站南端头井 2 处叠交进洞,石平[18]详细介绍了隧道叠交进洞的施工技术,采取对重叠段土体注浆加固、同步注浆加固、隧道内设支撑加强等措施,保证了上下盾构顺利进洞。

天津地铁 3 号线某盾构区间接收端头井洞门埋深较大,位于富承压水地层,且上方有城际铁路及既有管线,接收条件差、风险大,王君等[19]采用洞内水平注浆与水平冻结的组合加固方案,并结合盾构端头井内施作明洞的施工技术进行接收,确保盾构接收与地表环境的安全。

5. 盾构进出洞技术现状总结

目前,在我国城市地铁区间隧道盾构法施工中需要对进出洞一定长度进行预加固,其加固长度大于盾构机长度的 1 ~3倍,横断面加固范围为隧道左右两侧及底部 0. 5 ~1 倍洞径、顶部加固到地面。加固方法多为竖向高压旋喷桩、竖向袖花管注浆、水平旋喷桩等,加固后土体的强度和抗渗系数满足一定的要求。特别是当地层比较软弱,如淤泥层,则多采用水平冻结法加固,但其加固的时间长,费工费时,施工成本高。

当地层为富水砂层时,其注浆加固或者旋喷加固效果不好,难以达到盾构正常始发与接收要求,或者临近河流等特殊条件下需要采用钢套筒辅助盾构始发技术。当然,采用了钢套筒辅助措施后区间隧道端头仍然需要加固,但端头加固的要求略有降低,或者临近河流等特殊条件下即使加固了还是必须配合钢套筒才能确保盾构始发与接收的安全。

目前在盾构进出洞新技术方面,通过油缸克服盾构机与步进架、步进架与地面之间的不同摩擦力来完成盾构机空推出洞,盾构二次进洞工艺技术,泥水压力平衡转换为常压出洞并快速平移至吊装井的技术,泡沫混凝土等洞口硬化封闭,重叠段土体注浆加固、同步注浆加固、隧道内设支撑加强等措施保证了上下盾构顺利进洞。

1.3 依托工程概况

哈尔滨轨道交通 2 号线一期工程,是哈尔滨轨道交通网络中由北部至南部的骨干线路。线路途经站点:江北大学城站—哈尔滨北站站—大耿家站—龙川路站—世茂大道站—冰雪大世界站—太阳岛站—人民广场站—中央大街站—尚志大街站—哈尔滨站站—博物馆站—文化宫站—省政府站—衡山路站—珠江路站—南直路站—农业大学站—气象台站,全长约 28. 60 km。

线路共设 19 座地下车站,平均站间距 1. 59 km,包括江北大学城站、哈尔滨北站站、大耿家站、龙川路站、世茂大道站、冰雪大世界站、太阳岛站、人民广场站、中央大街站、尚志大街站、哈尔滨站站、博物馆站、文化宫站、省政府站、衡山路站、珠江路站、南直路站、农业大学站及气象台站。设一座车辆段,为哈北车辆段,位于线路北端哈尔滨北站西北侧四环路外。全线设两座主变,分别为哈北站主变(位于车辆基地内)、兆麟街主变(位于兆麟街站附近)。设一座控制中心,位于哈尔滨北站站附近,铁路哈尔滨北站北广场。

大耿家站—龙川路站区间隧道由大耿家站至龙川路站,采用盾构法施工,由龙川路站始发，顺松北大道向北走行，沿线经过泄洪渠桥（靠近大耿家站处，桩基础）等重点建（构）筑物基础，由大耿家站接收。

区间左起终点里程为 CK5 + 157.039 ~ CK6 + 488.669，左线全长为 1 333.419 m；区间右线起终点里程为 CK5 + 153.235 ~ CK6 + 483.544，右线全长为 1 332.097 m。区间纵向基本呈"V"字坡，最大坡度为 26‰，隧道埋置较深，覆土厚度为 9.71 ~ 18.04 m。

场地地形起伏不大，地面高程在 115 ~ 119 m 之间，场地地貌单元属松花江漫滩，盾构机主要在富水砂层中穿行，需土体改良。

哈尔滨 1 月份气温较低、平均气温 −17.2℃，最低可达 −37.7℃。区内季节性冻土发育，从 11 月上旬开始封冻，至翌年 5 月初完全解冻，冻结深度 1.80 ~ 2.05 m。

1. 工程地质

根据钻孔揭露和室内土工试验结果，该场地勘察深度内所揭露的地层为第四纪地层及白垩纪泥岩。第四纪地层由全新统人工堆积层（Q_4^{ml}）、全新统低漫滩冲积成因土层（Q_4^{2al}）、下更新统东深井组冰水堆积层（$Q_1^{2gfl}d$）组成。

场地地层结构特点为典型松花江漫滩相地貌单元特征，地基土分布不均匀，性质变化较大，上部第四纪地层具有 2 个或 3 个明显沉积轮回特征，即从上到下颗粒由细到粗分布。表层由杂填土组成，上部地基土主要由粉细砂组成，中间由中粗砂夹厚薄不均的黏性土组成，下部基岩为白垩纪泥岩。

2. 气象水文

哈尔滨市区内主干河流松花江自西南向东北流经市区北部，河道蜿蜒曲折，边滩及江心洲发育。河床宽 293 ~ 1 000 m，水深 5.80 ~ 11.00 m。1998 年松花江流域遭遇百年罕见特大洪水，哈尔滨段水位达 120.89 m，创历史最高水位，松花江 25 年一遇洪水位 119.50 m，抗洪设防水位 118.10 m。年径流量 153 亿 ~ 755.5 亿 m^3，最大流量 12 200 m^3/s，最大流速为 1.99 m/s，最小流速为 0.536 m/s，最大冰厚 1.25 m，每年 12 月至翌年 3 月可通行汽车。其支流何家沟、马家沟、阿什河自西向东一字排开，南源北流。其中阿什河是主要支流，河道曲折。松花江历年最高水位多出现在 8 ~ 9 月份的降雨集中期，历年最低水位一般出现在降水较少的 1 ~ 4 月份。

3. 地下水类型及特征

根据勘探揭示的地层结构，勘探深度内场地地下水可分为孔隙潜水和孔隙承压水。

（1）孔隙潜水

孔隙潜水主要赋存于第四系全新统冲积层中（2-2）层粉砂、（2-3）层细砂、（2-4）层中砂、（2-4-1）层砾砂、（2-4-3）层粉砂中。该含水层厚度约 15 m，隔水底板为（7-1）层粉质黏土。该场地地层富水性好，水平方向透水性强，孔隙潜水与松花江水力联系较为密切，补给方式主要有松花江侧向径流补给、大气降水入渗、地表水入渗等，其中松花江侧向径流补给及大气降水入渗为主要补给来源。另外丰水期内，区域内湖水、河水等地表水对地下水也有一定的补给作用。排泄方向主要为蒸发及人工开采。水位和水量随季节性变化，最高一般在 7 月份或 8 月份，最低水位多出现在翌年的 3 月份 ~ 5 月份，地下水位的年变化幅度在 2.0 ~ 3.0 m。另外，由于 2006 年下半年松花江哈尔滨下游大顶子山水利枢纽工程的蓄水，抬高了上游哈尔滨段水位，造成了与松花江具有密切水力联系的哈尔滨漫滩地区地下水位升高，松花江哈尔滨段水位常年保持在 115 ~ 116 m。

通过干钻至含水层测得孔隙潜水初见水位埋深 5. 90 ~ 8. 30 m，地下水静止水位埋深为 5. 20 ~ 7. 10 m，高程 111. 44 ~ 113. 27 m（大连高程系）。通过抽水试验计算得出单位涌水量为 1 139. 34 m^3/d，综合渗透系数 66. 352 m/d，影响半径 300 m，预测基坑涌水量为 56 396. 9 m^3/d，下部（2-4）层中砂、（7-2）层中砂属透水 ~ 强透水地层。

（2）孔隙承压水

孔隙承压水主要赋存于第四系下更新统东深井组冰水堆积层中（7-2）层中砂、（7-4）层中砂、（7-5）层砾砂层中，相对隔水顶板为（7-1）层粉质黏土层，底板为白垩纪嫩江组泥岩。该含水层厚约 20 m，厚度变化较大，该含水层富水性好、透水性强。孔隙承压水主要接受侧向径流补给，以侧向径流排泄为主，水位变化影响较小。通过两侧可得在勘察期间孔隙承压水水头高程在 106 ~ 109 m，埋深在地面下 8. 80 ~ 11. 20 m。

此外，场地底部基岩存在少量的基岩裂隙水。底部基岩主要为白垩嫩江组（K_1n）泥岩、粉砂质泥岩，岩层构造裂隙的发育程度总体较差，裂隙不甚发育，多为闭合状或被充填，富水性较差，含水微弱。

（3）地下水腐蚀性

为评价场地孔隙潜水和孔隙承压水的腐蚀性，分别在场地不同钻孔中采取孔隙潜水取样 5 组（抽水试验井 1 组），孔隙承压水取样 2 组试样，测定离子和成分，进行腐蚀性评价。本场地所处环境类型为Ⅱ类。

根据《岩土工程勘察规范（2009 年版）》（GB 50021—2001）12. 2 节，地下水、土腐蚀性评价如下：

①孔隙潜水腐蚀性评价结果：按环境类型水对混凝土结构有微腐蚀性；按地层渗透性水对混凝土结构有微腐蚀性，对钢筋混凝土结构中的钢筋有微腐蚀性。

②承压水腐蚀性评价结果：按环境类型水对混凝土结构有微腐蚀性；按地层渗透性水对混凝土结构有微腐蚀性，对钢筋混凝土结构中的钢筋有微腐蚀性。

（4）地下水对工程的影响

本场地有孔隙潜水及孔隙承压水分布，孔隙潜水水位埋深浅且水量丰富，车站基坑明挖深度超过地下水埋深，地下水对车站明挖工程构成不良影响；土方开挖后，地下水对基坑侧壁易产生渗透，造成潜蚀、基坑涌砂；下部孔隙承压水埋深较深，对基坑开挖影响较小，但承压水易产生基坑隆起等工程不良影响，应根据计算结果必要时采取降水减压措施。

4. 岩土工程条件

该工程地处松花江漫滩，场地地形平坦、开阔，区域地质构造较稳定，不存在能引起场地滑移、大变形和破坏等重大不良地质构造，属于基本稳定场地，适宜工程建设。根据《城市轨道交通岩土工程勘察规范》（GB 50307—2012）附录 E（隧道围岩分级）和附录 F（岩土施工工程分级），杂填土中市政铺设路面及碎石垫层部分隧道围岩分级为Ⅳ级，其余隧道围岩分级为Ⅴ级；各层土的隧道围岩分级为Ⅵ（黏土、全风化泥岩为Ⅴ）。

5. 不良地质的影响

场地特殊岩土主要有杂填土、季节性冻土等。

(1)杂填土

杂填土:杂色,松散~稍密,均匀性极差,由建筑垃圾、生活垃圾和黏性土、砂土组成,道路上有沥青混凝土路面及三合土人工填筑的路基;广泛分布于场地表层,成分复杂,局部较厚呈松散堆积状态,厚度0.5~4.8 m,对车站开挖及基坑支护产生不利影响。

(2)季节性冻土

哈尔滨地区最大冻结深度2.05 m,标准冻结深度为2.0 m,属季节性冻土。从10月末开始冻结,至翌年3月中旬开始融化,5月中旬化透。本场区地基土冻胀类别为胀冻~特强胀冻,冻胀等级为Ⅲ~Ⅴ类。各土层冻胀性分类按照《建筑地基基础设计规范》(GB 50007—2011)附录G中表G.0.1地基土的冻胀性分类见表1.3-1。

表1.3-1　地基土的冻胀性分类表

地层编号	岩土名称	天然含水率 w(%)	塑限 w_p(%)	冻结期间地下水位距冻结面的最小距离 h_w	平均冻胀率 η	冻胀等级	冻胀类别
2-1	粉质黏土	24.9	17.8	≤2.0	$6<\eta\leq12$	Ⅳ	强胀冻
2-1-1	粉质黏土	29.1	15.2	≤2.0	$\eta>12$	Ⅴ	特强胀冻
2-1-2	粉质黏土	31.2	16.5	≤2.0	$\eta>12$	Ⅴ	特强胀冻
2-2	粉砂	15.8	—	≤1.0	$3.5<\eta\leq6$	Ⅲ	胀冻
2-2-1	粉质黏土	32.6	17.2	≤2.0	$\eta>12$	Ⅴ	特强胀冻
2-3	细砂	20.3	—	≤0.5	$6<\eta\leq12$	Ⅳ	强胀冻
2-3-2	粉质黏土	32.5	15.7	≤2.0	$\eta>12$	Ⅴ	特强胀冻
2-3-3	淤泥质粉质黏土	41.7	19.9	≤2.0	$\eta>12$	Ⅴ	特强胀冻
2-4	中砂	14.2	—	≤1.0	$3.5<\eta\leq6$	Ⅲ	胀冻
2-4-1	砾砂	10.3	—	≤1.0	$1<\eta\leq3.5$	Ⅱ	弱胀冻
2-4-2	粉质黏土	27.2	17.1	≤2.0	$\eta>12$	Ⅴ	特强胀冻
2-4-3	粉砂	20.1	—	≤1.0	$6<\eta\leq12$	Ⅳ	强胀冻

6. 场地土腐蚀性评价

在LCZX-29、LCZX-34钻孔中对地下水位以上土层采取6组土样,对土样进行易溶盐的分析。该场地土所处环境类型为Ⅱ类。根据《岩土工程勘察规范(2009年版)》(GB 50021—2001)12.2节,腐蚀性评价结果:按环境类型土对混凝土结构有微腐蚀性,按地层渗透性土对混凝土结构有微腐蚀性,对钢筋混凝土结构中的钢筋有微腐蚀性。

1.4　技术内容及方法

依托哈尔滨城市轨道交通2号线一期工程,采用理论分析、技术开发、现场工艺试验相结合的综合研究方法,主要技术内容如下:

1. 复杂条件下盾构进出洞端头加固技术

主要内容为:端头加固目的及加固技术选择,高压旋喷桩外包素地连墙综合加固技术,端头冻结法加固技术,管棚注浆与袖阀管注浆加固技术。

2. 富水砂层盾构区间钢套筒密闭技术

主要内容为:钢套筒辅助盾构进出洞的特点;富水砂层盾构区间钢套管密闭体系构建;钢套筒结构设计技术;富水砂层盾构区间钢套筒密闭技术,含钢套筒与洞门连接密封技术、钢套筒筒体密封技术及回填材料选择、钢套筒与反力架连接密封技术、盾构进出洞管片施加预应力技术。

3. 富水砂层盾构区间钢套筒始发与接收技术

主要内容为:洞门处地连墙玻璃纤维筋技术,钢套筒始发技术,盾构区间钢套筒接收技术,盾构区间钢套筒始发与接收质量控制措施。

4. 复杂条件下地铁区间隧道盾构进出洞关键技术

主要内容为:盾构机及钢套筒整体过站技术,密闭车站内盾构机调头与二次始发技术,狭小空间密闭车站内盾构机解体技术,暗挖车站内盾构机侧向平移吊出技术,盾构机土中平衡接收技术。

第2章　复杂条件下盾构进出洞端头加固技术

2.1　端头加固目的及技术选择

2.1.1　端头加固目的

盾构始发施工,在盾构法隧道施工过程中,占有举足轻重的位置。我国盾构法城市地铁修建过程中,大多数事故的发生都与盾构始发接收阶段端头土体加固范围、强度等因素有关。端头土体加固是否满足强度和稳定性要求,直接关系盾构法隧道能否正常施工。盾构始发施工过程中,洞门拆除后,端头土体暴露,出现较大的临空面。由于端头处土体临空面的出现,此处土体原有的应力平衡被打破,导致端头处土体存在潜在的滑移破坏面,端头处土体在水土应力的作用下向始发站内发生移动。对于自稳时间较短的土体,如松散的沙土、粉土以及饱和的软黏土等,盾构始发掘进前端头处土体的加固显得尤其重要。

1. 盾构始发施工的常见问题

盾构始发施工过程中最为常见的主要问题如下:

(1)端头土体加固范围无法满足设计要求。

(2)端头土体加固效果不好。

(3)洞门密封失效。

(4)端头土体失稳破坏。

(5)盾构始发工作井周围发生透水、塌方等。

可以总结为端头加固土体强度问题和稳定性问题。

2. 土体加固的主要要求

盾构始发端头土体加固的主要要求如下:

(1)加固土体应满足强度要求。

(2)加固土体应满足稳定性的要求。

(3)加固土体应满足堵水和渗透性的要求。

(4)加固土体应满足变形特征要求。

2.1.2　端头加固技术选择

端头加固可以单独采用一种工法,也可以采用多种工法相结合的加固手段。这主要取决于地质情况、地下水、覆土厚度、盾构机型、施工环境,同时考虑安全性、可操作性、经济性、进度等因素。对于先期施工的车站顶板施工已完成并还路通车,加固区内近距离存在给水、排水管路等,地面无法采取垂直加固施工措施对端头进行加固的情况。

结合哈尔滨地铁2号一期工程沿线由北向东南方向所穿过的地貌单元,初步设计确定以高压旋喷桩加固方式为主流,在高风险源处为确保端头加固质量,增加外包素连墙结构。哈尔滨地铁2号一期工程区间隧道盾构进出洞端头加固技术选择如下:

(1)在松花江漫滩采用高压旋喷加固辅以降水、高压旋喷加外包素连墙。

(2)在松花江阶地哈尔滨火车站站环境条件复杂,端头管线众多,无法进行地面垂直加固,采用水平冻结加固法。

(3)在岗阜状平原由于地下水位较低,有地面垂直加固条件的采用高压旋喷加固,无地面垂直加固条件的采用水平注浆加固、大管棚加固等。

2.2 高压旋喷桩外包素地连墙综合加固技术

2.2.1 高压旋喷加固技术概述

松花江漫滩地下水为第四系全新统孔隙潜水与下更新统砂砾石层孔隙承压水。主要赋存于第四系全新统冲积层中(2-2)层粉砂、(2-3)层细砂、(2-4)层中砂、(2-4-1)层砾砂、(2-4-3)层粉砂中及下更新统东深井组(7-2)层中砂中,地层富水性好,透水性强,渗透系数达51.67 m/d,该层与松花江水力联系密切。补给方式主要有松花江侧向径流补给、大气降水入渗、地表水入渗等,其中松花江侧向径流补给及大气降水入渗为主要补给来源,另外丰水期内,区域内湖水、河水等地表水对地下水也有一定的补给作用。

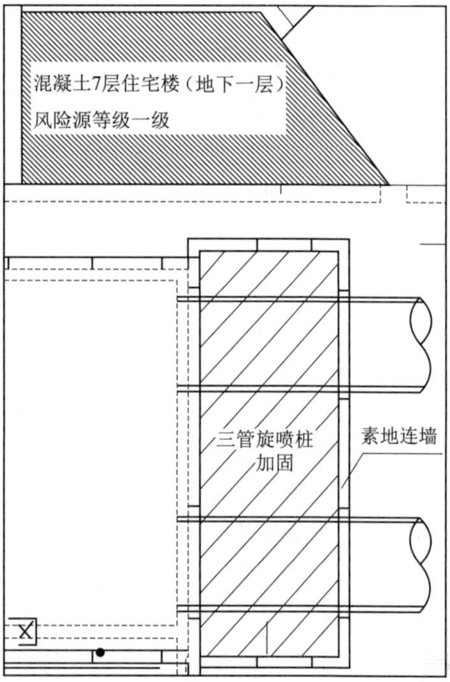

图2.2-1 高喷外包素地连墙平面图

沿线穿越经纬街老城区,古老建筑密集,在超厚富水砂层中盾构始发、接收风险较大,端头加固的质量好坏关系到盾构施工的成败。在盾构始发、接收端头加设外包素混凝土地下连续墙(如图2.2-1所示),对加固端头区域进行围蔽,隔断加固区与外围的地下水连通,并在围蔽范围内进行井点降水,在此基础上利用双管法、三管法旋喷桩对加固区土体进行加固,提高旋喷桩成桩质量,保证端头加固起到良好的效果。

高压泵通过高压橡胶软管输送高压浆液至钻机上的注浆管,进行喷射注浆,同时利用空气压缩机工作将切割本体产生的泥浆排出。双管法是利用高压灌浆泵与空气压缩机同时工作产生高压,形成高压水泥浆液流,将土体切割成桩。三管法旋喷是一种高压水、高压空气喷射、浆液灌注搅拌混合喷射的方法,即用三层喷射管使高压水和空气同时横向喷射,并切割地基土体,借空气的上升力把被破碎的土由地表排除;同时,另一个喷嘴将水泥浆低压力喷射注入被切割、搅拌的地基中，使水泥浆与土混合达到加固目的。

2.2.2　高压旋喷加固试验

1. 试验地层

结合哈尔滨市地铁 2 号线哈尔滨北站站勘察报告和试验钻孔取出的芯样，地层分类大致如下：

(1)第一层:8 ~ 10 m 主要为粉质黏土层，少部分为粉砂层。

(2)第二层:10 ~ 15 m 主要为粉砂层，少部分含有黏土夹层。

(3)第三层:15 ~ 24 m 主要为中砂层，部分钻孔含粉砂及淤泥质粉质黏土夹层。

(4)第四层:24 ~ 27 m 主要为淤泥质粉质黏土，部分钻孔含中砂及含粉砂夹层。

(5)第五层:27 ~ 35 m 主要为粉砂层，部分钻孔为中砂及少部分钻孔含有砾卵石。

2. 试桩布置

在哈尔滨北站站西侧进行试桩试验，孔位布置如图 2.2-2 所示。

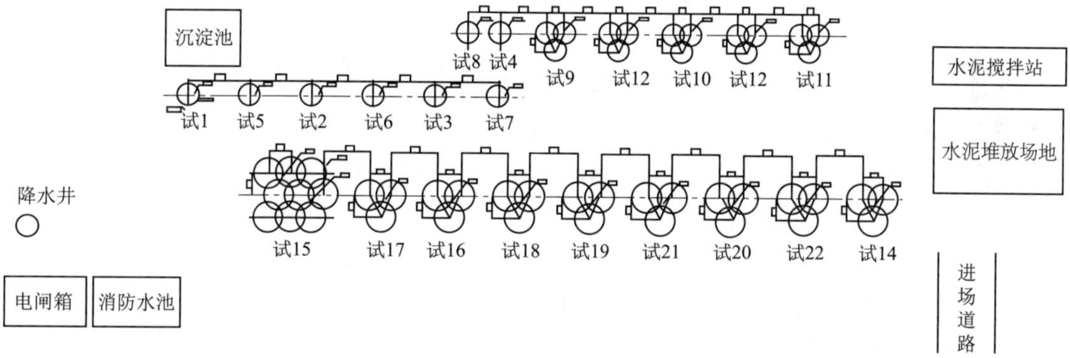

图 2.2-2　试桩孔位布置图

3. 试验组数

(1)单桩试验 8 组

三管 4 根，4 种材料(P·O 52.5 普通硅酸盐水泥、石灰、P·C 32.5 复合硅酸盐水泥及P·O 42.5普通硅酸盐水泥)各做 1 根，其中以 P·C 32.5 水泥一组在高压水中加水玻璃；双管 4 根，4 种材料(P·O 52.5 普通硅酸盐水泥、石灰、P·C 32.5 复合硅酸盐水泥及P·O 42.5普通硅酸盐水泥)各做 1 根。试验单孔深度为 35 m，总造孔深度为 280 m。其中双管高喷中灌注材料为 P·O 42.5 试验桩和 P·C 32.5 试验桩，全孔喷射至地面，其余孔从地面以下 8 m开始喷射，旋喷单桩累计喷射 232 m，空造孔 48 m。

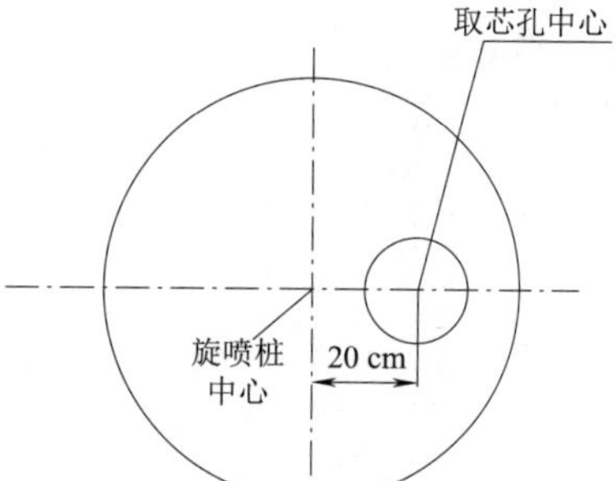

图 2.2-3　取芯孔布置

(2)咬合桩试验 14 组

试验材料选用 P·O 42.5，其中 1 组为 3 ×3 共 9 根桩，其余 13 组每组 3 根桩，共 48 根桩。采用双管法进行试验，试验深度为 35 m。总造孔深度 1 680 m，从地面 8 m 以下开始喷射，旋喷咬合桩喷射累计 1 296 m。空造孔 384 m。

4. 钻孔取样组数

旋喷试验 28 d 后进行钻孔取样。单桩在距桩中心20 cm处钻孔进行取样，每个桩 1 个取样钻孔，共计 8 个孔，合计取样钻孔深度 280 m，单桩取芯位置如图 2. 2-3 所示。

3 个孔 1 组的咬合桩，在 3 个孔的中心位置上进行钻孔取样，共 13 个孔；3 ×3 的 9 孔咬合桩在咬合部位布置 3 个取样孔。咬合桩取样共 16 个孔，合计取样钻孔深度 525 m。咬合桩取芯位置如图 2. 2-4 所示。

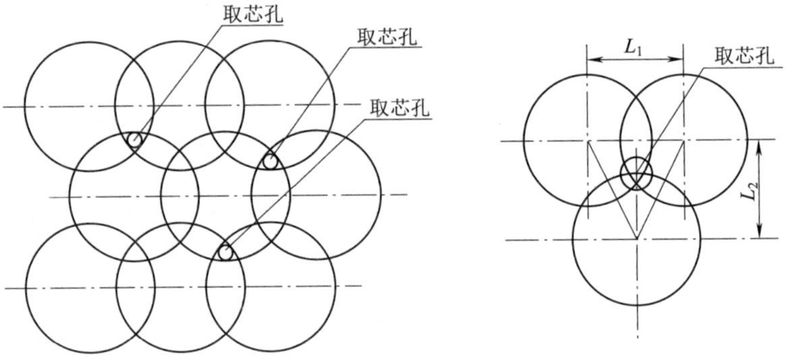

图 2. 2-4　高喷咬合桩取芯位置图

咬合桩取芯位置主要依据 3 个孔交汇点进行取样，如果咬合点取芯效果很好，则咬合桩完全连接在一起，证明本组试验参数合理。如果在交汇点取不出旋喷桩的凝结体，则说明咬合桩没有咬合上，说明该组参数不合理。在咬合桩交汇点来取样作为评价是否咬合的主要依据。

5. 试验方法

采用三管法和双管法对 P·O 52. 5 水泥、P·C 32. 5 复合硅酸盐水泥（其中一根加水玻璃）、P·O 42. 5 普通硅酸盐水泥、石灰，采用四种材料分别进行旋喷单桩试验，共计 8 根桩试验，试验深度为 35 m。三管法和双管法单桩试验参数列于表 2. 2-1 和表 2. 2-2 中。

表 2. 2-1　三重管高喷单桩试验参数表

试验桩号	试验材料	三重管高喷试验参数（单桩）							提升速度 (cm/min)	转速 (r/min)	试验根数	备注	
		水		气		浆							
		压力 (MPa)	流量 (L/min)	压力 (MPa)	流量 (m^3/min)	压力 (MPa)	流量 (L/min)	密度 (g/cm^3)					
试 1	P·O 52.5	30 ~ 32	70 ~ 80	0.6 ~ 0.8	0.8 ~ 1.2	0.5 ~ 1.0	60 ~ 70	1.6 ~ 1.7	10	10 ~ 12	1		试验深度 35 m，从地面以下 8 m 开始喷射
试 2	P·C 32.5	30 ~ 32	70 ~ 80	0.6 ~ 0.8	0.8 ~ 1.2	0.5 ~ 1.0	60 ~ 70	1.6 ~ 1.7	10	10 ~ 12	1	加水玻璃	
试 3	P·O 42.5	30 ~ 32	70 ~ 80	0.6 ~ 0.8	0.8 ~ 1.2	0.5 ~ 1.0	60 ~ 70	1.6 ~ 1.7	10	10 ~ 12	1		
试 4	石灰	30 ~ 32	70 ~ 80	0.6 ~ 0.8	0.8 ~ 1.2	0.5 ~ 1.0	60 ~ 70	水灰比 0.7	10	10 ~ 12	1		

表 2.2-2　双管高喷单桩试验参数表

试验桩号	试验材料	双管法高喷试验参数(单桩) 气 压力(MPa)	气 流量(m^3/min)	浆 压力(MPa)	浆 流量(L/min)	浆 密度(g/cm^3)	提升速度(cm/min)	转速(r/min)	试验(根数)	备　注
试 5	P·O 52.5	0.6～0.8	0.8～1.2	30～32	60～70	1.4～1.5	10	10～12	1	试验深度 35 m,试 5、试 8 从地面以下 8 m 开始喷射,试 6、试 7 喷到地面
试 6	P·C 32.5	0.6～0.8	0.8～1.2	30～32	60～70	1.4～1.5	10	10～12	1	
试 7	P·O 42.5	0.6～0.8	0.8～1.2	30～32	60～70	1.4～1.5	10	10～12	1	
试 8	石灰	0.6～0.8	0.8～1.2	30～32	60～70	水灰比 0.7	10	10～12	1	

采用双管法进行咬合桩试验,根据高压旋喷规范和以往施工经验,以设计的基本参数作为主要试验内容(孔距 0.55 m)。考虑本工程的实际情况,影响桩径和桩体能否咬合在一起,主要参数是试验的喷射压力、孔距、排距和提升速度、浆液密度,试验压力越大,对桩径的喷射直径就会越大,因此应选择较大的喷射压力。选择孔距和排距除按设计值外,还增加了孔距和排距,分别为 0.7 m 和 0.8 m。主要为了通过试验是否能达到设计要求的桩径咬合深度达到 0.25 m。如果孔距和排距 0.7 m 和 0.8 m,桩径可以达到 0.9 m 或 1.0 m,则桩径仍然可以实现桩咬合在一起,从而实现减少工作量 15% ～25% 。提升速度是直接影响成桩质量的关键参数,通过试验确定非常重要,照样可以节省工程的造价。参数的选择可实现工程的经济合理,以达到减少工程的总投资为最终的目的。咬合桩试验参数见表 2.2-3。

表 2.2-3　双管高喷咬合桩试验参数表

试验桩号	试验材料	孔距 L_1	排距 L_2	双管高喷试验参数(咬合桩) 气 压力(MPa)	气 流量(m^3/min)	浆 压力(MPa)	浆 流量(L/min)	浆 密度(g/cm^3)	提升速度(cm/min)	转速(r/min)	试验根数	喷射深度(m)
试 9	P·O 42.5	0.55	0.55	0.6～0.8	0.8～1.2	≥30	60～70	1.4～1.5	10	10～15	3	所有试验孔深度为 35 m,喷射范围为 8～35 m
试 10	P·O 42.5	0.55	0.55	0.6～0.8	0.8～1.2	≥30	60～70	1.4～1.5	15	10～15	3	
试 11	P·O 42.5	0.55	0.55	0.6～0.8	0.8～1.2	≥30	60～70	1.4～1.5	20	10～15	3	
试 12	P·O 42.5	0.55	0.55	0.6～0.8	0.8～1.2	≥30	60～70	1.3～1.4	10	10～15	3	
试 13	P·O 42.5	0.55	0.55	0.6～0.8	0.8～1.2	≥30	60～70	1.3～1.4	15	10～15	3	
试 14	P·O 42.5	0.7	0.7	0.6～0.8	0.8～1.2	≥32	60～70	1.4～1.5	10	10～15	3	
试 15	P·O 42.5	0.7	0.7	0.6～0.8	0.8～1.2	≥32	60～70	1.4～1.5	15	10～15	3×3	
试 16	P·O 42.5	0.7	0.7	0.6～0.8	0.8～1.2	≥32	60～70	1.4～1.5	20	10～15	3	
试 17	P·O 42.5	0.7	0.7	0.6～0.8	0.8～1.2	≥32	60～70	1.3～1.4	10	10～15	3	
试 18	P·O 42.5	0.7	0.7	0.6～0.8	0.8～1.2	≥32	60～70	1.3～1.4	15	10～15	3	
试 19	P·O 42.5	0.8	0.8	0.6～0.8	0.8～1.2	≥32	60～70	1.4～1.5	10	10～15	3	
试 20	P·O 42.5	0.8	0.8	0.6～0.8	0.8～1.2	≥32	60～70	1.4～1.5	15	10～15	3	
试 21	P·O 42.5	0.8	0.8	0.6～0.8	0.8～1.2	≥32	60～70	1.3～1.4	10	10～15	3	
试 22	P·O 42.5	0.8	0.8	0.6～0.8	0.8～1.2	≥32	60～70	1.3～1.4	15	10～15	3	

6. 旋喷工艺参数控制

施工技术参数是保证成桩质量的关键，因此必须进行严格的控制。

(1)提升速度。按照施工方案设计的技术参数进行提升，提升时通过调速表，多次进行试验，确定提升速度调速表所需要的转速，在提升过程中进行严格控制。

(2)浆压。浆压是保证旋喷桩能否连续的最关键参数，浆压过低孔距之间高压浆穿不透，桩体就不会咬合，就不能形成完整的水泥土体。因此浆压必须要保持在制定方案中的30～35 MPa之间，通过压力表现场控制。

(3)浆量。浆量是保证切割地层后有足够的水泥浆进入到地层中去，浆量少地层就得不到足够的灌注，会影响桩体质量；浆量过大会造成材料的浪费。因此要保证浆泵的完好性能，浆量控制在60～70 L/min。

(4)浆液密度。浆液密度是保证旋喷桩体抗压强度的关键参数，密度低旋喷桩体的抗压强度就会低，太低可能形不成墙体。如果密度太高，浆泵会吸浆不畅，也会造成材料的浪费。因此在浆液搅拌过程中，经常进行浆液密度的测量，以便使浆液密度控制在各组试验范围内。

(5)空压机风量和风压。空压机的风量和风压是保证浆液在喷射过程中对高压浆射流进行保护，风在喷射过程中起到搅拌作用，使喷灌到地层中的水泥浆与原始地层得到充分的拌和形成旋喷柱体；风在高喷过程中还起到升扬作用，用水泥浆将地层中的多余泥沙带出地面。风在高喷过程中是不可忽视的重要参数，一定要加以重视。风压应控制在0.6～0.8 MPa，风量应控制在5～6 m^3/min。

7. 试验效果

根据每个钻孔的取芯情况进行描述，结合每组试样试验结果，分析、对比、判断不同的试验参数的成桩质量及咬合桩的桩体连续性，最终提出本次试验最佳适合哈尔滨地铁2号线的高压旋喷桩的成桩材料和最佳施工工艺参数。

(1)芯样完整性对比

高压旋喷桩三管和双管加固后芯样完整性如图2.2-5所示。

(a) 试验桩1（三管、P·O 52.5、密度1.6～1.7 g/cm^3）

(b) 试验桩5（双管、P·O 52.5、密度1.4～1.5 g/cm^3）

图 2.2-5

(c) 试验桩 2(三管、P·C 32.5、密度 1.6 ~ 1.7 g/cm³)

(d) 试验桩 6(双管、P·C 32.5、密度 1.4 ~ 1.5 g/cm³)

(e) 试验桩 3(三管、P·O 42.5、密度 1.6 ~ 1.7 g/cm³)

(f) 试验桩 7(双管、P·O 42.5、密度 1.4 ~ 1.5 g/cm³)

图 2.2-5　三管和双管加固后芯样完整性

(2)芯样抗压强度的对比

高压旋喷桩三管和双管加固后芯样抗压强度列于表 2.2-4 中,从表中对比可以看出双管的抗压强度比三管的抗压强度要高,说明高压旋喷桩加固效果双管好于三管。

表 2.2-4　三管和双管加固后芯样抗压强度

序　号	桩　号	施工方法	材　料	密　度 (g/cm^3)	各地层抗压强度(MPa)	水泥用量 (kg/m)	备　注
1	试 1	三管法	P·O 52.5	1.65	粉砂:2.84	620	单桩
					中砂:3.42		
					黏土含砂:2.44		
2	试 5	双管法	P·O 52.5	1.46	粉砂:8.11	460	单桩
					中砂:5.53		
					粉质黏土:0.12		

续上表

序　号	桩　号	施工方法	材　　料	密　　度(g/cm^3)	各地层抗压强度(MPa)	水泥用量(kg/m)	备　　注
3	试2	三管法	P·C 32.5	1.63	粉质黏土:1.01	580	单桩
					中砂:2.37		
					粉砂:1.94		
4	试6	双管法	P·C 32.5	1.46	粉质黏土:1.24	440	单桩
					粉砂:3.66		
					中砂:7.34		
5	试3	三管法	P·O 42.5	1.63	粉砂:1.02	670	单桩
					中砂:1.35		
					粉质黏土:0.55		
					粉砂:1.3		
6	试7	双管法	P·O 42.5	1.45	粉砂:10.35	460	单桩
					中砂:9.81		
					粉质黏土:4.57		

(3)芯样渗透系数的对比

高压旋喷桩三管和双管加固后芯样渗透系数列于表2.2-5中,从表中对比可以看出双管法的渗透系数比三管法的渗透系数要相对小一些。

表2.2-5　三管和双管加固后芯样渗透系数

序　号	桩　号	施工方法	材　　料	密度(g/cm^3)	各地层渗透系数(cm/s)	水泥用量(kg/m)	备　　注
1	试1	三管法	P·O 52.5	1.65	粉砂:2.34×10^{-7}	620	单桩
					中砂:3.11×10^{-5}		
					黏土含砂:3.57×10^{-7}		
2	试5	双管法	P·O 52.5	1.46	粉砂:4.26×10^{-7}	460	单桩
					中砂:5.15×10^{-5}		
					粉质黏土:7.92×10^{-7}		
3	试2	三管法	P·C 32.5	1.63	粉质黏土:1.80×10^{-5}	580	单桩
					中砂:6.63×10^{-6}		
					粉砂:7.57×10^{-7}		
4	试6	双管法	P·C 32.5	1.46	粉质黏土:1.62×10^{-6}	440	单桩
					粉砂:3.23×10^{-7}		
					中砂:2.11×10^{-6}		
5	试3	三管法	P·O 42.5	1.63	粉砂:1.52×10^{-6}	670	单桩
					中砂:2.26×10^{-7}		
					粉质黏土:3.10×10^{-7}		
					粉砂:2.18×10^{-6}		

续上表

序　号	桩　号	施工方法	材　　料	密度(g/cm^3)	各地层渗透系数(cm/s)	水泥用量(kg/m)	备　　注
6	试 7	双管法	P·O 42.5	1.45	粉砂:2.05×10^{-6}	460	单桩
					中砂:3.15×10^{-7}		
					粉质黏土:2.73×10^{-7}		

综合芯样的完整性、抗压强度、渗透系数比较结果,双管法优于三管法。从水泥用量来看,双管法比三管法每米可平均节省 150 kg 水泥,可降低每米成本 60 元左右。三管法返出的废浆液是双管法的 1 倍,增加废浆液的处理费用,对环保不利。

旋喷桩渗透系数设计指标不超过 1×10^{-8} cm/s。在 79 组渗透试验中全部未达到设计指标要求。有 72 组渗透系数不超过 1×10^{-6} cm/s 占所有试验组数的 91%,应修改设计指标为渗透系数 $\leqslant1\times10^{-6}$ cm/s 更为合适。如果要求渗透系数设计指标必须不超过 1×10^{-8} cm/s,应选择其他施工方法,以达到其要求。

有 7 组渗透系数不超过 1×10^{-5} cm/s:黏土 1 组,单桩三管,主要原因是三管浆液稀或没完全喷开黏土层;淤泥质粉质黏土 2 组,孔距 55 cm,提速 20 cm/min 和孔距 80 cm,主要原因是提升速度快和孔距大,水泥与淤泥质粉质黏土没有均匀的搅拌或者桩之间没有咬合好;中砂 3 组,1 组三管喷射含砾砂,1 组双管喷射含砾砂,1 组孔距 80 cm。主要原因是在含砂砾的地层本身渗透系数就大,喷射后的旋喷桩渗透系数就大,孔距大可能钻孔斜造成咬合不充分。所有取芯组实验数据列于表 2.2-6 中。

表 2.2-6　所有取芯组实验数据

序号	取芯孔号	组　　号	深度(m)	块数	地　　层	成桩日期	取芯日期	抗压强度(MPa)	渗透系数(cm/s)
1	试 1	试 1-1	13.60～14.50	3	粉砂	2015.8.13	2015.9.15	2.84	2.34×10^{-7}
		试 1-2	22.30～25.25	4	中砂			3.42	3.11×10^{-5}
		试 1-3	31.00～32.00	5	粉质黏土			2.44	3.57×10^{-7}
2	试 5	试 5-1	12.10～13.18	2	粉砂	2015.8.16	2015.9.16	8.11	4.26×10^{-7}
		试 5-2	19.86～20.71	2	中砂			5.53	5.15×10^{-5}
		试 5-3	22.00～24.00	5	粉质黏土			0.12	7.92×10^{-7}
3	试 2	试 2-1	8.40～9.60	3	粉质黏土	2015.8.14	2015.9.17	1.01	1.80×10^{-5}
		试 2-2	16.60～17.90	2	中砂			2.37	6.63×10^{-6}
		试 2-3	29.50～33.00	5	粉砂			1.94	7.57×10^{-7}
4	试 6	试 6-1	8.50～9.80	2	粉质黏土	2015.8.17	2015.9.18	1.24	1.62×10^{-6}
		试 6-2	13.50～14.50	1	粉砂			3.66	3.23×10^{-7}
		试 6-3	19.77～20.55	2	中砂			7.34	2.11×10^{-6}
5	试 3	试 3-1	9.30～10.30	2	粉砂	2015.8.14	2015.9.20	1.02	1.52×10^{-6}
		试 3-2	15.00～17.00	4	中砂			1.35	2.26×10^{-7}
		试 3-3	21.00～22.50	4	粉质黏土			0.55	3.10×10^{-7}
		试 3-4	28.20～29.40	5	粉砂			1.30	2.18×10^{-6}

续上表

序号	取芯孔号	组　号	深度(m)	块数	地　层	成桩日期	取芯日期	抗压强度(MPa)	渗透系数(cm/s)
6	试7	试7-1	10.80~12.00	2	粉砂	2015.8.18	2015.9.20	10.35	2.05×10^{-6}
		试7-2	15.17~17.27	1	中砂			9.81	3.15×10^{-7}
		试7-3	21.00~22.19	3	粉质黏土			4.57	2.73×10^{-7}
7	试16	试16-1	8.2~9.1	4	粉质黏土	2015.8.24	2015.9.22	6.62	4.19×10^{-7}
		试16-2	10.4~11.6	4	粉砂			2.66	4.76×10^{-7}
		试16-3	15.17~16.37	4	中砂			4.77	4.05×10^{-7}
		试16-4	23~25	2	粉质黏土			0.27	4.26×10^{-7}
8	试19	试19-1	9~10	3	粉质黏土	2015.8.18	2015.9.23	1.35	2.32×10^{-6}
		试19-2	11.7~13.9	2	粉砂			13.12	1.41×10^{-5}
		试19-3	20~21.1	3	中砂			11.23	6.86×10^{-5}
		试19-4	25.2~28.5	2	粉质黏土			5.14	3.25×10^{-5}
9	试11	试11-1	8.7~9.5	3	粉砂	2015.8.25	2015.9.23	4.75	4.73×10^{-7}
		试11-2	17~18	3	中砂			5.61	2.53×10^{-6}
		试11-3	25~26.3	4	粉质黏土			0.48	1.66×10^{-5}
		试11-4	29.1~32.3	4	粉砂			3.92	3.51×10^{-7}
10	试10	试10-1	12.2~13.2	2	粉砂	2015.8.25	2015.9.24	11.28	4.35×10^{-7}
		试10-2	20 ~22	2	中砂			12.81	4.18×10^{-7}
		试10-3	31.9~33.4	2	粉砂			11.17	5.91×10^{-7}
11	试9	试9-1	8.3~9.4	2	粉砂	2015.8.25	2015.9.25	12.36	2.29×10^{-7}
		试9-2	19~21	2	中砂			6.18	2.36×10^{-7}
		试9-3	34~35	2	粉砂			7.56	2.26×10^{-7}
12	试20	试20-1	10~12	2	粉砂	2015.8.29	2015.9.26	11.12	1.16×10^{-6}
		试20-2	17~18.5	3	中砂			7.31	2.12×10^{-7}
		试20-3	21~26	4	粉质黏土			0.22	1.01×10^{-6}
13	试14	试14-1	8.5~10	4	粉质黏土	2015.8.26	2015.9.26	1.22	3.24×10^{-6}
		试14-2	14.7~18	2	中砂			15.51	2.05×10^{-6}
		试14-3	21~24	4	粉质黏土			0.18	7.54×10^{-7}
		试14-4	32~33	3	粉砂			9.64	4.63×10^{-7}
14	试15-1	试15-1-1	8~9.7	4	粉质黏土	2015.8.30	2015.9.28	2.32	3.53×10^{-7}
		试15-1-2	13.5~14.5	3	中砂			15.51	2.46×10^{-7}
		试15-1-3	21~22	3	粉质黏土			0.10	1.74×10^{-6}
15	试15-2	试15-2-1	8~9.3	3	粉质黏土	2015.8.28	2015.9.27	1.95	1.37×10^{-7}
		试15-2-2	16.5~18	3	中砂			10.44	1.42×10^{-7}
		试15-2-3	21.5~23	4	粉质黏土			0.22	1.60×10^{-6}

续上表

序号	取芯孔号	组　　号	深度(m)	块数	地　　层	成桩日期	取芯日期	抗压强度(MPa)	渗透系数(cm/s)
16	试15-3	试15-3-1	8~9.3	2	粉质黏土	2015.8.30	2015.9.28	1.98	1.49×10^{-7}
		试15-3-2	16.5~18	2	中砂			10.44	1.67×10^{-7}
		试15-3-3	21.5~23	4	粉质黏土			0.36	1.87×10^{-7}
		试15-3-4	30~32	4	粉砂			12.23	1.54×10^{-7}
17	试13	试13-1	8~9	2	粉砂	2015.8.31	2015.9.29	3.25	3.51×10^{-7}
		试13-2	19.5~21	2	中砂			6.52	1.25×10^{-6}
		试13-3	24~25	3	粉质黏土			3.09	4.21×10^{-7}
		试13-4	32~33	1	粉砂			6.54	3.24×10^{-6}
18	试12	试12-1	8.5~10	3	粉砂	2015.9.2	2015.9.30	9.96	3.12×10^{-7}
		试12-2	18.5~19.8	2	中砂			6.97	3.08×10^{-7}
		试12-3	22~24	4	粉质黏土			4.15	9.82×10^{-6}
		试12-4	34~35	3	粉砂			12.65	2.19×10^{-7}
19	试22	试22-1	9.2~10.2	3	粉质黏土	2015.9.3	2015.9.30	0.67	2.15×10^{-7}
		试22-2	11.2~12.5	3	粉砂			3.83	2.49×10^{-7}
		试22-3	17~19	2	中砂			6.02	1.93×10^{-7}
		试22-4	34~35	2	中砂含砾			3.93	2.73×10^{-7}
20	试21	试21-1	10.7~11.7	2	粉砂	2015.9.3	2015.10.1	4.44	2.37×10^{-7}
		试21-2	14.3~19	3	中砂			9.61	1.17×10^{-6}
		试21-3	23.6~24.6	3	粉质黏土			0.11	8.97×10^{-6}
		试21-4	28~30	3	粉砂			7.24	1.39×10^{-7}
21	试18	试18-1	8~10	3	粉质黏土	2015.9.3	2015.10.2	0.83	1.97×10^{-7}
		试18-2	11~12	1	粉砂			6.59	2.48×10^{-7}
		试18-3	15~18	3	中砂			2.72	1.47×10^{-7}
		试18-4	21.5~22.5	2	粉质黏土			0.15	7.31×10^{-6}
22	试17	试17-1	13.4~14.4	1	粉砂	2015.8.4	2015.10.2	2.84	2.42×10^{-7}
		试17-2	18~20	2	中砂			9.94	1.37×10^{-7}
		试17-3	22.4~23.4	3	粉质黏土			3.13	1.09×10^{-6}
		试17-4	28.5~30	2	中砂含砾			3.95	2.88×10^{-6}

2.2.3　外包素地连墙施工

由于高压旋喷成桩质量控制难度大，松花江漫滩与江水水系联系紧密，地下水流速相对较快，浆液被流水带走，严重影响成桩效果。因此，在高风险源处，在高压旋喷桩外围设置外包素地连墙或旋喷双液浆做隔断止水帷幕，防止浆液外流。根据车站区域的工程地质情况，采用成槽机液压抓斗成槽，地下素混凝土墙施工工艺流程如图2.2-6所示。

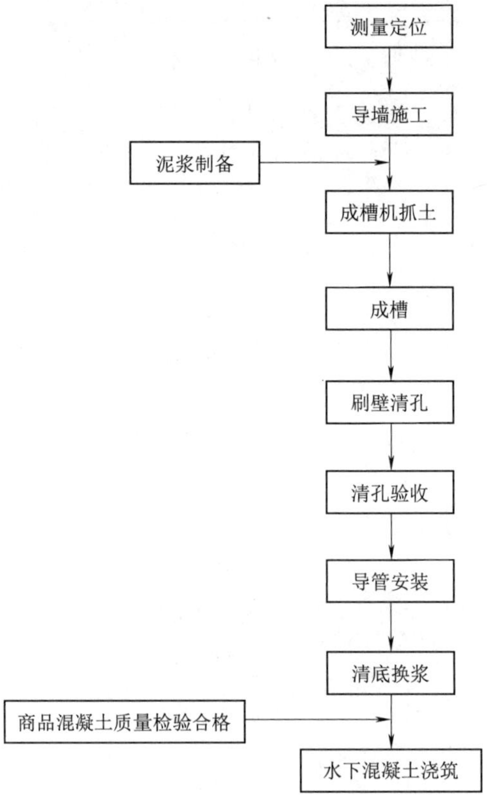

图 2. 2-6　素地下连续墙施工工艺流程图

1. 导墙施工

导墙施工工艺流程见图 2. 2-7 所示。

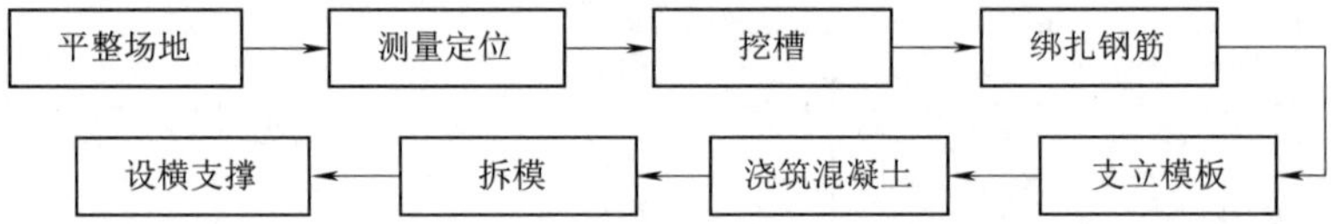

图 2. 2-7　导墙施工工艺流程图

(1)导墙是控制地下连续墙各项指标的基准,起着支护槽口土体,承受地面荷载和稳定泥浆液面的作用。本车站的导墙形式采用"┐ ┌"形现浇钢筋混凝土结构,壁厚 200 mm。导墙结构如图 2. 2-8 所示。导墙各转角处需向外延伸,以满足最小开挖槽段及钻孔需要。

(2)导墙施工

用全站仪放出地下连续墙轴线,并放出导墙位置,开挖前,进一步采用物探方法及人工挖探沟相结合探测管线,根据探测结果,现场放样后做出指示标牌。导墙开挖采用挖掘机开挖,值班人员跟班监督,人工配合刷墙及清底;情况不明处,导墙开挖应以人工开挖为主(结合挖探槽进行),采用小型挖掘机配合,人工配合清底。

导墙分段进行施工,施工缝在前段混凝土初凝后凿毛,露出粗砂或小石。导墙混凝土采用二级配 C20 混凝土。导墙模板选用 18 mm 厚的胶合板，方木对撑加固。导墙模板安装前先测出中心线和两边线，校对高程，找平底角，确保模板位置高程准确。

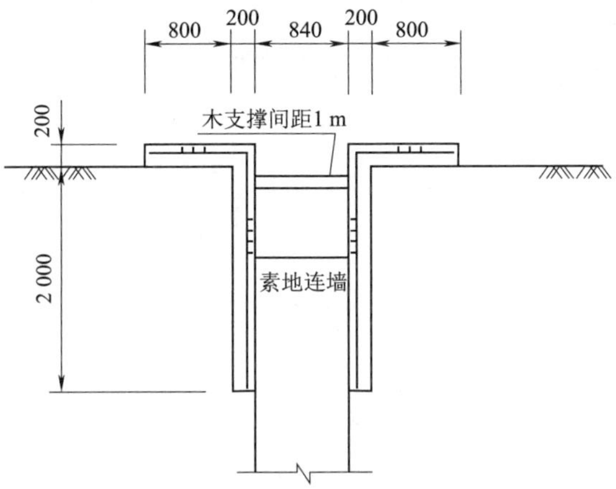

图 2.2-8　导墙结构图（单位：mm）

导墙顶高出地面不小于 10 cm，以防止地面水流入槽内，污染泥浆。导墙混凝土分层浇筑，坯层厚度 30 ~ 40 cm，浇筑时导墙两侧对称，均衡下料，严禁单侧定点下料。混凝土采用插入式振捣器振捣，土层混凝土振捣插入下一层混凝土 5 cm。模板拆除后，沿其纵向每隔 1 ~ 1.5 m加设上下两道 8 cm × 8 cm 方木或混凝土墩做内支撑，在导墙混凝土达到设计强度前，禁止任何重型机械和运输设备在其旁边通过。

导墙施工缝与地连墙接缝错开。导墙施工的技术要求如下：

①内墙面与地墙纵轴线平行度误差为 ±10 mm。

②内外导墙间距误差为 ±10 mm。

③导墙内墙面垂直度误差为 5 ‰。

④导墙内墙面平整度为 3 mm。

⑤导墙顶面平整度为 5 mm。

2. 护壁泥浆配制和使用

地下连续墙槽段开挖过程中，为了保证槽壁的稳定，要连续不断地向沟槽中供给新鲜泥浆，同时在水下混凝土浇筑时，将有大量的泥浆排放出来。因此需认真做好泥浆管理，包括制备、循环使用和废浆的处理，确保连续墙施工的质量、安全、进度和文明施工。

(1)泥浆制备

根据一次开挖槽段的大小、泥浆的各种损失及制备和回收处理泥浆的机械能力确定所需的泥浆数量。根据以往施工经验，泥浆需要有一天的储备量，考虑到施工场地限制，现场可采用可移动式双层泥浆箱储存泥浆。

新泥浆配制采用 1 台 2L-400 型高速回转式搅拌机按试验的配合比进行调配，泥浆的基本配合比列于表 2.2-7 中。膨润土泥浆搅拌均匀后，在储浆池内一般静止 24 h 以上，加分散剂后不少于 3 h，以便膨润土颗粒充分水化、膨胀，确保泥浆质量。泥浆的配制方法如图 2.2-9所示，泥浆性能指标列于表 2.2-8 中。

表 2.2-7 泥浆的基本配合比

泥浆材料	膨润土	纯碱	CMC	清水
1m³投料量(kg)	116.6	4.664	0.583	9.493

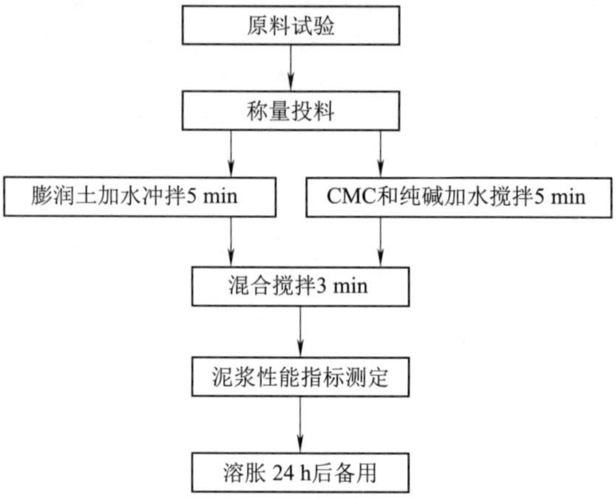

图 2.2-9 泥浆配置方法图

表 2.2-8 泥浆性能指标

泥浆类别	泥浆指标					
	漏斗黏度(s)	比 重(g/cm²)	酸碱度(pH 值)	失水量(mL)	含沙量(%)	滤皮厚(mm)
新鲜泥浆	22~30	1.05~1.10	8.0~8.5	<10	<1	<1.5
再生泥浆	30~40	1.08~1.15	7.0~9.0	<15	<4	<2.0
挖槽时泥浆	22~60	1.05~1.25	7.0~10.0	<20	可以不测	可以不测
清孔后泥浆	22~30	1.05~1.15	7.0~10.0	<20	<4	<2.0
劣化泥浆	>60	>1.30	>14	>30	>10	>3.0

3. 地下连续墙成槽施工

(1)液压抓斗成槽机成槽施工

对连续墙中的土层及砂层地段,采用液压抓斗成槽机三序成槽,优质膨润土泥浆护壁。先施工距离已做墙体远的一抓,后施工距离近的一抓,成槽过程中运用成槽机上配备的自动纠偏系统确保槽壁垂直度在 3/1 000 以内,并始终保持槽内泥浆面不低于导墙顶面以下 0.5 m及地下水位 0.5 m 以上。土方直接由自卸汽车运至临时堆土场。地下连续墙单元成槽顺序如图 2.2-10 所示。

(2)主要施工流程

①槽段放样

根据设计图纸和测量控制桩点布设测量控制网点,进行连续墙放样测量,在导墙上精确划出分段标记线。

②槽段开挖

标准槽段地层采用液压抓斗成槽机抓土,三序成槽,先挖两边,再挖中间,开挖过程中要实测垂直度,并及时纠偏。开挖出的渣土装入自卸汽车运至渣土池集中堆放。成槽机距导墙安全距离应严格执行现行《建筑基坑支护技术规程》(JGJ 120)规定。

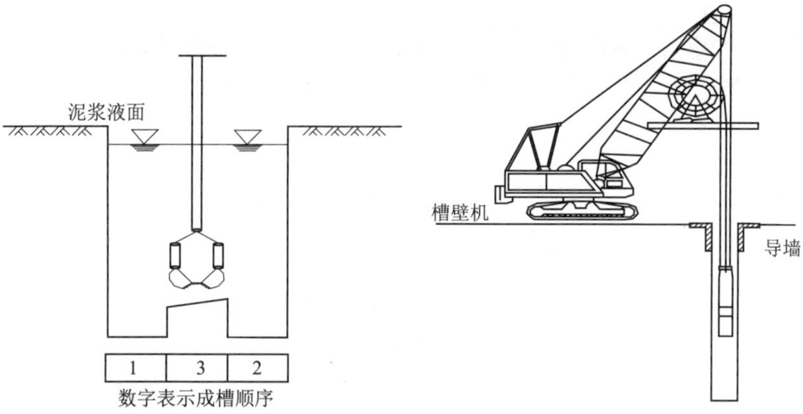

图 2.2-10　地下连续墙成槽顺序图

③槽段质量检查

槽段开挖结束后,检查槽位、槽深、槽宽及槽壁垂直度,合格后可进行清槽换浆。

④清底换浆

在成槽完毕之后采用泵吸法进行清基。当槽底沉渣已经清除干净时及时换浆,保证槽底沉渣不超过 100 mm,泥浆密度不超过 1.15 g/cm^3,黏度为 20 ~ 30 s。清底换浆时施工要点如下:

(a)泥浆泵或吸泥管下放时不能一次到底,须先在距槽底 1 ~ 2 m 处进行试吸,防止抓斗搅浑槽底沉渣,造成潜水泥浆泵或吸泥管堵塞。

(b)清底时,抓斗潜水泥浆泵或吸泥管都要由浅入深,在槽段全长范围内往复移动作业,直到抓斗里不见土渣为止。

(c)清底换浆时,要及时向槽内补充优质泥浆,保持浆面基本平衡。

两槽段混凝土接头上的淤泥采用刷壁器清刷,用吊车将刷壁器吊入槽内紧贴接头混凝土面往复上下刷 2 遍或 3 遍,认真细微地清刷干净,使新老混凝土接合处干净密实。

⑤注意事项

液压抓斗成槽机定位后,必须平整、稳固,确保在施工中不发生倾斜、移动。抓斗平行于导墙内侧面,抓斗下放时,自行坠入导墙内,不允许强力推入,以保证成槽精度。为准确控制成槽深度,在成槽机具上应设置控制深度的标尺,以便在施工中进行观测记录。

土层成槽时不宜满斗挖土,即每斗不能挤满土方,因为土在泥浆中经过挤压后,会影响泥浆质量,使泥浆黏度增大。装土的抓斗提升到导墙顶面时,要稍停,待抓斗上泥浆沥净后,再提升卸料,以防泥浆污染场地。掉在导墙上的泥土清至槽孔外,严禁铲入槽中。

抓斗下放挖土时,抓斗中心对准放于导墙上的孔位中心标志物,并顺延导墙外侧壁下放,保证挖土位置正确。

泥浆补给要及时,槽内泥浆液面控制在导墙下 20 cm,并高出地下水位 0.5 m,以防造成槽壁塌落。

在实际施工中，如地质状况与地质资料有较大差异，地下连续墙墙底高程需作调整时，及时汇报设计及监理，并征得同意后及时办理变更手续。

4. 水下混凝土灌注

（1）素地下连续墙墙身混凝土采用导管法灌注水下混凝土，ϕ250 mm 导管对称浇筑。导管以丝扣连接并以环状橡胶垫密封，使用前进行水密性试验，试验压力为 0.6 ~ 1.0 MPa。导管由灌注架利用卷扬机提升，导管系统如图 2.2-11 所示。

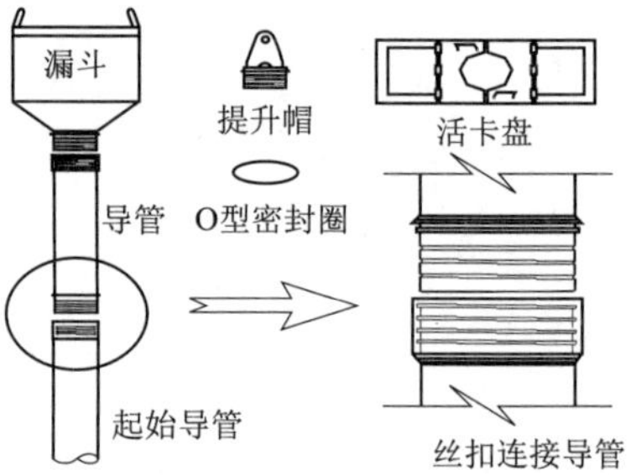

图 2.2-11　导管系统示意图

（2）导管连接应严密牢固，使用前试拼并进行隔水栓通过试验。“—”型槽段安放 2 套导管，导管间距不大于 3 m，导管距槽段端部不大于 1.5 m，导管离槽底控制在 30 ~ 50 cm 内。混凝土灌注前在导管内临近泥浆面位置吊挂隔水栓。灌注前用导管进行泵吸反循环二次清底换浆，混凝土灌注示意图如图 2.2-12 所示。

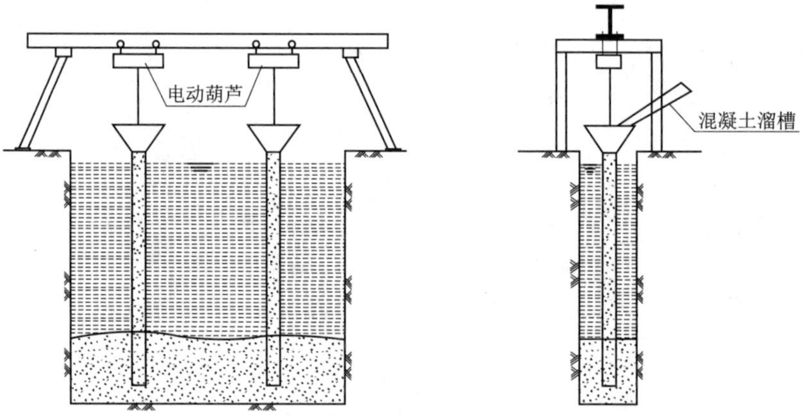

图 2.2-12　混凝土灌注示意图

（3）灌注混凝土时，以充气球胆作为隔水栓，混凝土罐车直接把混凝土送到导管上的漏斗。灌注时各导管同步灌注混凝土，保持混凝土面呈水平状态上升，其混凝土面高差不得大于 50 cm。灌注过程中，要勤量测混凝土面上升高度，导管埋深应为 2 ~6 m。灌注要连续进行，中断时间不得超过 30 min，灌到墙顶设计高程后超灌 0.3 ~0.5 m。

① 混凝土灌注时，保证现场有足够的首批混凝土，每根导管备有混凝土根据计算确定。

② 为了保证混凝土在导管内的流动性，防止出现混凝土夹泥，槽段混凝土面应均匀上升且连续浇筑，浇筑速度不小于 2 m/h。

③ 在混凝土灌注时，不得将撒在路面上的混凝土灌入槽内，污染泥浆。

5. 地下连续墙针对性施工技术措施

(1)槽孔偏斜的预防措施

地下连续墙成槽采用液压抓斗成槽，初始成槽靠导杆导向，对 15 m 以内的导杆导向系统进行严格控制。

施工过程中按 2 抓或 3 抓反转 180°循环作业，确保成槽垂直度满足要求。

液压抓斗成槽机使用前，调整好悬吊抓斗装置，防止偏心。成槽机作业范围内进行钢筋混凝土硬化，保证成槽机保持水平和平稳。

(2)槽段坍塌的预防及处理措施

在软弱地层或流砂层抓土时，应放慢抓土速度并适当加大泥浆密度，控制槽段内液面高于地下水位 0.5 m 以上。

根据土质情况选用合格泥浆，并通过试验确定泥浆密度，一般泥浆密度不应小于 1.05 g/cm^3。

泥浆配置时使其充分溶解，并储存 24 h 以上进行熟化，严禁将膨润土和火碱等直接倒入槽中。

局部坍塌可加大泥浆密度，用液压抓斗直接抓取；严重塌孔时，要拔除液压抓斗并填入较好黏土重新抓取；如发现大面积坍塌，应将抓斗提出地面，用优质黏土(掺入 20% 水泥)回填至坍塌处以上 1 ~2 m，待沉积密实后再进行抓取。

(3)槽段严重漏跑浆处理

地下连续墙成槽过程中，遇落水洞、暗沟、割接物等，泥浆大量渗入孔隙或沿洞、沟流失，造成槽内的浆位迅速下降，出现泥浆突然大量泄露现象。

在施工中遇浆位迅速下降现象时，应向导槽内输入尽量多的泥浆，同时将成槽机提出来，提高泥浆黏度和密度，并备堵漏材料，及时补浆和堵漏，使槽内泥浆保持正常液面。对落水孔洞、暗沟要填充优质黏土，重新抓取。

(4)地下连续墙混凝土夹层处理

地下连续墙在混凝土浇筑过程中，因导管接头不严密、首批混凝土量不足、混凝土浇筑不连续、堵管或拔管速度过快导致埋深不够，以及混凝土浇筑时局部塌孔等多种因素，都会造成地下连续墙混凝土夹层。因此，在地下连续墙混凝土浇筑过程中，采取预防措施，避免地下连续墙混凝土夹层的出现。

导管埋入混凝土深度控制在 2 ~6 m，导管接头采用粗丝扣，设橡胶密闭圈密闭。

首批灌入混凝土量要足够充分，使其有一定的冲击量，能把泥浆从导管中挤出，同时始终保持快速连续进行。导管上升速度不要过猛，更不能拔出混凝土浇灌面；采取快速浇筑，防止时间过长造成塌孔。

遇塌孔，可将沉积在混凝土上的泥土吸出，继续浇筑，同时应采取加大水头压力等措施。

2.2.4　双管法旋喷桩加固技术

1. 加固范围

盾构区间始发端旋喷桩加固范围沿隧道纵向长 10 m，盾构区间到达接收端旋喷桩加固范围沿隧道纵向长 12 m,以保证盾构机完全进入加固区后通过壁后注浆能形成有效封堵环,防止盾尾后地层中的砂土串入刀盘前方。为保证端头的加固效果,加固体沿隧道方向呈方柱状,竖向加固范围靠车站围护结构端为开挖隧道上下各 3 m 范围内,另一端为开挖隧道上下各 3 m 范围内;横向加固范围靠车站围护结构端为开挖隧道左右各 3 m 范围内,另一端同样为开挖隧道左右各 3 m 范围内。旋喷桩加固范围如图 2. 2-13 所示。

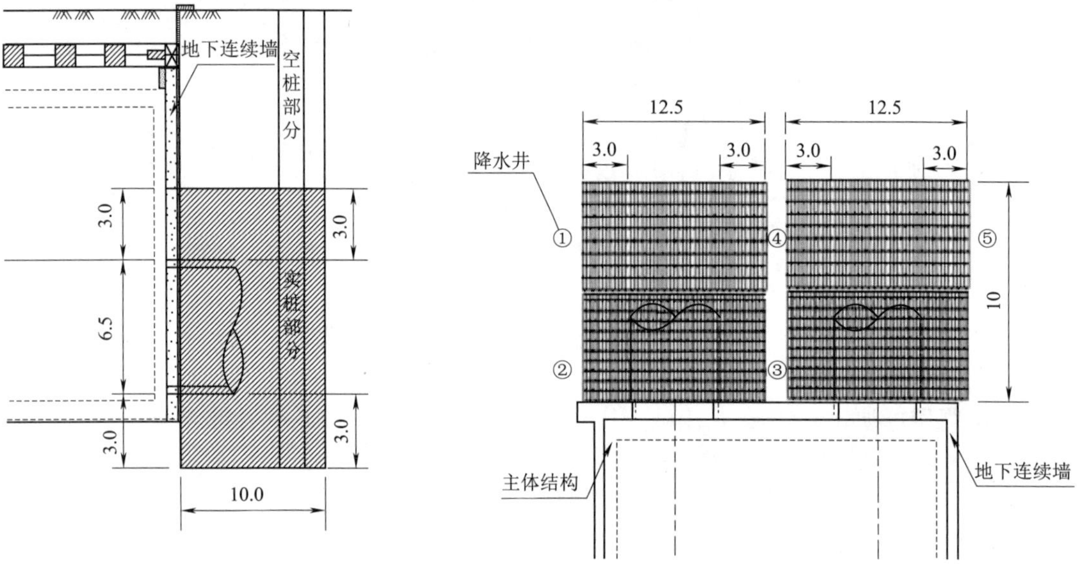

图 2. 2-13　盾构始发段旋喷加固平面图(单位:m)

2. 加固参数

根据双重管旋喷桩试验及取芯,取得双管法旋喷桩施工参数详见表 2. 2-9。

表 2. 2-9　双重管旋喷桩施工参数

气		浆			旋喷桩外径(mm)	提升速度(cm/min)	旋转速度(r/min)
压力(MPa)	流量(m^3/min)	压力(MPa)	流量(L/min)	水灰比			
0. 7	0. 8 ~ 1. 2	30 ~ 35	60 ~ 70	1∶1	800	10 ~ 20	10

3. 施工工艺流程

根据现场情况和前期旋喷试验结果,采用双重管旋喷注浆工艺,流程如图 2. 2-14 所示。

①钻机就位

将钻机安置在现场精确测设的孔位上,使钻头对准孔位中心。钻机安装定位要准确、水平、稳固。为保证钻孔达到设计要求的垂直度,钻机就位后须作水平校正,使其钻杆轴线垂直对准钻孔中心位置。钻杆垂直度偏差小于 0. 5% 。

②钻孔

钻孔的目的是将注浆管插入预定的地层中。钻孔位置与设计孔位偏差不得大于 50 mm。

③喷射注浆

喷射注浆管插入预定深度后,利用高压水泥喷射和气流同轴喷射冲切土体,形成注浆体。注浆时随时检查浆液初凝时间、浆液流量、浆液压力、旋转提升速度、空气压力、空气流量等参数是否符合设计及规范要求,并随时做好记录。

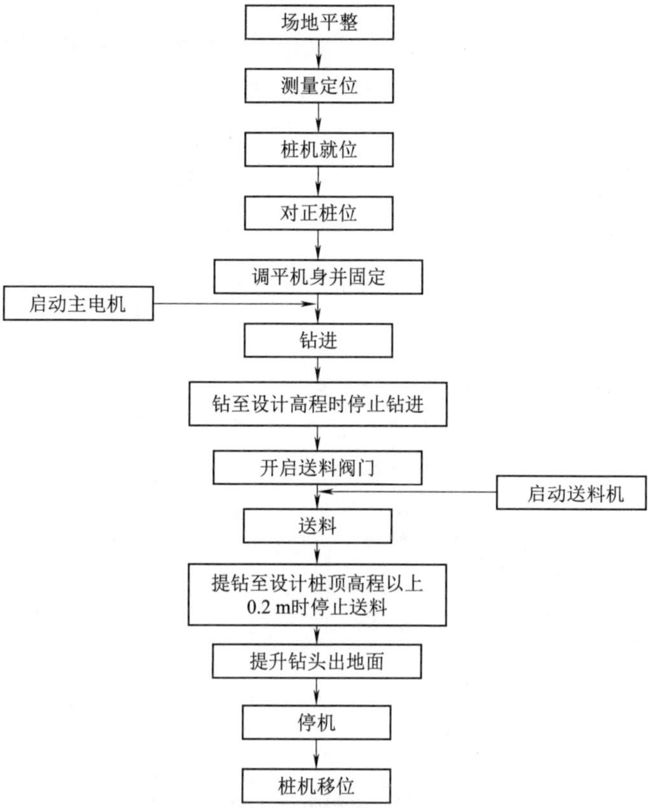

图 2. 2-14　双管法旋喷桩施工工艺流程图

④注浆管提升

钻杆的旋转和提升必须连续不中断,拆卸钻杆继续旋喷时,其搭接长度不小于 100 mm。

⑤冲洗

施工完毕后,冲洗干净注浆管等机具设备,管内机内不得残存水泥浆。

⑥移动机具

将钻机等机具设备移至新孔位。

4. 桩体质量检查

旋喷咬合成桩 28 d 后,通过取芯钻机在 4 处咬合桩的中心点钻取岩芯,观察其岩样完整性、均匀性,拍摄取出芯样照片,每个钻孔在细砂和中砂层取试样作无侧限抗压强度试验(不少于 1 MPa)和做渗透试验(小于 10^{-6} cm/s)。取芯后的孔洞采用 1∶1水泥浆灌注封闭。

5. 技术控制

双管法旋喷桩施工技术标准列于表 2. 2-10 中,技术控制措施如下:

(1)钻孔施工时要及时调整桩机水平,防止因机械振动或地面湿陷造成钻孔垂直度偏差过大。

(2)钻孔前,先在地表进行射水实验,待高压气、浆压正常后,再进行钻孔施工。

(3)浆液水灰比采用(1:1)~(1.2:1),浆液密度1.50~1.65 kg/L,具体根据试验确定。

(4)进行成桩试验,在设计规定的范围内调整施工参数,保证成桩直径不小于设计要求。

(5)严格控制喷浆提升速度,其提升速度应符合设定参数。喷浆过程应连续均匀,若喷浆过程中出现压力骤然上升或下降、孔口回浆密度或回浆量异常等情况时,必须查明原因,及时处理。在进浆正常情况下,若孔口回浆密度变小、回浆量增大,降低气压并加大进浆浆液密度或进浆量。灌浆过程中发生串浆时,填堵串浆孔,待灌浆孔高喷作业结束后,尽快对串浆孔扫孔处理,进行高压喷浆或继续钻进。出现喷管提出地表排除故障的情况,复喷接桩时不得小于200 mm,防止出现断桩。

(6)钻孔喷射成桩结束后,采用含水泥浆较多的孔口返浆回灌,防止因空孔的存在而引起周边土体的位移加剧。

(7)因地下孔隙等原因造成返浆不正常、漏浆时,应停止提升,用水泥浆灌注,直到返浆正常后才能提升。

(8)浆液水灰比、浆液密度、每米桩体掺入水泥重量等参数均以现场试桩情况为准。施工现场配备比重计,严格控制水泥用量。

(9)高喷灌浆过程中,若孔内发生严重漏浆,采取下列措施处理:

①孔口不返浆时,立即停止提升;孔口少量返浆,降低提升速度。

②降低喷射压力、流量,进行原位灌浆。

③在浆液中掺入速凝剂。

④加大浆液密度或灌注水泥砂浆、水泥黏土浆。

⑤向孔内填入砂、土等堵漏材料。

表2.2-10 旋喷桩施工技术标准

序 号	项目名称	技术标准	检查方法
1	钻孔垂直度允许偏差	≤1.5%	实测或经纬仪测钻杆
2	钻孔位置允许偏差	50 mm	尺量
3	钻孔深度允许偏差	±200 mm	尺量
4	桩体直径允许偏差	≤50 mm	开挖后尺量
5	桩身中心允许偏差	≤0.2D	
6	水泥浆液初凝时间	不超过20 h	
7	水泥土强度(28 d)	q_u≥0.8 MPa	试验检验
8	水灰比	(1:1)~(1.2:1)	试验检验

6. 辅助降水井施工

因盾构区间隧道埋深较深,隐蔽施工不确定因素较多,旋喷成桩质量控制难度大。为弥补旋喷桩施工质量,保证盾构始发、接收时不出现涌水、涌砂的风险,采取沿旋喷桩加固区周围布设降水井,并进行抽水试验。若地下水位能降至隧道底部0.5 m以下,则认为旋喷桩加固能够维持地层稳定,可以进行洞门围护结构破除施工及盾构机进出洞接收始发;若地下水位不能降至隧道底部0.5 m以下,则洞门围护结构破除及盾构机进出洞接收始发时存在较大涌水、涌砂风险，还需进一步研究采取相应的应对措施。

(1)降水井布设

沿盾构始发端旋喷桩加固区外围共布设 6 口降水井，沿盾构到达端旋喷桩加固区外围共布设 11 口降水井，降水井内径 300 mm，井深 24 m，间距 6 m，每口井内安装 11 kW 潜水泵 1 台，水泵流量 80 m^3/h。

(2)降水井抽水试验

降水井布设完成后启动降水井进行抽水试验，当降水井水位达到持续 24 h 保持稳定时，即抽水量与地层补给水量达到动态平衡，此时的地下水位即为盾构始发或接收时的地下水位。根据抽水试验结果，确定是否还要增加其他的施工措施。

2.3　端头冻结法加固技术

2.3.1　冻结法加固工艺

1. 冻结法加固原理

通过在结构墙上的预埋套管，或在围护结构上用水钻引孔安装套管，采用气锤夯击打入冷冻管，利用冷冻设备将冷冻剂冷却到 −30 ~ −20 ℃，用循环泵和插至冻结管深处的聚氯乙烯供液管将盐水送入冻结管，经低温盐水长时间连续地吸取管外的热量，使周围地层冻结。盐水吸取地层的热量后温度上升，在循环泵的作用下，经回路管回到冷冻设备和制冷剂接触而重新冷却。反复循环作用，从而使冷却管周边土体的冻结直径随着时间而增大，冻结的土体互相胶结成密实而闭合的冻土墙，起到承受水土压力等荷载并阻隔地下水的作用。同时，在近接水管处打设泄压孔，以缓解其冻胀和融沉对水管所产生的影响，从而达到控制水管不均匀沉降的目的。

2. 近接水管水平冻结端头加固工艺

哈尔滨站大里程端头加固区域内横穿一根 ϕ2 200 mm 排水管，纵穿一根 ϕ1 400 mm 排水管。ϕ2 200 mm 排水管，距车站地连墙水平距离约 1 m，距隧道拱顶垂直距离约 4. 1 m，没有垂直加固条件，需要采用水平冻结施工，冻结时会对排水管产生一定的影响，如图 2. 3-1 所示。

近接水管水平冻结端头加固工艺流程如图 2. 3-2 所示。

2.3.2　冻结壁设计

1. 冻结壁计算

(1)荷载计算

冻土墙外侧受土层侧压力作用。取上覆土层的平均容重 $\gamma = 18.5$ kN/m^3，超载 q_n = 20 kPa。按洞口下缘埋深 $H = 16.92$ m 计算得冻土墙所受最大主动土压力（侧压力系数取 0. 7）：$P_s = 0.233$ MPa。

(2)冻土墙厚度

按受均布法向荷载的圆板计算冻土墙的承载能力。

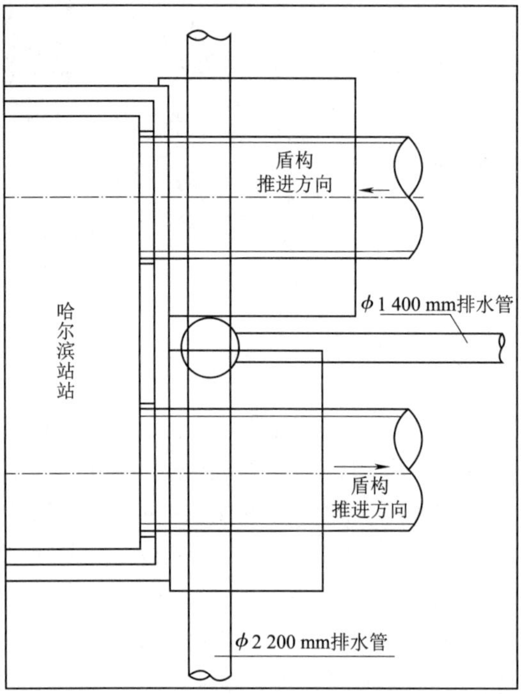

图 2.3-1　排水管平面位置图

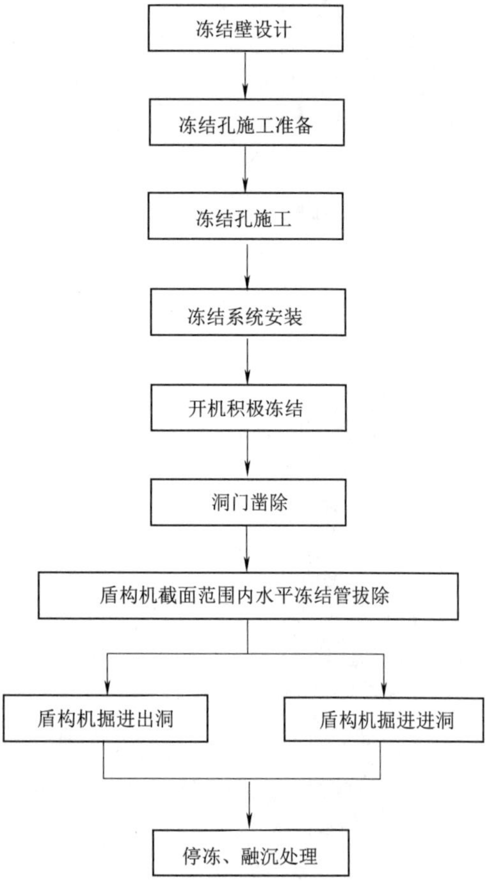

图 2.3-2　近接水管水平冻结端头加固工艺流程图

①按日本设计公式计算

日本关于加固体厚度 h 的计算公式为

$$h=\sqrt{\frac{kBPD}{2\sigma}} \tag{2.3-1}$$

计算得冻土墙厚度为 1.37 m，计算参数及结果详见表 2.3-1。

表 2.3-1　按日本计算公式的参数取值与计算结果

冻土平均温度 T（℃）	冻土抗拉强度 σ（MPa）	荷　载 P（MPa）	开挖直径 D（m）	系　数 B	安全系数 k	冻土墙厚度 h(m)
−10	1.5	0.233	6.7	1.2	3	1.37

②按我国建筑结构静力计算公式验算

圆板中心所受的最大弯曲应力计算公式为

$$\sigma_{\max}=\frac{P(D/2)}{16}(3+\mu)\frac{6}{h^2} \tag{2.3-2}$$

计算取冻土墙厚度为 1.40 m，计算参数及结果详见表 2.3-2。

表 2.3-2　按建筑结构静力计算公式的参数取值与计算结果

荷　载 P(MPa)	开挖直径 D(m)	冻土泊松比 μ	计算最大弯曲应力 σ_{max}(MPa)	冻土抗折强度 σ (MPa)	安全系数 k	冻土墙厚度 h(m)
0.233	6.7	0.3	0.493	1.5	3.0	1.4

③冻土墙的抗剪验算

沿工作井开洞口周边冻土墙承受的最大剪力为

$$\tau_{max}=\frac{PD}{4h} \tag{2.3-3}$$

取冻土墙厚度为 0.7 m,计算得剪应力为 0.558 MPa,安全系数为 3.23,满足设计要求,计算参数与计算结果详见表 2.3-3。

表 2.3-3　剪切强度验算表

荷　载 P(MPa)	开挖直径 D(m)	冻土墙厚 h(m)	计算最大剪应力 τ_{max}(MPa)	安全系数 k	冻土剪切强度 τ (MPa)
0.233	6.7	0.7	0.558	3.23	1.8

根据上述计算,最后设计冻土墙的最小厚度为 1.4 m,本工程选择冻结壁厚度 2.0 m,冻土墙厚度有足够的安全储备,满足强度要求。

2. 冻结孔布置和深度

盾构出洞:外圈冻结孔深度为 6.7 m,有效深度为 5.0 m;内圈冻结孔深度为 3.3 m,有效深度为 2.5 m。盾构进洞:外圈冻结孔深度为 11.7 m,有效深度为 10 m;内圈冻结孔深度为3.3 m,有效深度为 2.5 m。盾构水平冻结孔布置如图 2.3-3 所示,冻结参数列于表 2.3-4中。

表 2.3-4　冻结参数一览表

序号	参数名称	取值(进洞)	取值(出洞)	备　注
1	单根冻结管长度(m)	11.7/3.3	6.7/3.3	外圈/内圈
2	冻结管设计有效长度(m)	10/2.5	5/2.5	外圈/内圈
3	冻结壁设计平均温度(℃)	< -10	< -10	
4	冻结壁交圈时间(d)	18 ~ 20	18 ~ 20	
5	积极冻结时间(d)	30	30	
6	维持冻结时间(d)	7	7	凿除洞门、拔管
7	外圈冻结孔个数/深度(个/m)	32/11.7	32/6.7	
8	中圈冻结孔个数/深度(个/m)	16/3.3	16/3.3	
9	内圈冻结孔个数/深度(个/m)	9/3.3	9/3.3	
10	测温孔个数/深度(个/m)	5/11.7/3.3	5/6.7/3.3	数目/外圈/内圈
11	泄压孔个数/深度(个/m)	7/4.6	7/4.6	根据水管位置确定
12	冻结孔开孔间距(m)	0.772 ~ 1.135	0.772 ~ 1.135	

续上表

序号	参数名称	取值(进洞)	取值(出洞)	备　注
13	冻结孔最大偏斜值(%)	≤1%	≤1%	
14	设计最低盐水温度(℃)	-28	-28	
15	单孔盐水流量(m^3/h)	5	5	
16	冻结管规格(mm)	ϕ89	ϕ89	
17	测温管规格(mm)	ϕ89	ϕ89	
18	冻结管总长度(m)	456.9	296.9	
19	计划需冷量(kJ/h)	1.86×10^5	1.12×10^5	

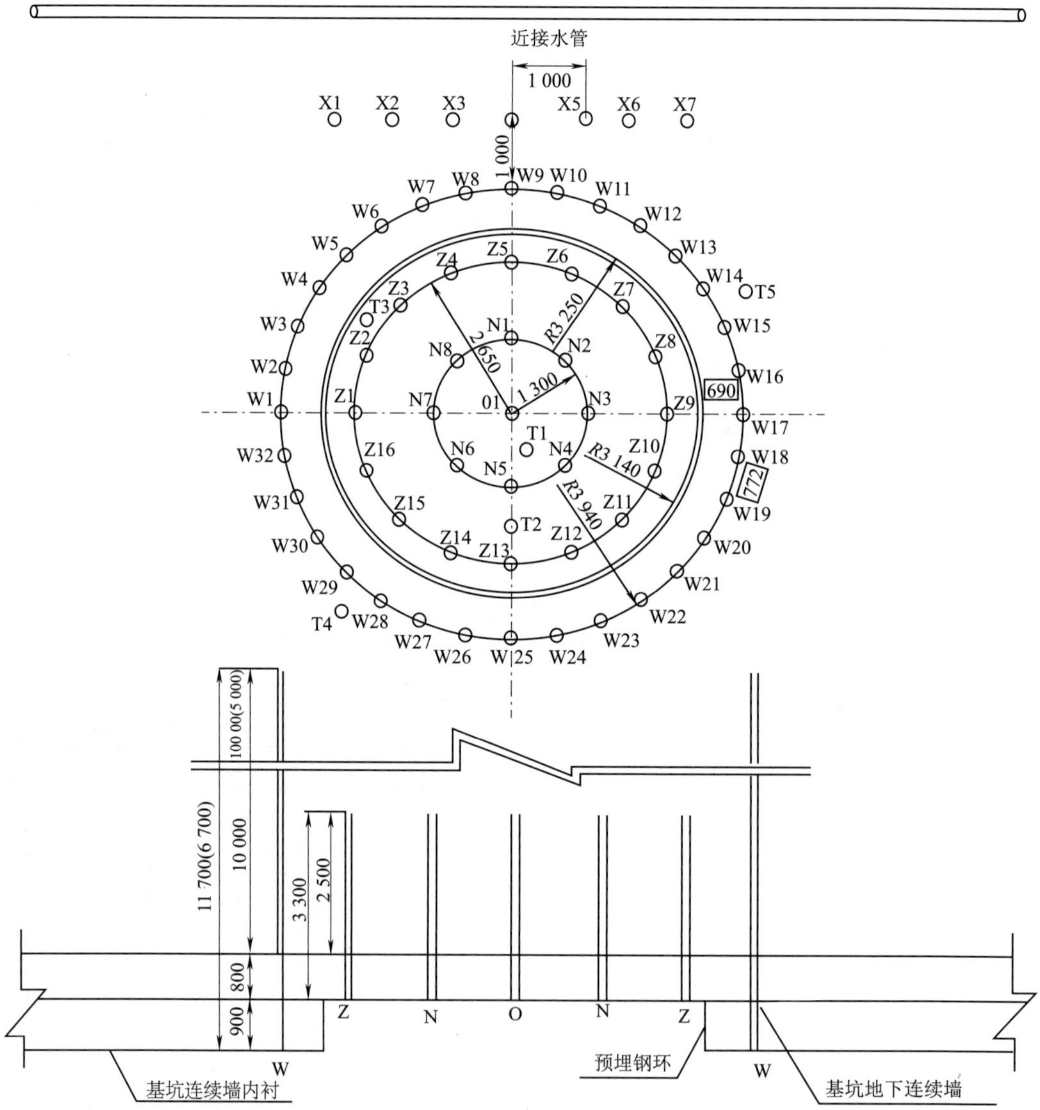

图 2.3-3　盾构水平冻结孔布置示意图

注:括号内为盾构出洞冻结孔数据。

2.3.3　冻结孔施工

1. 冻结孔施工工艺和准备

(1)主要施工工艺参数

①单个进、出洞门冻结加固布置 57 个水平冻结孔,水平测温孔 5 个(洞圈外 2 个,深度与外圈冻结孔深度一致,洞圈内 3 个,深度与内圈冻结孔深度一致)。

②近接水管处,洞门上部距离外圈冻结孔 1 000 mm 处设置一字型排列的 4.6 m 深卸压孔 7 个,根据水管位置确定,采用花管施工,积极冻结期时作为泄压孔,进出洞后作为融沉注浆孔。

③设计积极冻结期最低盐水温度为 -30 ~ -28 ℃,并要求冻结 7 d 达到 -18 ℃以下,破除洞门时盐水温度达到最低值。

④冻结加固采用"杯形"冻结壁进行土体加固,水平冻结设计冻结壁有效厚度为"杯底"2.5 m,"杯壁"长度为 5 m(到达)/10 m(始发),冻结壁平均温度不高于 -10 ℃。

⑤冻结孔采用串、并联,水平冻结孔累计按长度 50 ~ 60 m 串联;冻结孔单孔盐水流量不小于 5 m^3/h。

⑥冻结管规格:冻结管采用 ϕ89 mm × 8 mm 的 20 号低碳钢无缝钢管。所有测温孔均采用与冻结管相同规格管材。

⑦预计达到设计要求前 7 d(积极冻结不少于 28 d,外圈孔以内测温孔均达到负温)可进行洞门外层混凝土及钢筋破除。

(2)冻结孔施工准备

①从指定电源用 120 号电缆接入工作面供电,保证施工用电顺畅。

②铺设上水管到钻孔工作面,在端头井安装排污泵各 1 台。

③安装冻结孔施工升降平台。升降平台通过专用钢夹板与立柱连接,顶部框架下方焊接 4 块 300 mm × 200 mm × 20 mm 钢板钩鼻子,每个钩鼻子吊挂 3 t 手拉葫芦 1 个,用于升降平台的升降;另升降平台上设 4 个钢板钩鼻子。升降平台顶部中间架 I20 工字钢横梁,安装钢制钩鼻 1 个,其下方吊挂 1 t 手拉葫芦 1 个,用于吊装平台上的材料和设备。

(3)冻结管、测温管和泄压管规格

冻结管选用 ϕ89 mm × 8 mm 规格 20 号低碳钢无缝钢管,采用夯管法施工,冻结管采用丝扣对焊连接,其中内圈冻结管采用单个钢管一次成型,不设置连接点。测温管和泄压管规格及材质同冻结孔。

2. 水平冻结孔施工

水平冻结孔施工工序为:定位开孔及孔口管安装→孔口密封装置安装→钻孔→测量→打压试验。具体如下:

(1)定位开孔及孔口管安装:根据设计孔位图放样各孔位置。首先注意内衬结构内主筋干涉时,调整孔位,用开孔器(配金刚石钻头取芯)按设计角度开孔,开孔直径 121 mm,当开到深度 300 mm 时停止钻进,安装孔口管。

孔口管的安装方法为:首先将孔口处凿平,安好四个膨胀螺丝,而后在孔口管的鱼鳞扣上缠好麻丝或棉丝等密封物,将孔口管砸进去,用膨胀螺丝连接钢板与孔口管焊接牢固。将孔口管固定牢固后,装上 DN100 球阀,再将球阀打开,用开孔器从球阀内开孔,开孔直径为 96 mm,一直将内衬及维护结构开穿。这时,如地层内的水砂流量大,就及时关好球阀。

孔口管安装角度均为0°。施工中当第一个孔开通后,没有涌水涌砂,可继续开孔施工;若涌水涌砂较厉害,还应当进行注水泥浆(或双液浆)止水及地层补浆。

(2)孔口装置安装:用螺丝将孔口密封装置装在球阀上,注意加好密封垫片。孔口密封装置安装如图 2.3-4 所示。

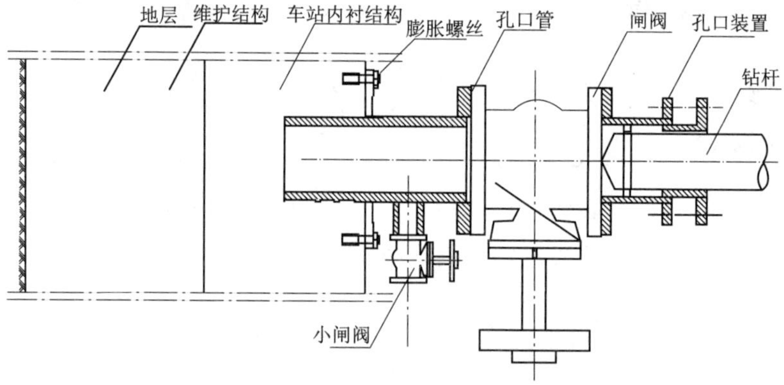

图 2.3-4　孔口密封装置安装示意图

(3)钻孔施工

如受端头井内梁、板等结构限制冻结孔不能按设计布置,冻结孔按放射状钻进,即孔底位置按设计确定,开孔位置向预留洞门边缘移动。

冻结孔施工顺序为:先施工冻结孔,再施工测温孔;先施工下部的冻结孔,再施工上部的冻结孔,最后施工泄压孔。

在现场进行冻结管配管,记录各节管材长度并依次编号。每节冻结管长度应尽量长,并且必需顺直。

(4)测斜和试漏

①下好冻结管后,采用灯光测斜法测斜,并复测冻结孔深度。

②完成测斜后进行打压试漏。冻结管试漏压力为 0.8 MPa,稳定 30 min 不降者为试漏合格。

③试漏合格后,在冻结管内下入供液管。记录每节供液管的长度,核对下入供液管长度与冻结管长度一致无误。

3. 冻结孔施工质量要求

(1)施工前应根据端头井结构施工图及实际施工情况准确定位。冻结孔开孔位置误差不得大于 100 mm,钻孔偏斜值不得大于 250 mm。冻结孔开孔并宜避开结构主梁(柱)及结构主筋。冻结孔终孔间距应满足相关技术规程。

(2)冻结孔允许偏斜值不大于 1%(冻结孔成孔轨迹与设计轨迹之间的距离)。施工钻孔必须进行终孔测斜,并根据设计施工图与实测结果确定钻孔偏斜尺寸与钻孔成孔位置以确定是否补孔及补孔位置。

(3)冻结孔有效深度不小于冻结孔设计深度。

(4)冻结管采用 20 号优质低碳钢,其材料性能应符合现行《结构用无缝钢管》(GB/T 8162)规定,钢管质量应符合现行《无缝钢管尺寸、外形重量及允许偏差》(GB/T 17395)规定,并有合格的质量检验证书。管路连接均采用加内衬管对焊连接,内衬管材质与管路材质相同,焊条采用 E43 系列,其质量应符合有关规定。

(5)冻结管下入地层后必须进行试压,试验压力应为 0.8 MPa,经试压 30 min 压力下降不超过 0.05 MPa,再延续 15 min 压力不变为合格。

(6)冻结管放入地层长度不小于设计冻结深度,不大于设计冻结深度 0.5 m。

(7)冻结管接头抗拉强度不小于母管的 80%,建议需要拔除的冻结管避免接头。

2.3.4　冻结系统安装

1. 冻结制冷设备选型与管路设计

(1)选用 JYSLG16F 型冷冻机组 2 套(其中 1 套备用),当盐水温度为 −28 ℃,冷却水温度 30 ℃时,其最大制冷量为 3.60×10^5 kJ/h。冷冻机组电机总功率为 125 kW。

(2)选用 IS150-400 盐水循环泵 2 台(1 台备用),流量 200 m^3/h,扬程 50 m,电机功率 37 kW。

(3)选用 IS300-400 冷却水循环泵 2 台(1 台备用),流量 200 m^3/h,扬程 20 m,电机总功率 18.5 kW。

(4)选用 FBN-30 型冷却塔 3 台,每台电机总功率 3.0 kW。

(5)设盐水箱一个,容积 3 ~ 4 m^3。

(6)盐水干管和集配液管均选用 ϕ159 mm × 5 mm 焊接钢管,集、配液管与羊角连接选用 1.5″高压胶管。

(7)在去、回路盐水管路上安装压力表、温度传感器和控制阀门。在盐水管出口安装流量计。盐水箱安装液面指示器。在配液圈与冻结器之间安装阀门,以便控制冻结器盐水流量。

(8)冻结器连接采用串并联方式,水平冻结每组串联冻结孔累计长度为 50 ~ 60 m。

(9)冻结站冷却水新鲜用量为 10 m^3/h。选用 N46 冷冻机油,R22 制冷剂。氯化钙溶液(盐水)相对密度为 1.260 ~ 1.265。

2. 管路连接、保温与测试仪表安装

盐水和冷却水管路铺在地面管架上,法兰连接。温度计、压力表和流量计安装要按有关规范进行。盐水管路经试漏、清洗后用聚苯乙烯泡沫塑料保温,保温层厚度为 50 mm,保温层的外面用塑料薄膜包扎。集配液圈与冻结管的连接用耐高压胶管。

冷冻机组的蒸发器及低温管路用软质泡沫塑料保温材料保温,盐水箱和盐水干管用 50 mm厚的聚苯乙烯泡沫塑料保温。

冻结器连接如图 2.3-5 和图 2.3-6 所示。

图 2.3-5　冻结器连接实例

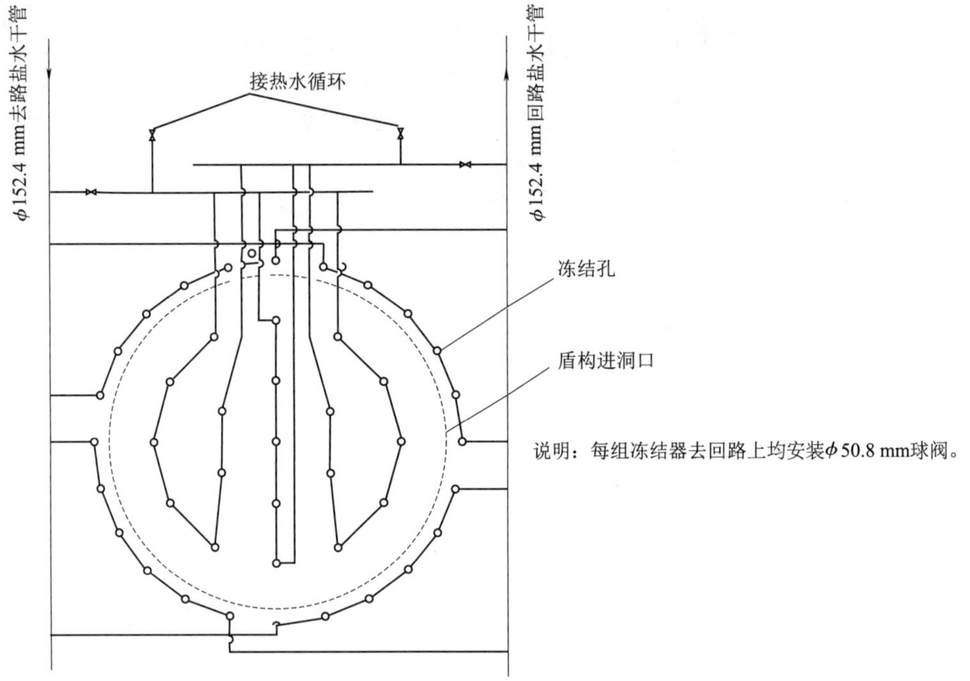

图 2.3-6　冻结器连接示意图

3. 溶解氯化钙和机组充氟加油

先在盐水箱内注入约 1/4 的清水，然后开泵循环并逐步加入固体氯化钙，直至盐水浓度达到设计要求。溶解氯化钙时要除去杂质。盐水箱内盐水不能太满，以免高于盐水箱口的冻结管盐水回流时溢出盐水箱。

机组充氟和冷冻机加油按照设备使用说明书的要求进行。首先进行制冷系统的检漏和氮气冲洗，在确保系统无渗漏后，再充氟加油。

4. 冻结站平面布置

冻结施工场地布置在盾构工作井内部，如图 2.3-7 和图 2.3-8 所示。

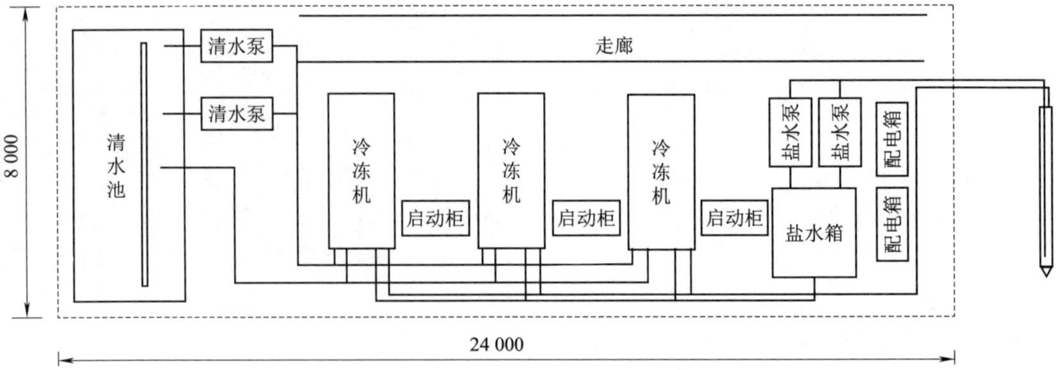

图 2.3-7　冻结系统示意图(单位:mm)

图 2. 3-8　冻结站布置

2. 3. 5　冻结与解冻

1. 冻结与洞门凿除

(1)冻结系统试运转与积极冻结

设备安装完毕后进行调试和试运转。在试运转时,要随时调节压力、温度等各状态参数,使机组在有关工艺规程和设计要求的技术参数条件下运行。在冻结过程中,定时检测盐水温度、盐水流量和冻结壁扩展情况,必要时调整冻结系统运行参数。冻结系统运转正常后进入积极冻结。要求一周内盐水温度降至 -18 ℃以下。

(2)洞门凿除

实测测温孔温度,使冻结壁平均温度和厚度达到设计值,可破除洞门围护结构钢筋混凝土。破除围护结构钢筋混凝土时,并密切注意破围护结构时是否破坏冻结管,如一旦发现冻结管漏盐水,及时关闭该冻结器,并采用焊接补好漏点。

第一次凿除围护结构(厚度为 800 mm)至内层钢筋,割掉外侧围护结构钢筋,保留里侧围护结构钢筋和 300 mm 厚混凝土,剩余 300 mm 厚混凝土层待拔除冻结管后凿除。为了安全破除洞门,需要合理地安排施工,洞门破除由上至下,由两边向中间进行。破除顺序如图 2. 3-9所示。

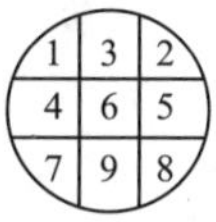

图 2. 3-9　洞门破除顺序

2. 冻结管的拔除

在盾构进出洞前,凿除围护结构至内层钢筋后可进入拔管工序,拔管期间外圈冻结管保持正常运转。

拔管方法与步骤如下:

(1)安装强制解冻热水循环系统,如图 2. 3-10 所示。

(2)以每 1 组或 2 组冻结孔为一批,在冻结孔中循环热盐水。

(3)待冻结管周围冻土融化 1 ~3 cm 时,及时用葫芦拔松动冻结管。

(4)水平冻结孔拔管后冻结孔拔管后用预制 M5 ~ M10 水泥砂浆圆柱封孔,预制圆柱直径同冻结管。

(5)预计冻结孔正常起拔力为 0. 1 ~5 t。冻结管的破断力约为 32 t,要求起拔力小于 5 t。一旦不能拔出冻结管时,利用两个 5 t 千斤顶架设在维护结构上,水平向外顶推冻结管,如图 2. 3-11 所示。

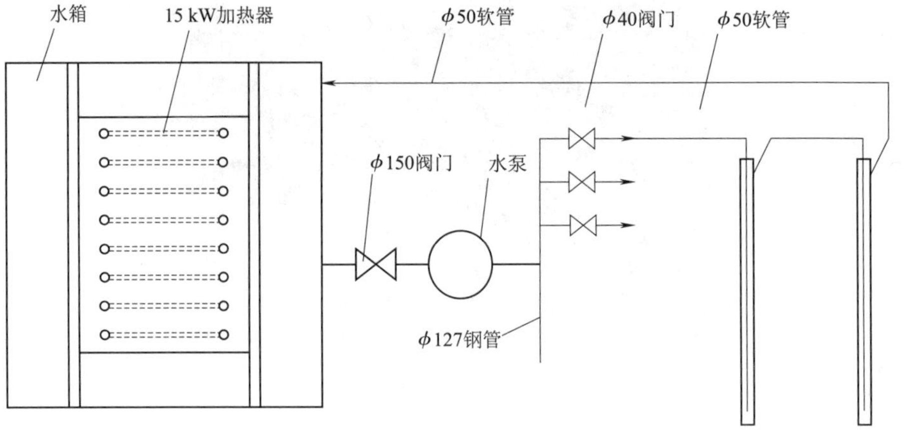

图 2. 3-10　强制解冻热水循环系统图(单位:mm)

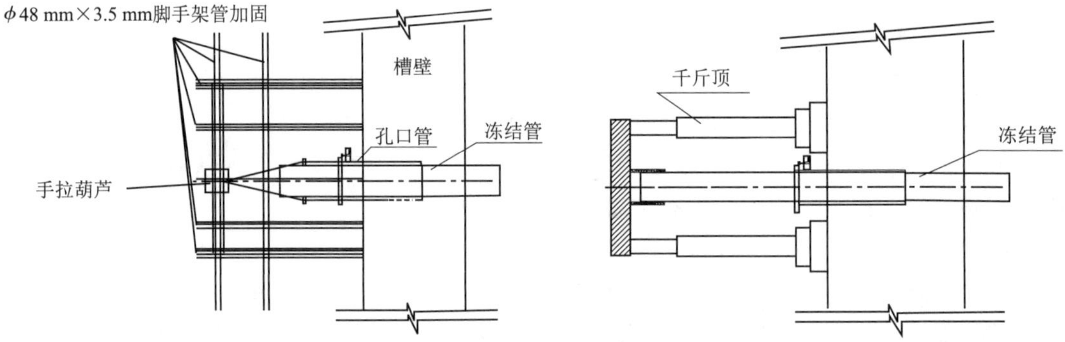

图 2. 3-11　拔管示意图

3. 解冻融沉处理

(1)注浆设备

融沉注浆设备选用柱塞或者活塞双液注浆泵,可同时输送两种或者单独输送一种介质,应配备注浆压力、注浆流量等准确计量仪表,注浆流量范围为 0 ~ 70 L/min ,且注入双液浆时应配备混合器,在浆液进入地层前均匀混合。

(2)融沉注浆

融沉注浆配合隧道变形监测进行,利用盾构隧道管片上的预留注浆孔和泄压孔作为融沉注浆孔,注浆顺序由下至上(即由隧道底部到隧道两侧再到隧道顶部)进行。融沉注浆采用水泥—水玻璃双液浆为主,单液水泥浆为辅,以少量、多次、均匀为原则,注浆压力不大于 0. 5 MPa,注浆范围为整个冻结区域。水泥—水玻璃双液浆配比为水泥浆与水玻璃溶液体积比为 1∶1,其中水泥浆水灰比为 1∶1,水玻璃溶液采用 35 ~40 °Bé 水玻璃加 1 ~2 倍体积的水稀释。

4. 冻结法施工措施

(1)泄压孔控制冻胀融沉措施

对周围环境最大影响集中在对近接管线,尤其是水管的影响。为有效控制地表的冻胀融沉,在加固区域上部 1 m 位置设置 7 个泄压孔。在积极冻结期间主要进行泄压施工,并在后期融沉注浆期间作为注浆孔辅助融沉注浆,提高对融沉的控制。

①近接管线监测

(a)测点布置

钻孔施工前在加固区间重要管线周围布置深部监测点,监测点间距为 1.5 m 一个,监测范围为加固区及外侧 3 m 区域,采用直接布点方式。测点埋设:采用 100 型钻机钻至排水管管顶部位置,考虑安全,监测点位置预留 5 cm 保护层,然后下 ϕ50 mm PVC 管至保护层位置,内部插入螺纹钢并在螺纹钢与 PVC 管之间充填黄砂,钢筋确保地面存有 2 ~5 cm 高度。

对于地表临近管道位置监测点采用人工监测,每天夜间进行数据收集,可放置数据收集仪区域布置 1 台或 2 台数据收集仪进行 24 h 监测,频率 20 min/次。

(b)前期数据收集及预警数据确立

项目进场前需与管线所属单位确认管线物理力学性能及以往沉降数据,确定以往管线受损伤程度,并根据以往已承载变化程度计算后确定允许变形最大安全报警值(计算值的 60%)。

②泄压孔操作

(a)泄压孔采用压力与沉降参数双控制指标进行泄压控制:

积极冻结期间,地表单日隆起变化率大于 1 mm/d 期间,打开泄压孔进行泄压,泄压频率为 2 次/h,待地表变化趋于平稳则停止。

融沉注浆期间,地表沉降变化率大于 1 mm/d 期间,利用泄压孔进行注浆控制,待沉降区域平稳后停止利用泄压孔进行注浆。

泄压孔压力大于 0.2 MPa 后即进行泄压。

(b)泄压孔注浆参数

地表变化大于日警报值后应及时进行注浆控制,浆液采用双液浆为主,水泥∶水玻璃 = 1∶1,其中水玻璃采用 35 °Bé 水玻璃 1∶1比例进行勾兑。

泄压孔注浆遵循少量、多次原则,注浆压力不大于 0.5 MPa,单次注浆不大于 0.5 m^3,注浆完成静置观察 2 h 后根据情况再确定是否继续注浆。

(2)地层沉降防治施工技术措施

①水平冻结孔采用二次开孔工艺,在钻孔过程中严格控制泥浆压力,做到泥浆压力略大于静水压力,确保冻结孔施工过程中不发生水土流失,并对地层有一定的挤压作用。

②安装好水平冻结管后,冻结管与孔口管之间采取注浆封孔,防止漏水。

③一旦在水平冻结孔施工过程发生了水土流失,立即在地层浅部孔进行注浆补偿。注浆量为土体流失量的 1 ~1.2 倍。

④根据实测地面管线、建筑等沉降情况,必要时在地面进行跟踪注浆。

(a)注浆方法:振冲注浆。注浆孔直径 ϕ32 mm,注浆段高 0.33 m,采取上行注浆。

(b)注浆范围:冻结施工影响区。

(c)注浆深度:地面以下 3 m 至隧道以上 3 m。

(d)注浆孔布置:按孔间距 1.0 ~2.0 m 布置,根据地层沉降情况采取跳孔注浆。

(e)浆液材料:水泥 - 水玻璃双液浆。配比为:水泥和水玻璃的溶液体积比为 1∶1,其中水泥浆水灰比为1:0.7。水玻璃溶液采用35~40 °Bé水玻璃加1~2倍体积的水稀释。水泥采用P·O42.5普通硅酸盐水泥。浆液凝胶时间为45~180 s。

(f)注浆量:一般不大于加固体积的15%。注浆孔注入浆液为150~200 L/m。

(3)保温与防寒保护措施

由于施工区域上部施工前已被覆盖,因此施工中周围空气流动性差,环境温度有可能偏高。为了保证冻结效果,施工中整个施工面全部采用5 mm厚泡沫保温板进行覆盖,同时所有盐水管路均采用聚乙烯保温板材进行保温。

由于施工区域地处寒带,冬季气温偏低,因此需注意对部分设备和物资的保护情况。

①现场所有清水管路全部采用聚乙烯材料进行保温包裹,同时施工期间保持持续清水供应,防止清水管路冻结。

②现场所有设备使用并清理完成后,需采用空压机等设备进行干燥处理,避免液体结冰。

③现场冷却塔等设备安排专人巡视,一旦发生临时停机,立刻排除清水,避免设备冻结。

(4)拔管技术措施

①盾构推进区域冻结管拔除时单次循环数量不宜过多,保持每次循环两根冻结管为宜,若拔管过程发现拔除较为困难,可更改为每次循环单根冻结管。

②冻结管加热循环时间不宜过长,加热期间专人持管钳进行转动,一旦可以转动立即停止循环,进行拔除。

③现场备用5 t电动葫芦,一旦手动葫芦起拔困难,可改为电动葫芦起拔。

④冻结管拔除过程中不宜停止过长时间,一旦冻结管拔除过程超过5 min未发生移动,则应重新循环或加大起拔力度,且拔管过程需避免清水落入冻结管内,造成管内水体复冻。

⑤拔管过程中若出现断管状况,可采用拔管器进行重新起拔,拔管器采用焊接钢管连接,深入断管部位后撑大接触面,确保牢固后重新起拔。

⑥拔管过程中断管发生在土体外则可以重新割除钢丝绳吊孔进行起拔。

2.4 管棚注浆与袖阀管注浆加固技术

2.4.1 博物馆站加固范围

1. 博物馆站简介

博物馆站是哈尔滨地铁1号线与2号线的换乘站,是在“7381”人防工程基础上改建的车站,车站位于国民街与建设街之间的地下商业街的下面,地处于哈尔滨市繁华街区,周围古典与现代建筑相结合,其中主要建筑有哈尔滨市少年宫、革命领袖毛泽东视察纪念馆及黑龙江老年大学等。

博物馆站是哈尔滨站站—博物馆站区间与博物馆站—工人文化宫站区间始发及接收端端头,端头区域周边管线复杂并且处在商业地段,小里程端头加固区域内存在一处地下管廊和一处正在施工的松雷商厦,大里程端头区域内地面有一栋地上10层地下1层的汉庭酒店和给水管、电力管线等。

博物馆站小里程左、右线采用洞内水平袖阀管注浆，大里程左线采用洞内水平 + 单排 ϕ108 mm 管棚注浆加固。

博物馆站地层主要为全新统人工堆积层（Q_4^{ml}），上更新统顾乡屯组冲积层（$Q_3^{3al}g$），下更新统东深井组冰水堆积层（$Q_1^{2gfl}d$）。场地地下水可分为上层滞水、孔隙潜水、孔隙承压水。本车站位于(11a)粉质黏土、(10-2a)粉质黏土、(12-1)含泥粉细砂地层。

2. 加固范围

博物馆站小里程左线端头加固深度为隧道拱顶以上 3 m 至隧道拱底以下 3 m，宽度为左线隧道左侧 3 m 到左线隧道右侧 3 m 之间，纵向为围护结构外 6 m 内。博物馆站小里程右线端头加固深度为隧道拱顶以上 3 m至隧道拱底以下 3 m，宽度为右线隧道左侧 3 m 到右线隧道右侧 3 m 之间，纵向为围护结构外 7.5 m 内。博物馆站小里程端头加固断面如图 2.4-1所示。

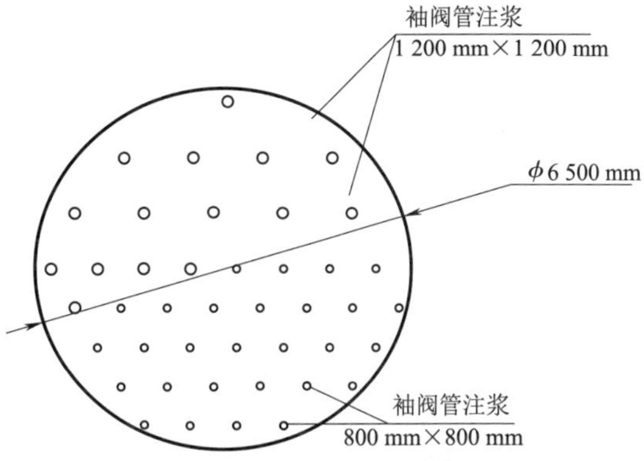

图 2.4-1　博物馆站小里程端头加固断面

博物馆站大里程左线端头加固深度为隧道拱顶以上 3 m 至隧道拱底以下 3 m，宽度为左线隧道左侧 3 m 到右线隧道右侧 3 m 之间，纵向为围护结构外 12 m 内。博物馆站大里程加固如图 2.4-2 和图 2.4-3 所示。

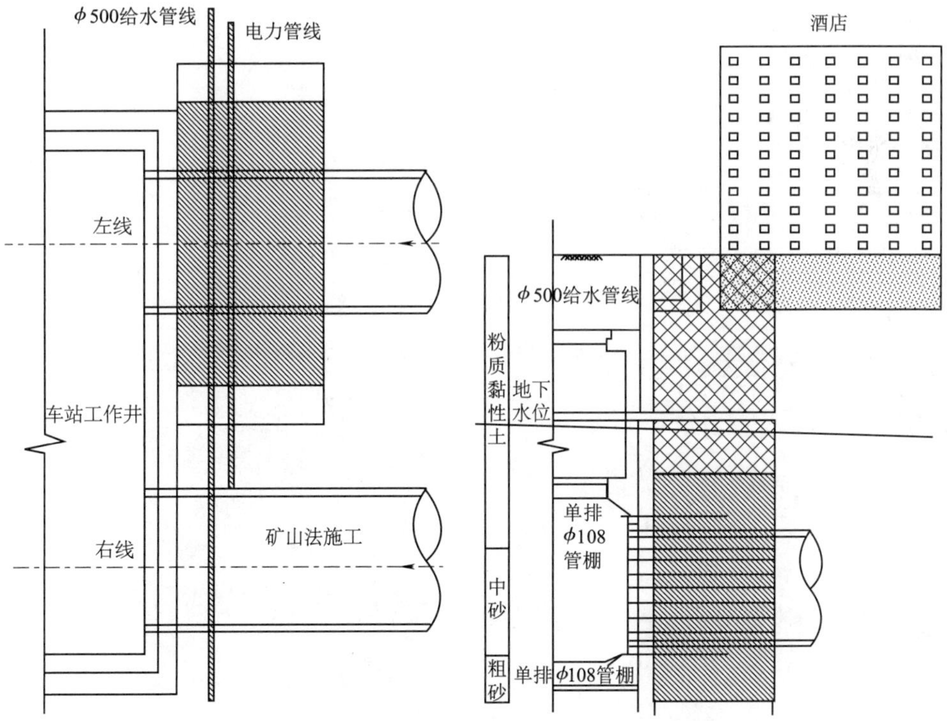

图 2.4-2　博物馆站大里程端头加固侧面示意图

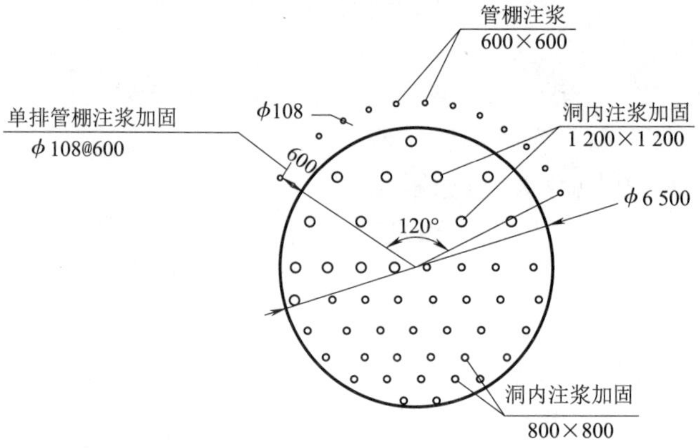

图 2.4-3　博物馆站大里程端头加固立面示意图(单位:mm)

2.4.2　管棚施工技术

根据地质资料情况,本工程地层主要为粉质黏土,容易成孔。根据工程设计、质量标准,结合施工场区地面条件、工程地质、水文地质条件,采用“有线仪器定向,一次性跟管钻进”施工方法,即成孔和埋设管棚一次完成。

1. 跟管钻进施工技术

水平定向钻进是非开挖管线施工的一种方法,该方法要求在钻进过程中能准确测定钻头在地下的位置和方向。根据钻头在钻进过程中的位置和方向同设计轨迹的差异,利用能进行调节方向的楔形钻头改变钻头的钻进方向,从而按设计要求完成各种管线的铺设。钻头结构如图 2.4-4 所示,钻头及导向系统如图 2.4-5 和图 2.4-6 所示。

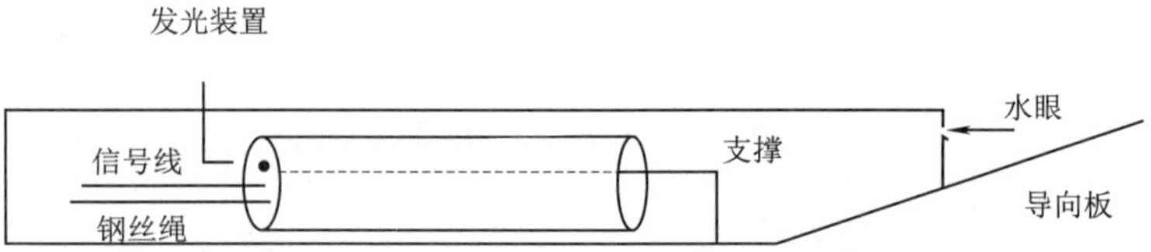

图 2.4-4　钻头结构示意图

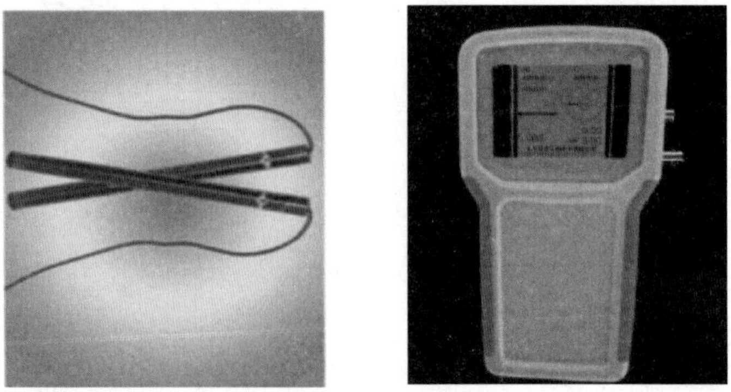

图 2.4-5　探棒和显示屏

图 2.4-6 楔形钻头

钻头内装有特制的传感器,传感器直接由 15 V 直流供电。显示屏显示钻头的倾角(水平角度)、面向角(导向板的方向:导向板朝上即为 12 点,如同钟面)。打设角度如果偏下,可以把钻头调到 12 点,即导向板朝上,直接顶进,此时由于导向板底板斜面面积大,受到一个向上的力,钻头轨迹就会朝上运动。同理在 6 点纠偏可以使钻头轨迹朝下,9 点、3 点分别是为左、右纠偏方向。如果角度合适,钻机会匀速旋转钻进,此时钻杆轨迹一般是平直的。所以导向钻头是上下纠偏的关键。左右偏差根据传感器尾端的发光装置来定,通过仪器测量参数来纠偏。

2. 管棚设计与制作

管棚设置洞门环轮廓线外 60 cm 处,管棚采用直径 108 mm、壁厚 6 mm 钢管制作,管棚分节加工制作,单序孔管棚第一节长 3 m,双序孔管棚第一节长 1.5 m,其余管节节长均为 3 m。管节之间采用套丝接头连接,每节管棚连接长度不小于 15 cm。管身设置注浆孔,孔径 10 ~ 16 mm,孔间距 15 ~ 20 cm,呈梅花形布置,管棚尾部设止浆段,止浆段长 2 m。管棚制作如图 2.4-7 所示。

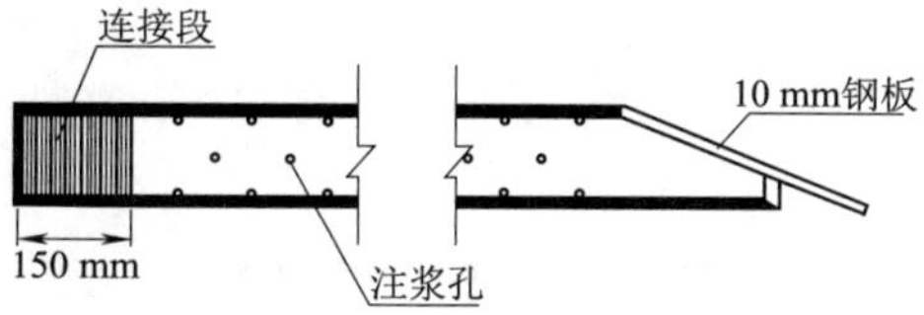

图 2.4-7 管棚制作示意图(钻头段)

3. 管棚施工工序

(1)管棚施工流程

管棚施工流程如图 2.4-8 所示。

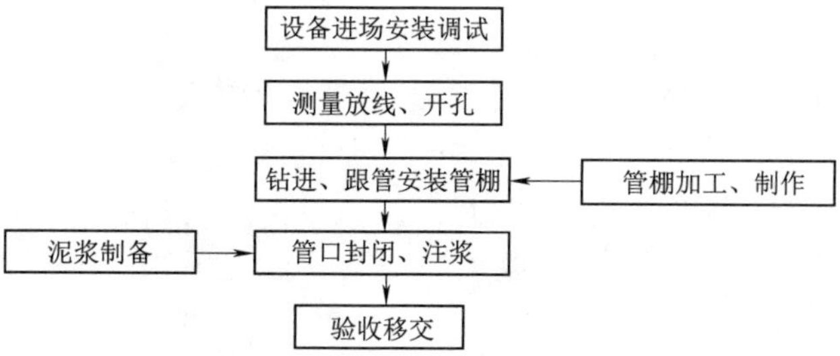

图 2.4-8 管棚施工流程图

(2)导向跟管钻进施工流程

设备组装调试→定位入孔→导向钻进→冲洗液循环→回次进尺→导向钻进→设计深度→回取探头盒→移至下一孔位。

(3)测量放样

根据设计图纸,管棚位置设置在洞门环轮廓线外 600 mm 处,环向间距 600 mm,由测量队根据设计图纸位置放线管棚孔位,并用红油漆标记在掌子面上。

(4)管棚钻机安装

管棚钻机利用人工运输至博物馆站,人工倒运至施工位置进行组装。

(5)钻孔及管棚安装

钻孔利用管棚作为钻具,边钻进边安装。钻机架设的同时在博物馆站内布置泥浆循环系统,接通泥浆循环管路进行钻进施工。

钻进施工步骤如下:

①设备组装调试:钻机设备安装,电机、钻机、泵等测试。

②定位入孔:调整钢管轴线和高程,用已加工好的管棚做钻具,安装导向专用钻头。

③导向钻进:启动导向仪监控,随钻进加尺(方位、角度发生变化时),随时利用楔形钻头进行修正。

④冲洗液循环:入孔 1 m 后,开启泥浆(或高压风)护壁;钻进时,泵压应控制在 0.6 ~ 1.0 MPa,泵量为 10 ~ 30 L/min 为宜,保持中低压力。

⑤回次进尺:完成一节管棚施工后,安装次节管棚,丝扣拧紧并对接缝处进行焊接加固。

⑥导向钻进:技术人员随着管棚钻进必须时刻观察探头角度变化情况,角度偏差大于 0.5% 时,应及时纠偏。当纠偏无效且偏差大于 2% 时,应停止钻进,及时报告。

⑦管棚施工与设计长度偏差不大于 ±20 cm,管棚位置偏差不大于 30 cm。

⑧回取探头盒:单孔施工完成后,应立即通过外挂绳索将管内导向测量仪器收回并妥善保管。

⑨移至下一孔位:完成施工后应立即移动钻机至下一孔位进行定位施工。

4. 管棚注浆施工

管棚打设完成后,末端采用 10 mm 厚钢板进行封堵并预留注浆口、注浆阀门,并对管棚与掌子面结合部位进行封堵,防止跑浆、漏浆。

浆液的拌制要均匀,具有良好的流动性和黏稠度。如要求掺入水玻璃时,应先将水泥浆拌制好,按配比称量出水玻璃的质量,徐徐加入,并随加入随搅拌。搅拌工作不能停止,一直至注浆完毕为止。

注浆管头应密封性好,可控性好,操作简单,注浆效果满足设计要求。

注浆前关闭注浆机总阀,打开泄压阀,开启注浆机,浆液沿着注浆管进入,待浆液从泄压阀中冒出后,关闭泄压阀,打开总阀,开始注浆施工,注浆时各处连接均应密封良好,必要时在接头丝扣处绕一层湿润的细麻丝,以加强密封性。施工过程中严格按照交底顺序操作,严禁顺序倒置,喷浆伤人。

注浆前用清水试压管路,检查管路是否连接紧密,如有问题及时处理。为防止注浆时跑浆,孔口管与钢管端部应用较黏的素水泥浆封堵严密,待其凝结硬化后方可开始注浆。注浆结束后要及时清洗管路，防止残留浆液凝固堵塞管路。

注浆次序：注浆应由下向上间隔注浆（或根据监控数据改变注浆次序），如孔道内存在滞水，应先注有水的孔后注无水的孔，出现串管现象时，应放大间隔。

注浆参数：注浆采用水泥浆，前进式注浆，水泥浆水灰比 1∶1，必要时可添加早强剂，如遇砂层，浆液采用水泥、水玻璃双液浆，注浆压力 0.5～1.0 MPa，施工时根据现场情况调整。

注浆过程中只要满足以下三个条件之一，即结束注浆：

第一，注浆压力逐步升高，达到设计终压（0.5～1.0 MPa）稳定 10 min；

第二，注浆量不小于设计注浆量的 80%；

第三，进浆速度为开始进浆速度的 1/4。

2.4.3　袖阀管注浆加固技术

1. 施工工艺流程

袖阀管注浆加固工艺流程如图 2.4-9 所示。

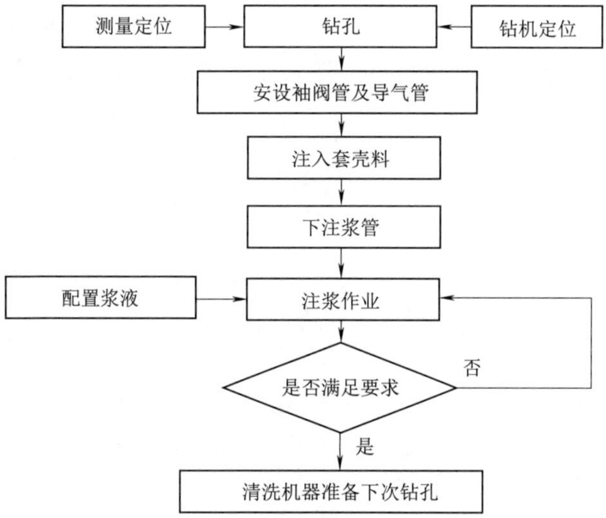

图 2.4-9　袖阀管注浆加固工艺流程图

2. 袖阀管注浆加固工艺技术参数

袖阀管注浆加固工艺技术参数列于表 2.4-1 中。

表 2.4-1　袖阀管注浆加固工艺技术参数

技术参数	取　值	备　注
注浆孔直径（mm）	ϕ91	
袖阀管外径（mm）	ϕ52	
注浆方法	常规方法	
注浆深度（m）	6/7.5/12	
套壳料	水泥∶黏土∶水＝1∶1.5∶1.88	

续上表

技术参数	取值		备注
注浆参数	水泥用量(kg)	117/264	每延米
	水泥规格	P·O 42.5	
	水泥浆:水玻璃	1:(0.5～0.6)	
	注浆压力(MPa)	0.3～1	
	水灰比	0.8、0.9、1.0	随注浆次数增加
	注浆量(L/min)	30～40	
	注浆次数	3	

3. 袖阀管注浆加固

(1)测量放样

根据已绘制的孔位布置图,使用全站仪放出控制孔位并确定基面高程,其他孔位根据孔距用钢尺测量。

(2)钻孔

采用泥浆护壁法钻进成孔,钻进深度应达到注浆固结段。钻进过程中要做好记录,为注浆作业提供参考数据。

(3)安设袖阀管

成孔后拔出钻杆,将袖阀管插入孔内,袖阀管末端用锥形堵头封好,防止管内被堵塞。插入袖阀管时应保持袖阀管位于钻孔的中心,以便灌注套壳料时将袖阀管包裹均匀。下袖阀管时将同长度的 ϕ19.05 mm 塑料管一同下入孔内,作为注套壳料的管路。袖阀管下到位后将孔口用保护帽套好。注浆段袖阀管为花管,空孔段袖阀管不设花孔。

(4)安装导气管及封口

如图 2.4-10 所示,袖阀管和 ϕ19.05 mm 塑料管一起下到位后将带阀门的 ϕ19.05 mm 钢管安装在孔口,用快硬水泥将孔口封严。ϕ19.05 mm 钢管作为注套壳料时的排气孔,保证套壳料灌注密实。

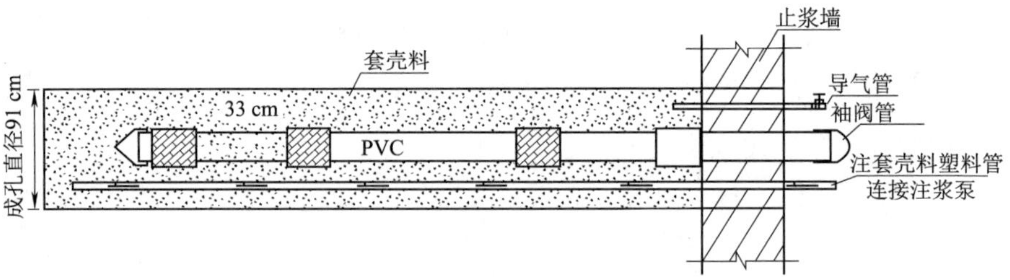

图 2.4-10　袖阀管安装示意图

(5)注入套壳料

钻一孔注一孔,防止发生塌孔和埋管。将配好的套壳料用 SGB6-10 泥浆泵压入 ϕ19.05 mm塑料管,套壳料会从孔底向外返浆,达到置换孔内泥浆、填满套壳料的目的。待 ϕ19.05 mm 镀锌钢管开始溢浆,说明孔内套壳料已经注满,即可关闭排气管阀门。

(6)开环注浆

将注浆器下至需要注浆的孔段,启动注浆泵,压送清水,在此过程中压力逐步提高,直到冲开橡胶袖阀管及所对应位置的套壳,压力回落后,泵送水泥浆液,一直注浆到设计所规定的压力并稳定为止;在此过程中可视需要或设计规定进行间歇注浆,直到符合设计要求为止。单根袖阀管注浆采用分段注浆,分段长度为 0. 3 m。为防止串浆,采用跳孔注浆的方式进行。注浆终压到达设计终压,持续时间不小于 10 min,即可结束注浆。

(7)做好注浆过程中各项记录

开环位置、注浆时间、注浆压力、水泥用量、水灰比、注浆过程出现的特殊情况等。

(8)注浆达到设计要求后,清洗管路及袖阀管,拆除注浆管,进行下一孔的注浆。

4. 注意事项

(1)每次注浆前检修好设备,确保管路连接牢固和压力表正常,防止注浆过程中发生爆管事故。

(2)钻孔时,密切观察溢水出水情况,如出现大量溢水出水时,应立即停钻,分析原因后再进行施工。每钻进一段,检查一段,及时纠偏,孔底位置偏差应小于 30 cm。

(3)注浆开始前、结束后要高挡位冲洗注浆管路,防止注浆管路堵塞。

(4)所用浆液原材料必须具有合格证书,且经现场取样试验合格后方可使用。配制浆液时严格按照制浆要求按顺序投料,非经技术指导后不得随意增减各原料投放数量。

(5)注浆施工现场用水供应必须充足。用水应干净清洁,不得含有杂物,以防堵管或影响浆液配比。

(6)施工时为了防止串浆,不影响邻孔质量,应采用间隔跳打法施工。

第3章　富水砂层盾构区间钢套筒密闭技术

3.1　钢套筒辅助盾构进出洞的特点

3.1.1　钢套筒辅助盾构进出洞的优点

(1)适用范围广

钢套筒辅助盾构始发与接收技术适用于各种地层,只要施工场地可以满足钢套筒的运输和安装需要的空间,且当洞门端头条件受到限制无法实施端头加固时,必须采取钢套管进行盾构始发与接收作业。

(2)无需端头加固

采用钢套筒来平衡盾构进出洞需要的水土压力,且采用钢套筒本身的密封性来代替端头加固具有的降低土层的渗透性,达到了无需加固端头的目的。

采用钢套筒辅助盾构进出洞时,因为钢套筒内的充填材料可提供盾构反力,从而不会造成端头涌水突泥甚至塌陷等安全事故,故采用钢套筒作业时不用对端头进行加固,也不用改迁管线和对地面地下建筑(构)物进行处理,减少了施工工序,降低了工程费用。

(3)钢套筒可以循环使用经济效益明显

钢套筒作为一种密封的拼装钢结构,可以多次组装和拆卸,只有一次成本投入,可以多次循环使用。虽然一次制作成本费用较高,但多次使用后分摊到一次的成本很低。而由于节省了端头加固和管线改迁等费用,则采用钢套筒辅助盾构进出洞的经济效益相当高。

(4)施工安全

采用钢套筒辅助盾构进出洞时,可有效控制端头的稳定性,降低洞门处涌水突泥的发生概率,对车站结构和区间隧道的施工安全起到积极作用。同时,对周围的建构(筑)物的影响也小,提高了盾构始发与到达的安全性。

(5)占用空间小

采用钢套筒辅助盾构进出洞无需加固端头,大大地降低了施工用地,特别是对于施工征地困难的城市主城区,该技术优势明显。作为小场地施工技术,其满足了城市文明施工的要求,降低了噪声、光和环境污染。

(6)对水土环境影响小

在传统的盾构进出洞之前需要实施端头加固,加固的方法有旋喷桩、化学注浆等,这种化学处理对水土的环境效应皆有一定的影响。而钢套筒无需端头加固,故对施工周边的水土环境条件不产生影响,达到了保护城市环境的目的。

3.1.2　钢套筒辅助盾构进出洞的缺点

(1)钢套筒辅助盾构进出洞工期较长

钢套筒的安装时间比较长。由于钢套筒由多节组成,每节又由上下两个半圆组成,接触面多、连接螺栓更多,再加上托架与反力架安装,还要与洞门连接,导致在地下有限的空间里面吊装钢套筒的时间长,一般需要 20 d 左右才能完成。

盾构通过钢套筒进出时间长。盾构机在钢套筒里面从头至尾均需要严格控制好姿态,并且推进速度也非常缓慢,否则容易出现刀盘碰到钢套筒导致卡壳、刀具破坏与钢套筒变形等事故。

后续工作多。盾构机通过钢套筒进出洞后,需要对钢套筒进行拆解处理。先拆除钢套筒上半部分,然后再拆除下半部分。对于出洞则要在钢套筒里面解体盾构机,然后才拆除下半部分,盾构解体困难。因此,钢套筒辅助盾构进出洞无形增加了更多的工艺步骤,相对于常规施工,单台次盾构进出洞需要增加工期 15 d 左右。

(2)钢套筒运输和存储困难

由于地铁区间隧道用钢套筒为直径 6.8 m、长 10 m 左右的圆柱体,采用上下拆开分节运输的体积也比较大,运输难度大。同时,存储占地方,且还容易变形,维护难度大,给下一次应用带来拼装难度,增加了钢套筒拼装时间。

(3)土压平衡盾构用钢套筒回填料的选择难

钢套筒辅助盾构进出洞对于泥水平衡盾构机容易实现水土压力平衡,但对于土压平衡盾构回填砂和泥浆在保持一定的压力后,也容易出现喷涌现象,压力难以保持。因此,需要对土压平衡盾构用钢套筒回填料进行专门研究。

(4)钢套筒辅助盾构进出洞操作繁琐

因有了钢套筒的存在,盾构进出洞的操作十分繁琐,增加了施工困难。一方面需要控制好掌子面的压力,压力高会击破钢套筒的密封,压力低导致端头失稳。另一方面盾构机的姿态控制要到位,盾构刀盘到钢套筒的间距仅有 10 cm 左右,容易出现刀盘偏离碰到钢套筒而相互损坏,增加了控制难度。当钢套筒填充不够密实,提供的反力不够时,容易造成安全事故。

(5)钢套筒的密封性能难以保证

钢套筒是一种组装结构,其密封性能难以保证,一旦出现钢套筒变形,在高压下经过刀盘的转动,很容易导致钢套筒的密封失效。密封失效将出现压力降低,导致涌水涌砂的安全事故。

(6)增加了吊装难度

盾构机进出洞均在狭窄的场地进行吊装,现又增加了钢套筒及反力架和托架的吊装作业,在有限的空间进行高空大型构件吊装作业,增加了吊装难度。

3.2　富水砂层盾构区间钢套管密闭体系构建

盾构施工过程中,盾构的始发与接收过程是施工风险最大的工序。据统计,当前在各类盾构施工事故中,因为始发与到达接收而发生的事故占一半以上。典型的盾构始发与接收安全事故有:南京地铁1号线某标段在富水粉细砂地层盾构始发时出现两次流沙现象,地面下陷1.5 m;南京地铁集庆门站~所街站区间盾构进洞施工中,由于洞圈渗漏淹没了4条区间隧道和2台盾构机;2014年春节,杭州地铁4号线官河站~杭州东站站区间,盾构到达并已进入端头井,地下水突破三道防线,地下水砂涌入端头井中。因此,必须进行盾构始发与接收新技术的研究,确保施工安全。

盾构始发和接收过程中主要需要解决两个关键问题:一是稳定开挖面防止塌方;二是密封防止涌沙涌水。在盾构始发和接收时因盾构类型、始发方法等不同,遇到的问题也有所不同。目前,盾构始发和接收开挖面稳定的主要方法有土压或泥水压自稳法、拔桩法和直接切削临时墙法。在软土或砂土地层中为了防止涌沙涌水的发生,必须对始发或接收段进行端头加固。

在盾构始发和接收前进行地层加固主要有两个方面的作用:一方面是增强洞门混凝土凿除后周边地层的强度和稳定性,防止土体失稳造成地层变形和地面沉降;另一方面是在洞口一定范围内形成有效的止水帷幕,防止洞门打开后,地下水沿洞口渗流甚至涌入至盾构工作井内,造成因地下水损失而地层发生大变形甚至塌方,特别是富水砂性地层,将发生涌水并造成重大安全施工事故,带来严重的人员伤亡与财产损失。

对于富水砂性地层,盾构进洞与出洞时的地下水控制较为复杂,稍有不慎,便可能引起涌水和涌砂的险情。通常采用加固区间隧道一定长度范围的方法,以包裹整台盾构设备,并通过从盾尾注浆形成环箍,以达到封闭渗漏通道的目的。但是该方法要求现场能提供加固的作业空间,且对加固质量的要求也高,一旦受地面条件限制或加固质量难以保证时,只能采用钢套筒辅助盾构进出洞的方法。

钢套筒是一种直径比盾构略大、长度比盾构主机略长的圆筒状钢结构,一端开口、另一端封闭,开口端与洞门预埋钢环相连接,这样形成一个整体密闭的容器,并在钢套筒内灌入充填物,使得盾构在整个进出洞过程中始终处于内外水土压平衡的状态,保证理论上水土不会流失,最大限度地减少盾构进出洞过程中对周边环境的影响。

钢套筒辅助盾构进出洞工艺主要基于水土压力平衡的理念,以小空间换取大空间、循环利用为核心,为盾构进出洞提供了新的技术思路,成功克服了盾构在进出洞过程中受加固空间及加固效果制约的技术难题。

根据以上关于涌水涌砂的原因分析,构建富水砂层盾构区间钢套管密闭技术体系为:盾构端头加固技术(见第2章),钢套筒筒体密封技术及回填材料选择,钢套筒与洞门连接密封技术,钢套筒与反力架连接密封技术和端头段管片结构密封技术。

3.3 钢套筒结构设计技术

3.3.1 钢套筒结构设计

富水砂层盾构始发与接收用钢套筒主体设计为圆柱形筒体,全长约11.43 m,内径6.8 m,由钢板及型钢通过螺栓和焊接连接而成,钢套筒实物如图3.3-1所示。钢套筒的主体分为4环,每环长2.5 m,标准断面如图3.3-2所示,钢套筒筒体装配如图3.3-3所示,拼装环间螺栓位置如图 3.3-4 所示。钢套筒端头连接过渡段长 0.8 m，筒后端盖长 0.63 m。整体主要材料为 Q235C 钢材，钢套筒内压为 0.4 MPa，钢套筒主体总重量约 120 t，盾构机自重约 350 t。

图 3.3-1　钢套筒

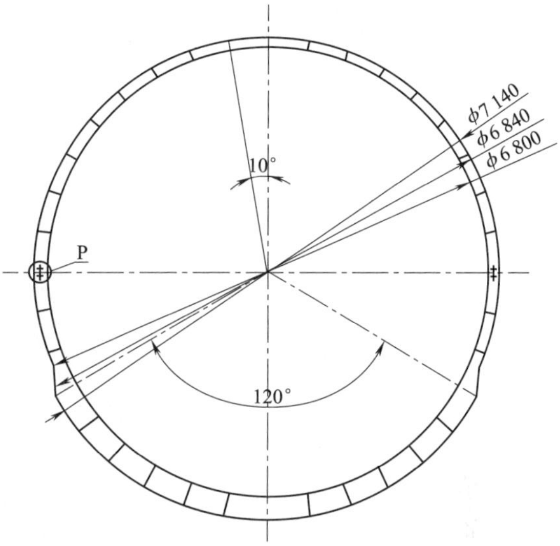

图 3.3-2　钢套筒标准断面图(单位：mm)

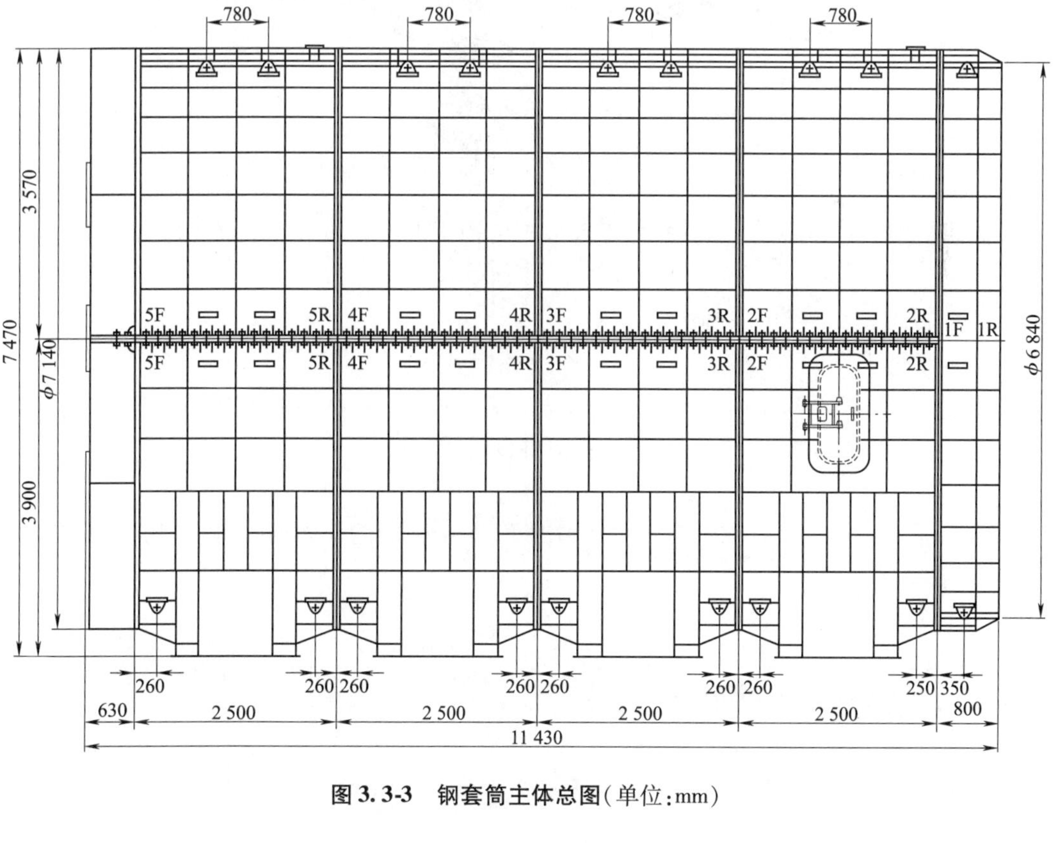

图 3.3-3　钢套筒主体总图(单位：mm)

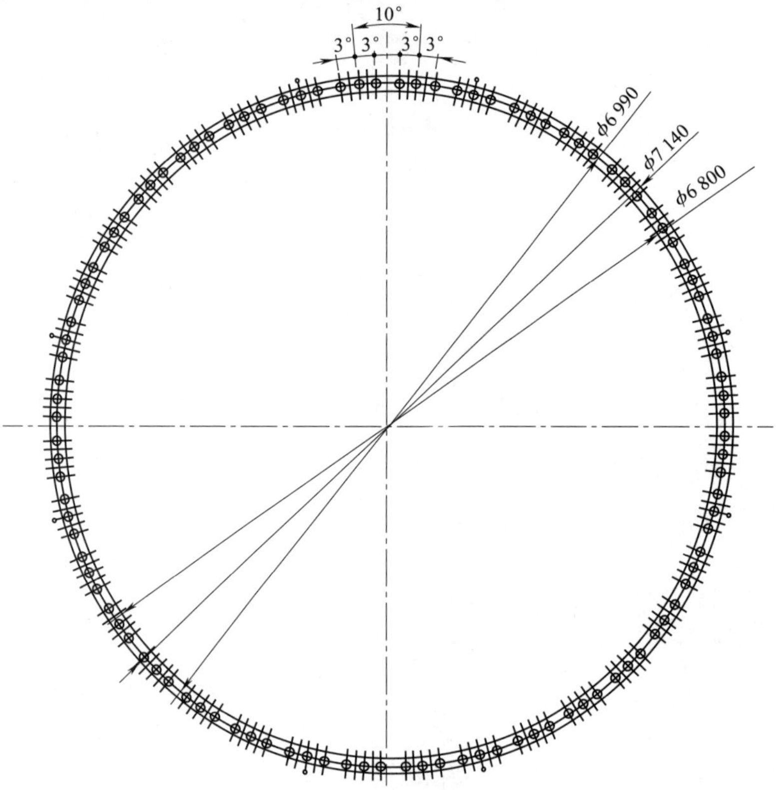

图 3.3-4 拼装环间螺栓位置

3.3.2 钢套筒结构计算

钢套筒结构计算主要包括钢套筒在内压和盾构机自重荷载工况下的强度以及螺栓强度计算。

1. 钢套筒筒体承受内压强度

(1)基本条件

钢套筒内径 $d=6\ 800$ mm，钢套筒内部压力 $P=0.4$ MPa，壁厚 $h=20$ mm，钢套筒主要材料为 Q235C 钢(抗拉强度为 205 MPa)，盾构机自重 350 t。

(2)计算模型

钢套筒为空心圆柱体，在承受内压的情况下，每个断面的受力情况是相同的。其受力模型大致如图 3.3-5 所示。

(3)计算结果

$2T=2RP=2\ 720$ kN/m，$T=1\ 360$ kN/m。

其中，T 为钢套筒筒壁受拉力，R 为钢套筒的内径，P 为内压。

(4)应力复核

应力 $\sigma_1 = T/h = 1\ 360/0.02 = 68$ MPa < 205 MPa，安全系数约 3，钢套筒筒体强度符合要求。

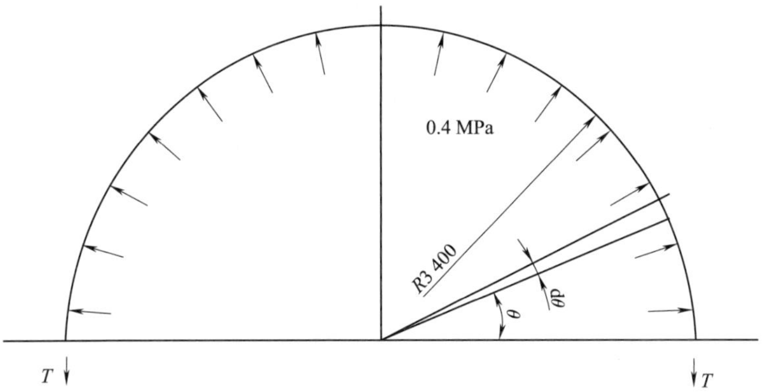

图 3.3-5　钢筒体受 0.4 MPa 计算模型

2. 钢套筒连接螺栓强度检算

(1)钢套筒环连接螺栓(纵向)

钢套筒连接采用 M30 螺栓,有效截面积为 $S=561\ \text{mm}^2$,计算螺栓抗拉强度。

盾构始发时总推力不大于 8 000 kN,由图 3.3-4 可知纵向螺栓有 108 个,由此可得单个螺栓受拉强度为 $8\ 000\ 000\div108\div561=132\ \text{MPa}<800\ \text{MPa}$,螺栓强度符合要求。8.8 级 M30 螺栓的性能为:抗拉强度 800 MPa,屈服强度 $800\times0.8=640\ \text{MPa}$。

(2)钢套筒上下半圆连接螺栓(环向)

每环钢套筒由 16 个螺栓进行连接。

钢套筒壁厚 20 mm,每段长 2.5 m,钢套筒筒壁受力 $T=1\ 360\ \text{kN/m}$,每米螺栓个数为 $16/2.5=6.4$ 个,螺栓有效截面面积为 $561\ \text{mm}^2$,对单个螺栓强度进行验算:$1\ 360\ 000\div6.4\div561=378.8\ \text{MPa}<640\ \text{MPa}$,强度验算符合要求。

3.3.3　钢套筒托架设计计算

1. 托架设计

底部托架结构如图 3.3-6 所示,盾体重量 $G_1=350\times9.8=3\ 430\ \text{kN}$,筒体自重(除去底部框架)$G_2=90\times9.8=882\ \text{kN}$,筒体自重 $G_3=120\times9.8=1\ 176\ \text{kN}$。底部框架数量 4 个,按底部框架中间筋板承受全部重力计算,筋板长 300 mm、厚 20 mm,承受荷载的筋板 8 块,材料为 Q235B。

2. 强度检算

底部框架承受重力:$G_1+G_3=4\ 606\ \text{kN}$。

筋板受力面积 $A=9\times0.3\times0.02=0.054\ \text{m}^2$,$\sigma_2=(G_1+G_3)/(8A)\approx11\ \text{MPa}$。

应力 $\sigma_2=11\ \text{MPa}<205\ \text{MPa}$,安全系数约 18,底部托架的强度符合要求。

3. 钢套筒顶升底座设计计算

顶升底座受力 600 t, 顶升底座数量 8 个,壁厚 $\delta=20\ \text{mm}$,材料为 Q235B,顶升底座构造如图 3.3-7 所示。

单个顶升底座受力 $F=600\times9.8/8=735\ \text{kN}=735\ 000\ \text{N}$。

顶升底座有效受压截面积 $S=(300\times4-40)\times20=23\ 200\ \text{mm}^2$。

顶升底座压应力 $\sigma = F/S = 735\ 000/23\ 200 \approx 32\ \text{MPa} < 205\ \text{MPa}$。

安全系数约为6.4,满足使用要求。

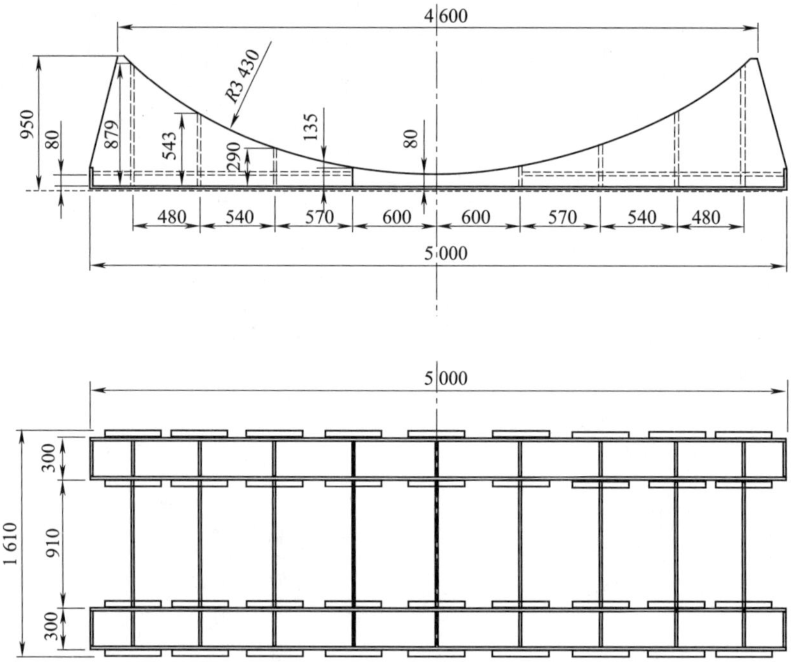

图3.3-6　底部托架结构图(单位:mm)

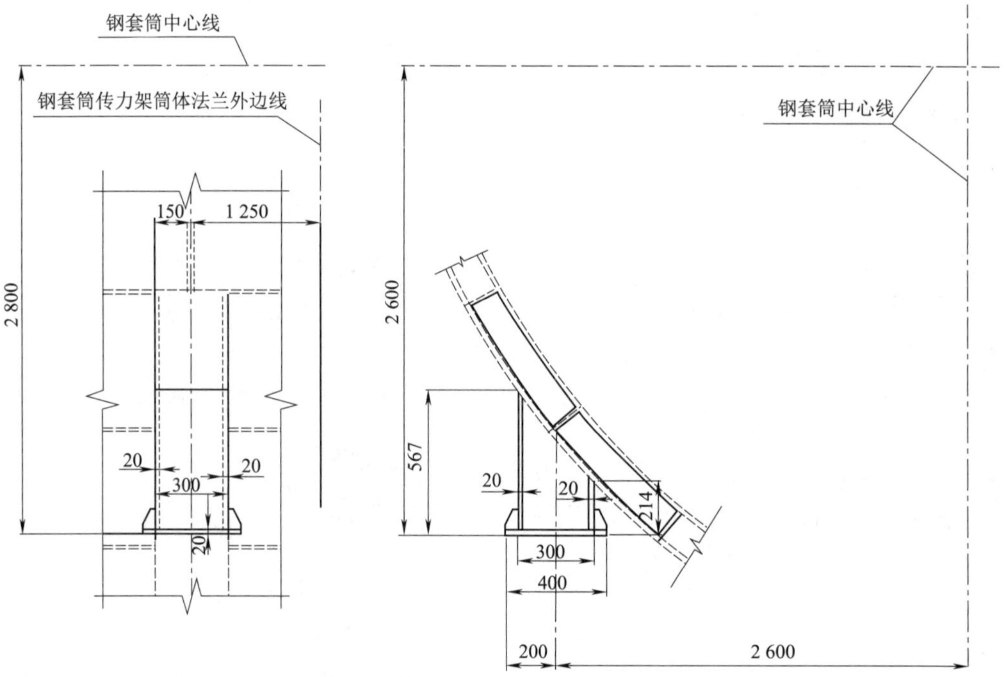

图3.3-7　顶升底座构造图(单位:mm)

3.3.4 钢套筒反力架设计计算

1. 反力架设计

反力架是支撑盾构进洞钢套筒受力架的支撑构件，由矩形钢管及圆管斜撑构成。斜撑与水平面夹角 30°。盾构反力架由 3 根立柱及钢支撑组成，立柱后边用 ϕ609 mm 钢管支撑，盾构掘进时的后座反向力，通过钢支撑传递至主体结构的底板和侧墙上，钢支撑焊接在预埋的钢板或植筋钢板上。反力架及斜撑如图 3.3-8所示。

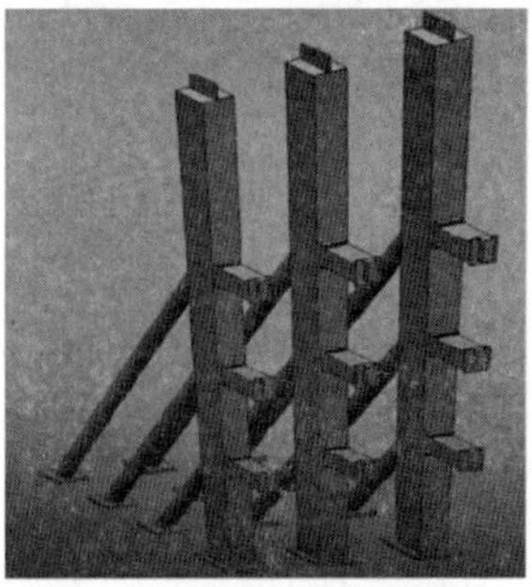

图 3.3-8　反力架及斜撑示意图

反力架荷载 1 000 × 9.8 = 9 800 kN，钢套筒主要材料 Q235A，反力架悬挑梁截面 300 mm × 300 mm × 10 mm；斜撑圆管截面 ϕ609 mm × 8 mm。最长斜撑长度约 10 m，垂直立柱截面尺寸为 800 mm × 800 mm × 10 mm。

2. 反力架悬挑梁受力计算

反力架及斜撑受力简图如图 3.3-9 所示。反力架荷载为 9 800 kN，受力立柱数量为 3，每个受力立柱受力点为 3 个，单个受力点荷载为 9 800/9 ≈ 1 090 kN。反力架的材料为 Q235A，抗拉强度为 215 MPa。

悬挑梁受压面截面积为 0.3 × 2 × 0.01 + 0.28 × 2 × 0.01 = 0.011 6 m^2，压应力 σ = 1 090/0.011 6 ≈ 94 MPa < 215 MPa，安全系数约 2.3，反力架悬挑梁受压强度符合要求。

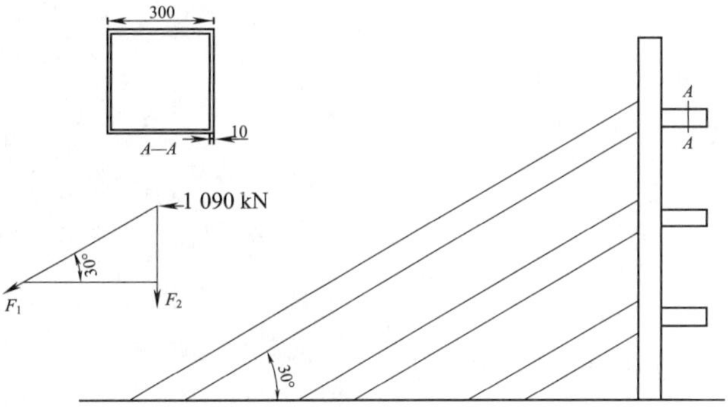

图 3.3-9　反力架及斜撑受力简图（单位：mm）

3. 斜撑及立柱受力计算

斜撑材质 Q235A，单个斜撑受力为 1 090 kN。

通过力的平衡分析可得斜撑圆管受力 F_1 = 1 259 kN，斜撑受压；垂直立柱受力 F_2 = 629.5 kN，立柱受拉。斜撑圆管截面积 S = 3.14 × (0.609 − 0.008) × 0.008 ≈ 0.015 m^2。压应力 $\sigma_1 = F_1/S$ = 1 259/0.015 = 83.9 MPa < 215 MPa，安全系数约 2.6，斜撑圆管受压强度符合要求。立柱受力 T = 629.5 × 3 = 1 888.5 kN，受力面积 S' = 0.8 × 2 × 0.01 + 0.78 × 2 × 0.01 = 0.031 6 m^2，$\sigma_2 = T/S'$ = 1 888.5/0.031 6 = 60 MPa，σ_2 = 60 MPa < 215 MPa，立柱受拉强度符合要求。

4. 斜撑焊缝计算

斜撑材质 Q235A,斜撑焊缝为等强度焊接,斜撑与水平面夹角 30°,根据投影关系,斜撑受剪焊缝截面积$S_1 = S/\sin 30° = 0.03\ m^2$,斜撑受压焊缝截面积$S_2 = S/\cos 30° \approx 0.017\ m^2$。

焊缝剪应力 $\tau = F/S_1 = 1\,259\cos 30°/0.03 \approx 36.4$ MPa < 125 MPa,安全系数约为 3.4,可知斜撑圆管焊缝抗剪强度满足使用要求。焊缝压应力 $\sigma = F/S_2 = 1\,090/0.017 \approx 64$ MPa < 215 MPa,安全系数约为 3.3,斜撑圆管焊缝抗压强度满足使用要求。

3.4 富水砂层盾构区间钢套筒密闭技术

3.4.1 钢套筒与洞门连接密封技术

目前,盾构隧道进出洞普遍采用折页式压板与橡胶帘布,作为盾构机始发与接收施工中的防水封堵措施。由于折页式压板在高水压工况下对橡胶帘布的固定作用较为有限,经常出现压板向外翻出、橡胶帘布被砂土冲出的情况,造成盾构始发与接收施工的失败。

为了加强盾构隧道进出洞门位置的整体防水性,模拟盾尾刷的原理,设计采用具有一定刚度的两道薄钢板与中部能吸收水分的海绵共同组成防水阻砂封堵体系,特别适用于富水砂层的盾构始发与接收施工,降低盾构进出洞施工风险。

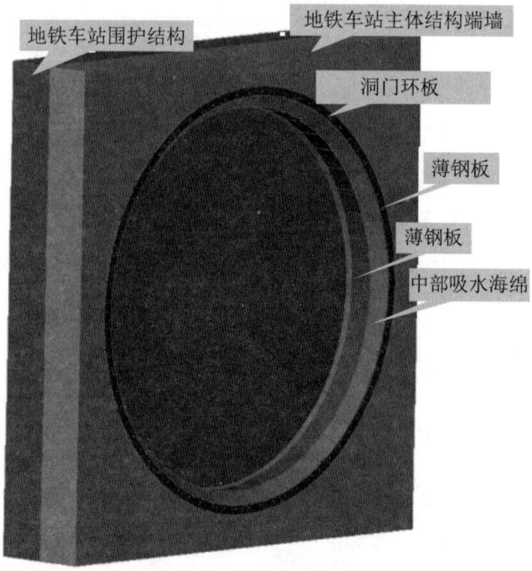

图 3.4-1　三维模型示意图

在洞门钢环的内环面焊接两道薄钢板形成环形封闭体系,钢板中间填充吸水海绵,海绵与钢板采用钢丝绑扎牢固,在盾构机通过时,盾壳将钢板与海绵压紧,开挖面渗漏的砂土和水受到钢板、海绵的阻隔与吸收后,降低了对洞门帘布与压板的冲击,从而达到防水阻砂的封堵效果,如图 3.4-1 和图 3.4-2 所示。这样能够有效提高盾构进出洞施工期间的安全性,特别是在富水砂层中可以起到较好的防水阻砂效果,现场施工如图 3.4-3 所示。

钢套筒与洞门连接密封技术过程如下:

(1)按规格尺寸加工薄钢板,钢板弯角采取冷弯方式,保证在盾构机通过时具有一定弹性。

(2)焊接内层薄钢板至洞门预埋钢环内环面,相邻钢板间通过焊接方式连接,要求焊缝饱满,洞门钢环直径为 6 500 mm。

(3)焊接外层薄钢板至洞门预埋钢环内环面,相邻钢板间通过焊接方式连接,要求焊缝饱满,两道钢板间距保持为 230 mm。

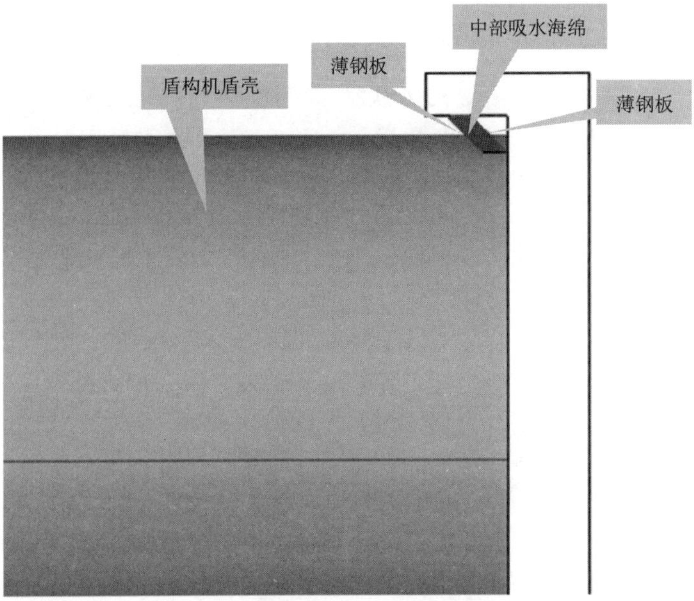

图 3.4-2　钢套筒与洞门连接密封侧视图

图 3.4-3　现场施工图

(4)两道钢板间填充吸水海绵。

(5)洞门上半部吸水海绵采用铁丝绑扎,与薄钢板整体连接固定。

该技术的主要参数:薄钢板厚 2 mm,每块薄钢板宽度 300 mm,长(500 + 200)mm,弯角为 135°,薄钢板间距 230 mm;海绵规格为 1 m/节,截面尺寸 250 mm × 350 mm。

3.4.2　钢套筒筒体密封技术及回填材料选择

1. 钢套筒筒体密封技术

钢套筒各段间以及上下半圆筒体间均采用螺栓连接,目前多在接触面上设置橡胶垫作为钢套筒筒体的密封。针对项目富水砂层地质条件,为了确保钢套筒的密封性,设计了遇水膨胀型橡胶,即三元乙丙橡胶密封垫。该橡胶密封垫在遇水条件下,体积可以膨胀到原来的 3 倍左右,从而保证密封效果。且管片拼装缝止水条也采用三元乙丙橡胶条,故用量大,经济效益好。

2. 回填料的选择

目前钢套筒的回填料主要采用素混凝土(低标号砂浆)或者砂土混合料(砂和泥浆),也有采用盾构掘进产生的渣土。隧道掘进过程中产生的渣土已经过渣土改良,能保证盾构机安全顺利出洞,同时相比混凝土砂浆成本更加低廉,且对环境无污染。故掘进产生的渣土被越来越多地应用于钢套筒回填料。

由于哈尔滨属于高寒地区,最低平均气温 −17.2 ℃,最低气温可达 −37.7 ℃,而砂土混合料和渣土均含水量大,在低温下冻结会产生较大的冻胀力,引起钢套筒变形开裂,导致密封性能失效。因此,只能选择素混凝土作为钢套筒的回填料。

但是,由于素混凝土需要浇筑,盾构掘进也困难,且还要凿除,工序复杂,成本高。技术人员为此研制出了高寒富水砂层条件下经济性较好的钢套筒用回填料——防冻料,由渣土、粉煤灰、工业盐、水组成。由于不同的工业盐水溶液的含盐量重量比不同,其冻结温度(凝固点)是不相同的,零下 20 ℃对应的含盐量重量比为 22.4% 。所以,本次防冻料的材料组成(重量比)为工业盐∶水∶粉煤灰∶渣土 =0.2∶0.5∶1.0∶5.0。

钢套筒经检查并确认合格后,向钢套筒内填料。为了将填料输送至钢套筒内,需要从地面引一条输送管道至钢套筒上,采用一条 ϕ609 mm 的钢管连接,地面设置一个漏斗,将混合料直接从漏斗输送至钢套筒内。

3.4.3 钢套筒与反力架连接密封技术

盾构机利用钢套筒接收在国内具有较多的应用,但盾构利用钢套筒完成始发需要解决钢套筒尾部与反力架的密封问题,为盾构始发保压提供条件。

设计加宽的类似于反力架基准环的止水装置连接于反力架和钢套筒连接环之间,止水装置既可以在后端牢固地与反力架进行螺栓连接,同时又可以在前端分别与负环管片和钢套筒连接环连接。与负环管片螺栓连接时,利用管片挡水条与止水装置环面三元乙丙橡胶圈压紧形成密封;与钢套筒连接环螺栓连接时,在两钢构件中间塞入环形三元乙丙密封垫圈,保证密封效果。于是在负环管片与钢套筒连接环中间形成密闭的空腔,盾构始发后同步注浆管注入的砂浆可在空腔中完成水化反应,不会外漏,同时为盾构机整体保压提供条件,保证盾构始发的安全。

如图 3.4-4 ~ 图 3.4-6 所示,该技术能够有效提高盾构进洞始发施工期间的安全性,特别是在富水砂层中可以起到较好的保压效果。

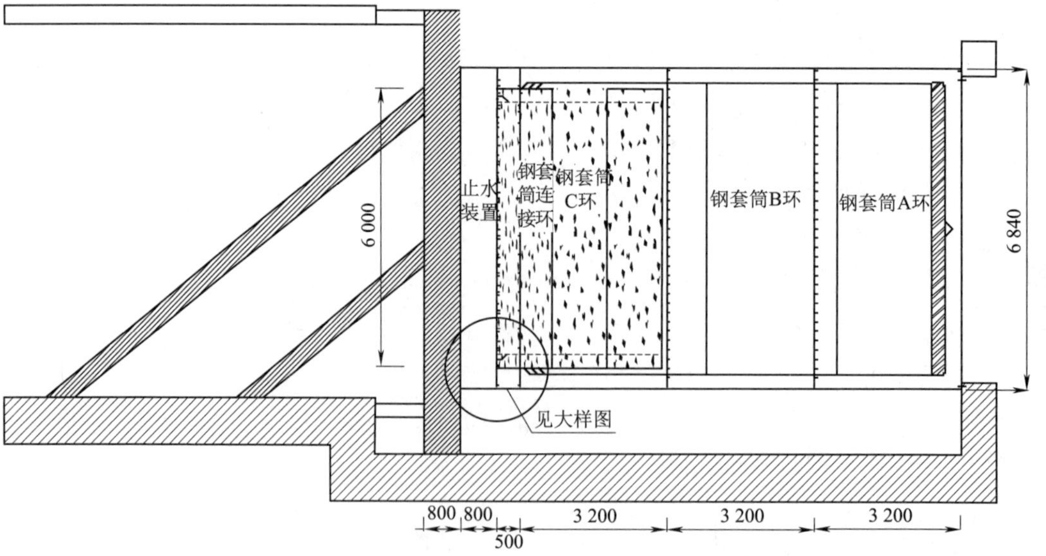

图 3.4-4　整体示意图(单位:mm)

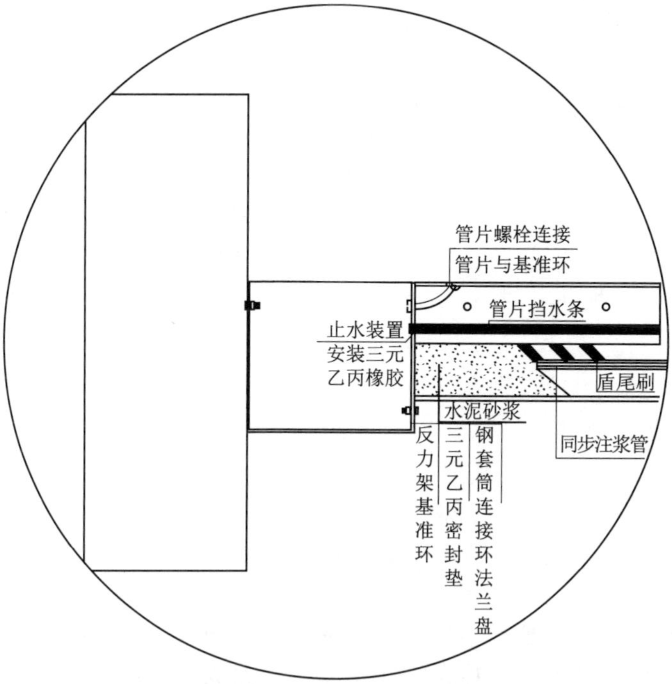

图 3.4-5　止水装置大样图

图 3.4-6　止水装置三维模型

钢套筒与反力架连接密封技术的主要参数列于表 3.4-1 中。

表 3.4-1　主要技术参数

技术参数	参数要求
止水装置尺寸	采用钢板厚度 1 cm,外径 6 840 mm,内径 5 400 mm,宽度 800 mm,分上下两半部分安装,两部分采用螺栓连接。后端螺栓孔直径 ϕ36 mm,分度 36°,孔中心距离内径边 120 mm。前端与管片连接螺栓孔直径 ϕ33 mm,分度 36°,孔中心距离内径边 120 mm。前端与钢套筒连接螺栓孔直径 ϕ33 mm,分度 10°,孔中心距离外径边 100 mm
基准环中部加劲板	厚度 1 cm,710 mm × 780 mm,环形布置,共 20 块,分度 18°
基准环与反力架连接螺栓规格	M33
基准环与负环管片连接螺栓规格	M27,圆弧形
基准环与钢套筒连接环连接螺栓规格	M30

(1)按规格尺寸加工止水装置,所有钢板间采用双面焊接方式连接,焊缝要求饱满。

(2)组装下半部钢套筒。

(3)在测定位置安装反力架、支撑。

(4)在钢套筒连接环与反力架之间安装两个 60 t 液压千斤顶,千斤顶顶推钢套筒与洞门预埋件连接。

(5)吊装盾构机下井,并安放在钢套筒下半部上。

(6)安装钢套筒上半部,在钢套筒连接环后部安装三元乙丙密封橡胶环。

(7)将止水装置分别与反力架、钢套筒连接环进行连接。

(8)测钢套筒整体的密封性能,满足要求后拼装负环管片。

3.4.4 盾构进出洞管片施加预应力技术

1. 技术目的

盾构管片依靠盾构机推进千斤顶挤压进行拼装,千斤顶挤压力与盾构外壳与土体之间的摩擦力、刀盘上的水平推力引起的推力、为切土所需要的推力、盾尾与管片之间的摩阻力等合力相互平衡。在盾构机进出洞期间,由于与千斤顶挤压力相互平衡的推力不足,导致盾构管片间压紧程度不足,因此进出洞段10环范围内是盾构隧道渗漏水问题的多发区域。

以往施工中会借助型钢与管片螺栓整体连接来保持管片间的整体稳定,型钢只能起到连接和保持真圆度的作用,并不能主动向管片施加紧固力,因此并不能彻底解决管片间缝隙大和渗漏水的通病。

为了加强盾构隧道进出洞段管片环缝间的止水效果,利用预应力钢绞线张拉后产生的收缩力,将管片紧紧拉结在一起,解决进出洞阶段盾构总推力不足导致管片环缝压紧效果差的问题。

出洞阶段应在倒数第十环上预埋的波纹管锚垫板作为固定端,以出洞环作为张拉端进行预应力张拉,同时做两端封锚。这样能够有效提高进出洞段管片的环缝压紧度,从而提高进出洞段隧道的防水效果。

2. 技术过程

如图3.4-7~图3.4-10所示,借鉴桥梁施工中采取的后张法预应力施加方法,在盾构管片制作中预埋波纹管,相邻环管片拼装后波纹管相互连通。进出洞段10环管片拼装结束后,将预应力钢绞线通过+1环管片上预埋的波纹管道穿入,除楔形块外其他5片管片各预埋一道管道,10环管片作为张拉端在预制时安装锚垫板,锚垫板上预留注浆孔、管片螺栓孔及张拉孔,预埋的波纹管位置与管片螺栓孔分度相同均为36°,因此即使管片采取错缝拼装方式也能使各环管片波纹管位置对齐。管片之间环缝处预埋的波纹管周边设计环形止浆槽,槽内安装止水胶条,防止管道注浆时浆液外冒。

图3.4-7 +1环管片钢绞线穿入孔留置在内弧面上

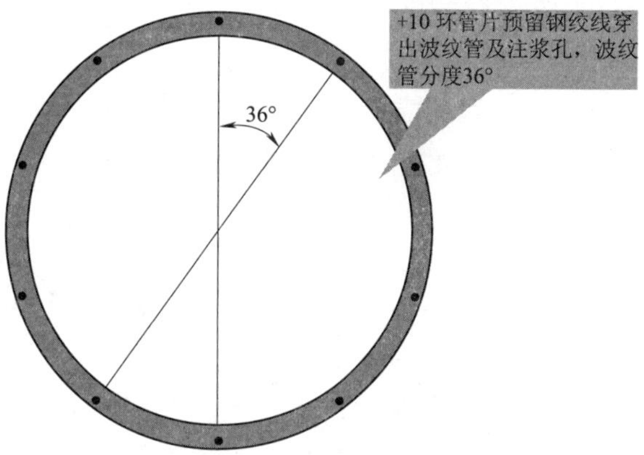

图 3.4-8　+10 环管片钢绞线穿出孔留置在环面上

图 3.4-9　错缝拼装的 +1 ~ +10 环管片

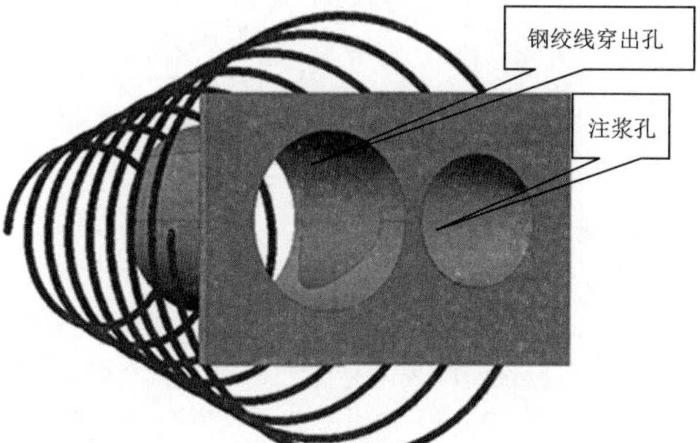

图 3.4-10　锚垫板布孔示意图

钢绞线由 +1 环管片穿入至 +10 环管片环面穿出，+1 环管片作为固定端安装锚具，+10环管片作为张拉端预制时安装锚垫板，锚垫板上设注浆孔和预应力筋穿出孔，注浆孔与预应力筋穿出孔相互连通，锚垫板背后配螺旋筋。

在 +10 环管片上安装夹具、连接器及液压千斤顶，按照后张法张拉操作规程开始预应力张拉，单根钢绞线张拉端的张拉控制力 $P = 194$ kN。张拉后向 +10 环管片锚垫板上的注浆孔内灌注 1∶1水泥浆。水泥浆通过连通孔道进入螺旋筋预留孔包裹预应力筋，封锚并养生 28 d 至水泥浆液硬化完全，使经张拉的钢绞线与管片形成整体，拆除千斤顶进行封锚，管片在预应力钢绞线和锚具的拉紧过程中拉结紧固。

3. 主要技术参数

该技术的主要参数列于表3.4-1中。

表3.4-1 主要技术参数

技术参数	参数要求
管片外径	6 m
管片内径	5.4 m
波纹管直径	ϕ67 mm
预留波纹管环向分度	36°
预应力钢绞线规格	钢绞线标准强度$f_{pk}=1\ 860$ MPa，弹性模量$E_g=1.95\times10^5$ MPa，2－ϕ15.2 mm，截面面积139 mm^2
锚垫板规格	130 mm×100 mm
注浆孔直径	50 mm
螺栓孔直径	33 mm

第 4 章　富水砂层盾构区间钢套筒始发与接收技术

4.1　洞门处地连墙玻璃纤维筋技术

1. 材料的装卸及仓存

玻璃纤维筋(GFRP)用于洞门处地连墙部位,目的是方便盾构进出洞破除,以免盾构刀盘在破除地连墙钢筋时损坏。

GFRP 筋的表面非常容易受损,破损会降低 GFRP 筋强度。对 GFRP 筋而言,表面的破损会因为碱化物的渗透而导致使用寿命的降低。为减少对操作工人和材料的损坏,应注意以下几点:

(1)在装卸 GFRP 筋时应佩戴工作手套以免刮伤。

(2)GFRP 钢筋不应直接存放在地面上,需将它们置于货架或出厂包装内以保证其清洁易于装卸。

(3)应避免高温、长期暴露在紫外光下以及化学物质环境,因为它们可能影响 GFRP 筋的材料性能。

(4)偶尔 GFRP 筋会被弄脏,这不会影响 GFRP 筋的材料性能。但如果有外观要求就必须在将 GFRP 筋放入混凝土前用有机溶剂擦拭以除去污物。

(5)有时吊装须另装简易支架,这样 GFRP 筋就不会吊起时过度弯曲。

(6)如果有需要,就用高速砂轮切割机进行切割;不可使用锯、磨石锯片切割,当切割时建议使用防尘面罩、手套及眼镜保护。因为可能产生的虹吸将不会进入杆端很多,所以不需密封切割端头。

(7)每批钢筋最少随机抽样 5 支进行钢筋的抗拉测试。

2. 钢筋笼加工

钢筋笼的加工过程如下:

(1)加工构造 2 套临时的钢筋骨架以支持和保护 GFRP 筋。

(2)按图 4.1-1 中的位置放置钢筋及 GFRP 筋,搭接部分用绑扎或 U 形螺栓固定。

(3)将 ϕ40 mm 的钢筋放在临时钢筋骨架上表面的对角线位置,再用 U 形螺栓固定,用于吊钢筋笼上卡车。

(4)用起重机按吊点缓慢地将笼架吊起至垂直面。

(5)调整并移动钢筋笼架到要求位置。

(6)用外涂层铁线,塑料夹或钢的 U 形螺栓固定两个笼架。

(7)放下连接好的钢筋笼,同时拆下所有的支撑物及临时的钢骨架。

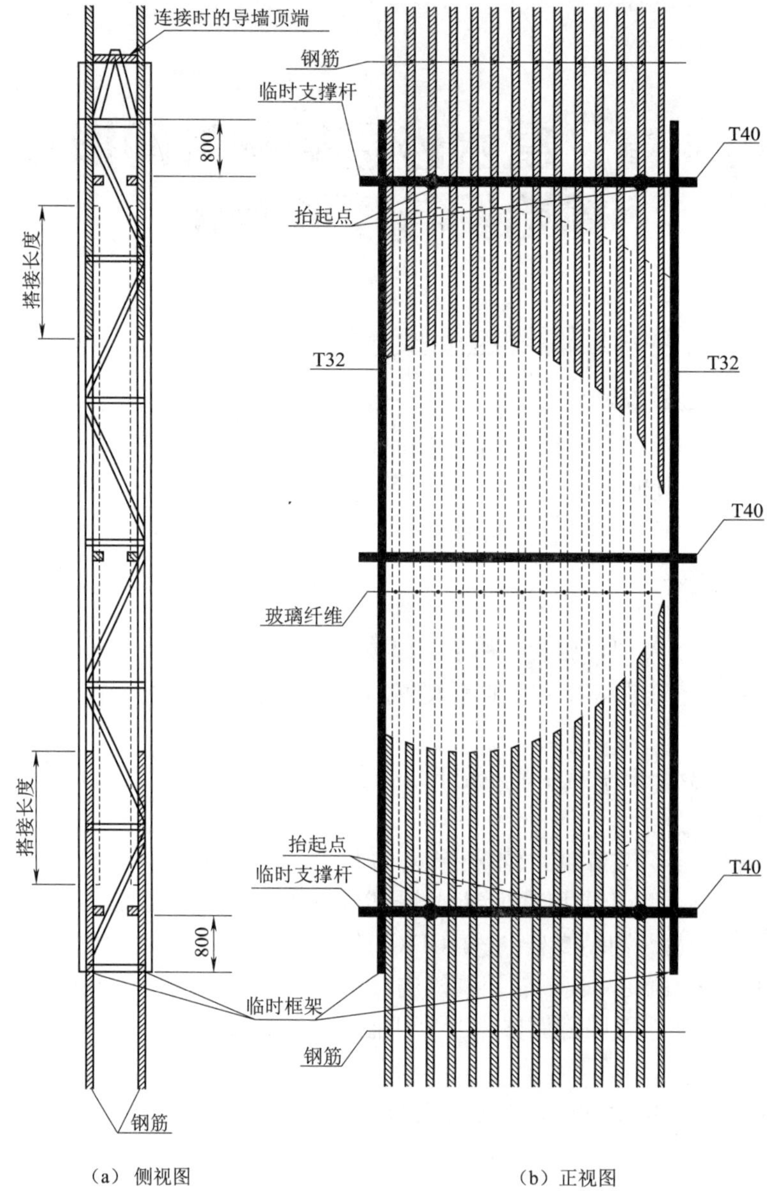

图 4.1-1　钢筋笼构造图(单位:mm)

3. 注意事项

(1)在浇筑混凝土时,GFRP 筋应固定以防止移位。塑料涂层的铁丝,塑料夹可用来固定钢筋。所用材料应符合项目要求:固定 GFRP 筋的绑扎密度应与普通钢筋相同。

(2)不允许在工地对 GFRP 筋进行加热弯曲。所有的弯曲工作应在工厂内完成。但是在现场加工用于临时结构中的大半径(超过 1.5 m)的弯曲是允许的(由于 GFRP 筋的弹性模量低)。

(3)GFRP 筋搭接的长度根据混凝土的强度、类型,主筋的等级、尺寸、表面轮廓、间隔以及保护层不同而不同。搭接长度的明细应与工程规范相配合，建议使用 $40d$ 作为搭接长度。

4.2　钢套筒始发技术

4.2.1　钢套筒始发工艺流程

盾构区间钢套筒始发技术是根据洞内外水土压力平衡原理进行盾构始发施工的，通过在盾构始发井内安装钢套筒，将盾构机安装在钢套筒内，再往钢套筒与盾体之间空隙回填固体散料、水等材料，形成一个完整的密闭空间，来维持洞门内外水土压力平衡。盾构机在套筒内始发时，不存在水土压力差，模拟盾构机在地层内掘进，犹如常规掘进状态，从而使盾构机在钢套筒内实现安全始发。充分利用注浆材料封堵洞门处开挖面与管片之间的空隙，以达到拆除钢套筒时不会发生渗漏水的目的。

盾构区间钢套筒的始发流程如图 4.2-1 所示。

图 4.2-1　盾构区间钢套筒始发工艺流程

4.2.2　钢套筒始发技术

1. 施工准备

先对始发场地进行清理，保证场地内干净无杂物后，根据设计图纸及盾构机参数对始发井套筒范围底部高程及线路中线进行测量，必要时始发井内回填素混凝土，确保套筒安装位置准确，并铺设后配套台车及电瓶车轨道。

2. 盾构机后配套台车下井

利用吊车将后配套台车吊入始发井内轨道，利用电瓶车将盾构机后配套台车运输至指定位置。

3. 安装钢套筒下半圆

采用 150 t 汽车吊，作业半径为 10 m，主臂长 21 m，有效起吊重量为 42 t，钢套筒最重部件 21.27 t，依据额定重量的 80% 计算，完全可以满足要求。钢套筒吊装平面布置如图 4.2-2 所示。

(1)轨道拆除

在开始组装钢套筒之前，先将盾构井内轨道等拆除，并确定盾体中心线，即钢套筒的安装位置。

(2)始发基座安装

钢套筒始发基座采用钢结构形式，主要承受盾构的重力和始发推进时的摩擦力。由于盾构机重约 300 t，因此始发基座必须具有足够的强度和刚度，根据盾构机盾体的长度及车站结构尺寸，确定始发架加工长度为 9.5 m、宽度为 4.32 m。

始发架安装前先由测量人员在车站底板设立控制桩,根据控制桩精确定位始发架的高程和轴线位置。始发架基准高程较设计轴线高程抬高 2 cm,然后由施工人员将始发架设在预定位置,并由测量人员进行复核,在确保始发架与设计轴线和高程无误后,将始发架与底板上的预埋钢板进行焊接,在始发架南北两端各均布 6 根 20 号 H 型钢,对始发架进行支撑,始发架与端头结构墙和反力架之间间隙使用 20 号 H 型钢进行支撑。在盾构机组装时,在始发架的轨道上涂硬质润滑油减小盾构机向前推进时的阻力。始发基座如图 4. 2-3 和图 4. 2-4 所示。

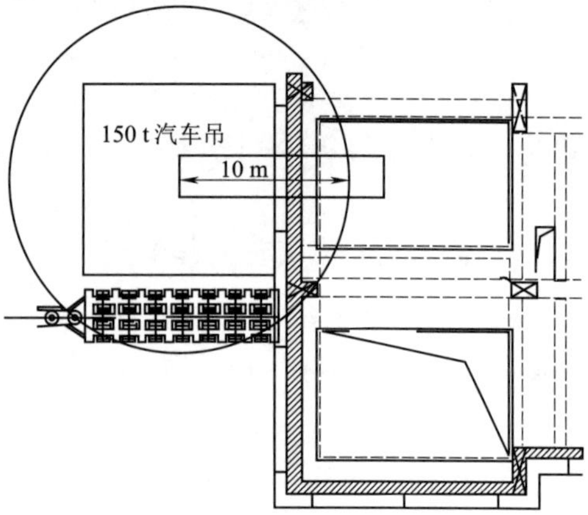

图 4. 2-2　钢套筒吊装平面布置图

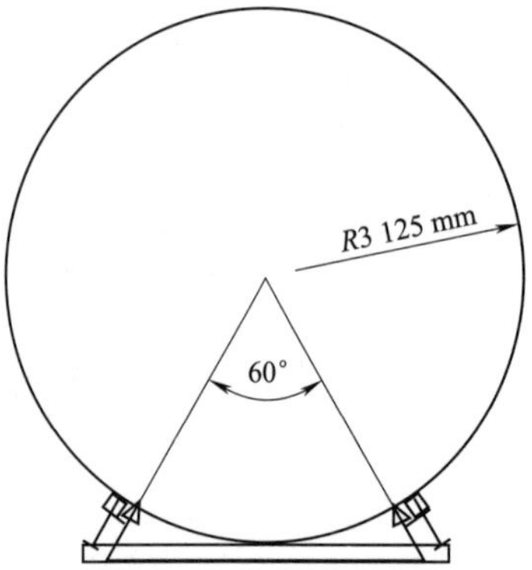

图 4. 2-3　始发架横断面示意图

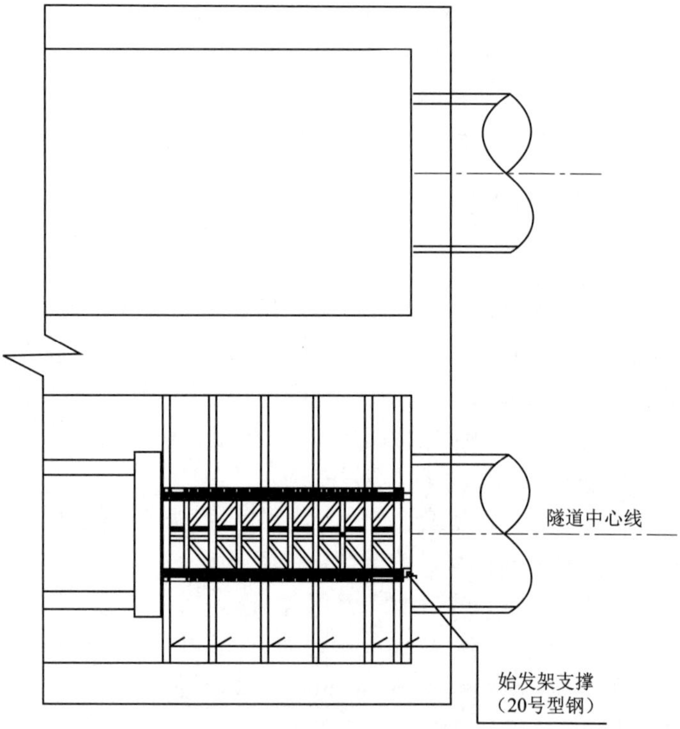

图 4. 2-4　始发架加固平面示意图

(3)下半圆拼装

如图 4. 2-5 所示,钢套筒下井前需在地面对钢套筒内焊接桁架结构进行加固并进行试拼,保证钢套筒的在吊装过程中不会变形、环与环间的螺栓孔准确对齐。

吊下第一节钢套筒的下半段(如图 4. 2-6所示),使钢套筒的中心与事先确定好的井口盾体中心线重合,在与第二节的下半部连接过程中要注意水平位置与纵向位置的一致,确保螺栓孔对位准确,并用高强螺栓连接紧固。

在连接面安装弹性橡胶防水密封垫，连接螺栓孔密封垫应完好，与钢套筒贴合密实，连接处表面涂防水胶。钢套筒采用分段吊装的方法吊入始发井内，整体组装时，应保证螺栓紧固、密封垫完好。

图 4.2-5　钢套筒下半圆焊接桁架

如图 4.2-7 所示，钢套筒下半圆组装完成后，根据隧道中心线进行找正、找平、找中心，确保钢套筒中心线与隧道中心线重合。钢套筒下半圆位置确定后，将钢套筒底部支座与预埋件焊接固定，钢套筒过渡环与洞门钢环焊接牢固严密（满焊），如图 4.2-8 所示，在钢套筒内底部根据盾构机尺寸参数及始发姿态安装 2 根 43 kg/m 的钢轨，钢轨之间铺砂并压实，如图 4.2-9 所示，铺砂高度要高出相应钢轨的高度 15 mm，确保底部砂层提供充足的防盾构机扭转摩擦反力。

图 4.2-6　钢套筒吊装

图 4.2-7　钢套筒下半圆安装

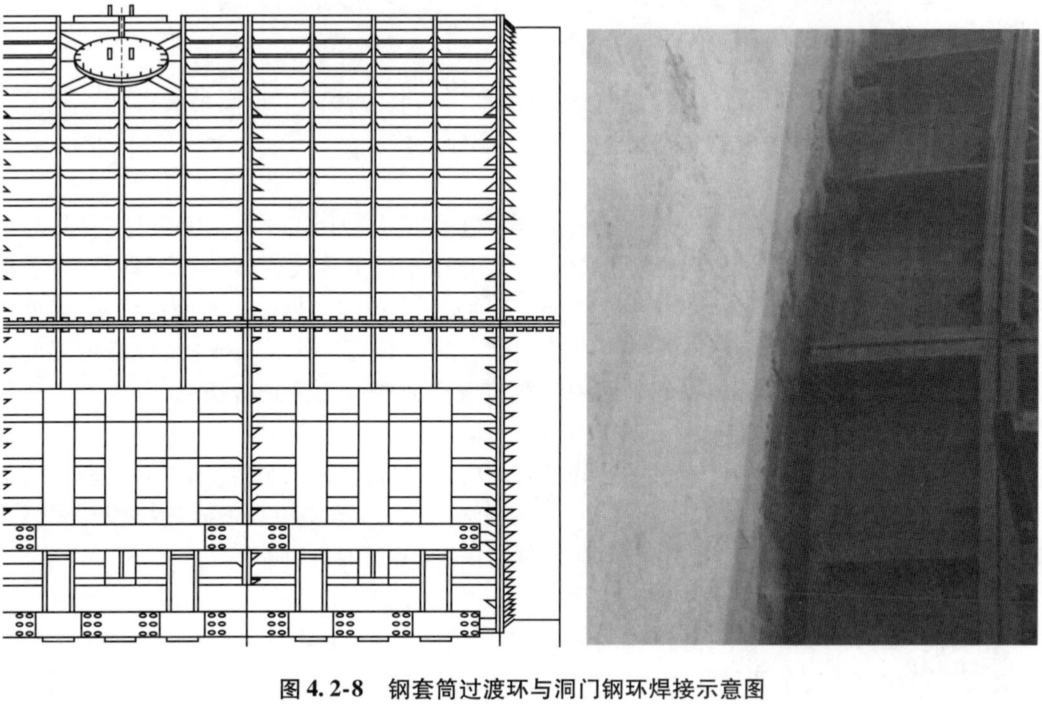

图 4.2-8　钢套筒过渡环与洞门钢环焊接示意图

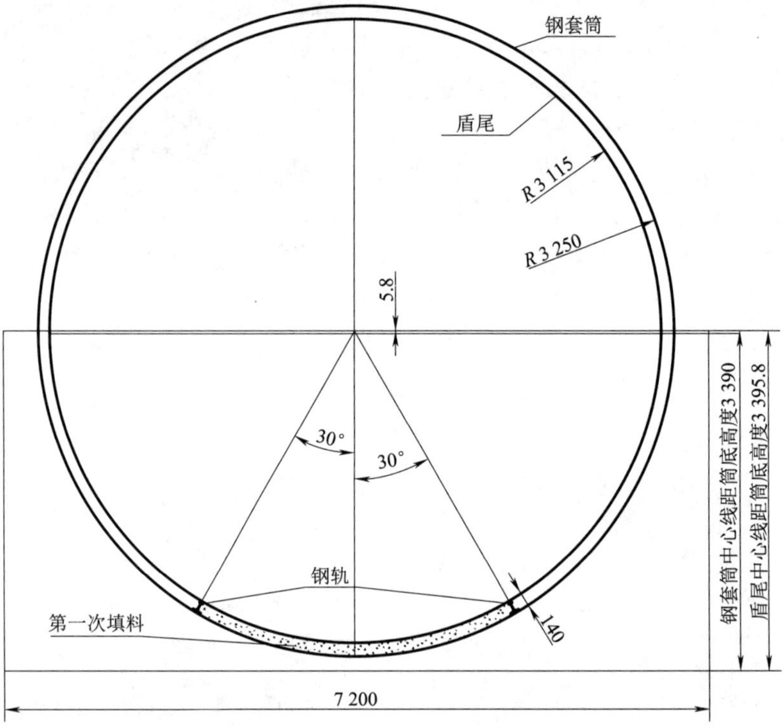

图 4.2-9　第一次钢套筒内填料(单位:mm)

4. 钢套筒内组装盾构机

在钢套筒内安装盾构机盾体,并与连接桥和后配套台车连接,组装方法同传统工法一致。

5. 安装钢套筒上半圆

盾体安装完成后,利用吊车安装钢套筒上半圆。吊装方法同下半圆吊装方法一致。上下半圆连接面安装弹性橡胶防水密封垫,上下用螺栓连接。

6. 安装反力架

反力架紧靠在端头井负一层环框梁和底横梁上。反力架用 I20 的工字钢做斜撑,与车站底板顶紧。反力架定好位置后,先用 400 t 千斤顶顶平面盖和反力架,消除洞门到后盖板的安装间隙后,反力架上下均布 9 道 300 mm × 300 mm 支撑柱与后端盖平面板顶紧,支撑柱与反力架之间用支撑楔块垫实并焊接,支撑斜撑与底板预埋件焊接要牢固,焊缝位置要检查,确保无夹渣、虚焊等隐患。在此过程中注意检查反力架各支撑是否松动,各段法兰连接螺栓是否松动。反力架安装如图 4.2-10 所示。

完成后,检查各部连接处,对每一处联结安装的地方进行检验,确保其连接的完好性,尤其是对于钢套筒的上下半圆和节与节部分之间联结的检查,还要检查过渡连接板与洞门环板之间的焊接,看是否存在着点焊或浮焊,发现有隐患,要及时处理。

7. 安装负环、盾构机刀盘推进至洞门掌子面

钢套筒、反力架安装完毕,盾构机调试完成后,安装负环,负环与止水基准环之间必须密贴,必要时可涂塞盾尾油脂进行密封,如图 4.2-11。盾构机向前推进至刀盘面板贴近洞门掌

子面但不切削掌子面。

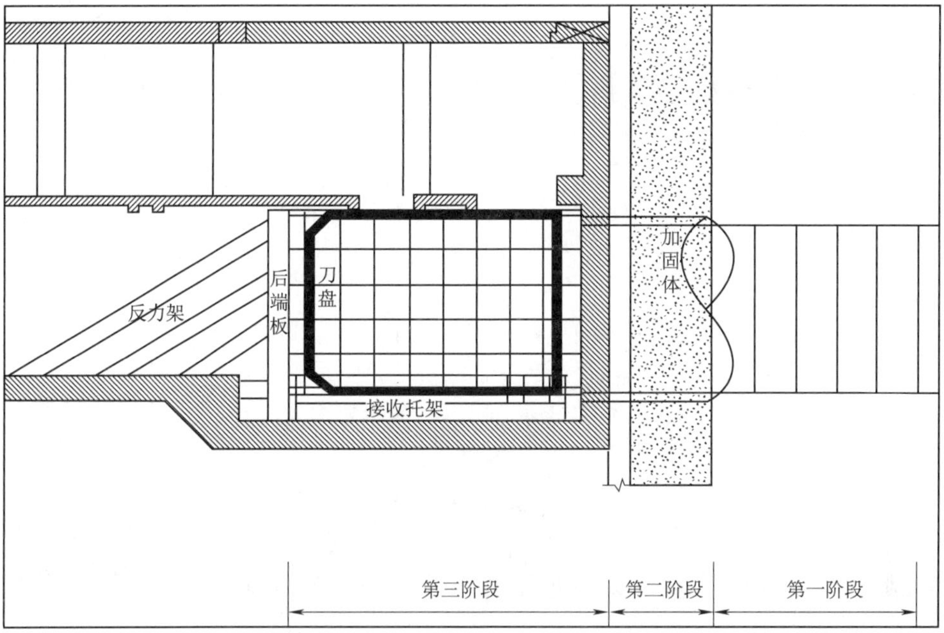

图4.2-10 接收反力架安装示意图

8. 筒体支撑安装

钢套筒过渡连接板与洞门环板焊接完成,经检查确认后,即安装筒体上部支撑。如图4.2-12所示,钢套筒每边共设置4道横向支撑,顶在中板梁上。

图4.2-11 钢套筒内负环拼装

图4.2-12 钢套筒上部支撑安装位置示意图

支撑安装完成后,对托架左右、反力架的支撑进行牢固性的检查。钢套筒的位置检验,对安装好的筒体位置进行复测,与盾构机到达的中心线是否重合。

9. 钢套筒密封试验

钢套筒筒体下半圆设置检查孔,每段设置一个200 mm检查孔及压力表。从加水孔向钢套筒内缓慢加水,在压力达到0.1 MPa时,稳压10 min,第一次检查压力表有无压降,如无压降继续加水升压至0.2 MPa稳压25 min;第二次检查压力表有无压降,如无压降继续加水升压至0.25 MPa稳压45 min;第三次检查压力表有无压降,如无压降继续加水升压至0.3 MPa稳压120 min。检查压力表有无压降及各连接部分有无漏水,包括洞门连接板、钢套筒环向与纵向连接位置、钢套筒与反力架的连接处,压力表无压降,连接部位无脱焊、漏水,压力试验合格。加压检测过程中一旦发现有漏水或焊缝脱焊情况，必须马上进行卸压，重新紧固连接螺栓或重新焊接。

10. 钢套筒内回填

盾构机向前推进至刀盘面板贴近洞门掌子面后，向钢套筒内填充防冻料（按比例），并将整个钢套筒填充满。

11. 盾构始发推进

在盾构向前推进的同时，检查钢套筒是否有渗漏等异常情况或事故的发生，确保盾构安全向前推进。

（1）洞门破除

洞门处地连墙需要在盾构始发前进行破除。具体破除顺序如图 4. 2-13 所示。洞门破除施工前，先在洞门前打设观察孔，观察洞外土体情况，如果水平探孔出现涌水涌沙时，需采取注浆加固措施。

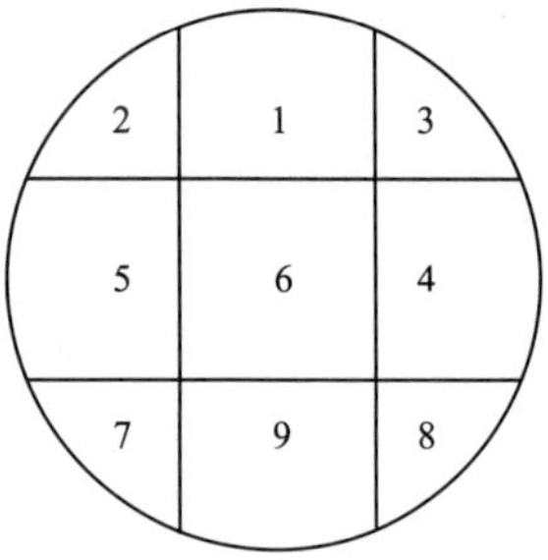

图 4. 2-13　洞门破除顺序示意图

洞门凿除前应先在洞圈内搭设脚手架，脚手架连接要牢靠，在使用脚手架之前和下班后，都应对脚手架进行全面检查，检查的重点是脚手架的垂直度、脚手架的连接件、脚手架的安全措施等，发现隐患应及时消除。

洞门混凝土采用风镐机分九块凿除。凿除顺序按 1 ~ 9 分块进行。洞门凿除要连续施工，尽量缩短作业时间，凿除结束后及时清理洞口内的混凝土块及其他杂物。

（2）负环管片环数的确定

根据龙川路北端底板长度为 12. 5 m，确定反力架的位置，确定负环管片环数。负环管片具体安装如图 4. 2-14 所示。

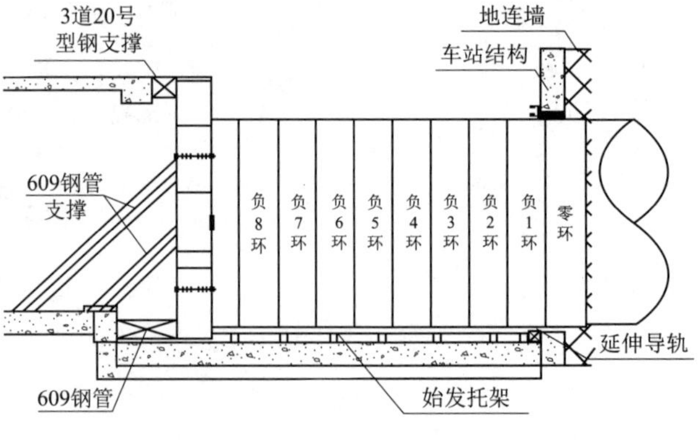

图 4. 2-14　负环管片、反力架布置图

（3）盾构始发与负环管片拼装

当完成洞门凿除、洞门密封装置安装及盾构机组装调试等工作后，组织相关人员对盾构设备、反力架、始发基座等进行全面检查与验收。验收合格后，开始将盾构向前推进并安装负环管片。负环与止水基准环之间必须密贴，必要时可涂塞盾尾油脂进行密封。盾构机向前推进至刀盘面板贴近洞门掌子面但不切削掌子面。

盾尾内径与管片外径有130 mm间隙，在安装第一环负环管片时，首先在盾尾4～8点位置以下安设长1.5 m的6号槽钢以修正盾尾间隙。第一环负环管片开始从下往上拼装，首先安装拱底块，再依次安装两侧的标准块及邻接块，最后安装封顶块。先安装(A2)1块，再依次安装(A1)1块，(A3)1块，邻接块(B、C)及封顶块(K)；在安装第一个整环管片(B)1块、(C)1块时，需在管片安装机的抓取头归位之前，用L型钢板将这两块管片固定在盾壳的固定位置，槽钢一边焊在盾壳内表面，一边用膨胀螺栓将其固定在负环管片之上，安装好封顶块拧紧连接螺栓后拆除L型钢板。要尽量保证槽钢中线与盾构机的轴线平行，以保证在安装完零环管片后盾构机能顺利往前推进，待完成后进行下一环的安装。第一环负环管片拼装完成后，用推进油缸把管片推出盾尾，推进时，注意控制推进油缸行程，尽量使其推进油缸的行程保持一致。施加一定的推力把管片压紧在基准环上，确保管片与基准环紧贴。

负环管片拼装的要点是，-8环管片与反力架基准环间采用特殊螺栓连接，管片利用管片拼装机在盾尾内整环拼装后，利用推力千斤顶将-7环管片推出盾尾，并与反力架基准环紧密连接牢固。其他负环管片安装与正常掘进管片拼装相同。

由于负环管片与始发架轨面间有120 mm间隙，在管片脱出盾尾后，必须在始发架轨面与管片之间设置120 mm高具有足够强度和刚度的垫块支撑管片，本工程采用1块3 cm厚钢板叠加木楔子垫实，每环管片垫4对。负环管片与始发基座间空隙处理示意图如图4.2-15所示。

始发阶段管片拼装形式全部采用错缝拼装，所有负环管片安装衬垫但不安装止水条(自零环管片开始安装止水条)。为防止负环管片失稳，使用5 t钢丝绳将管环紧固在始发基座上，如图4.2-16所示。

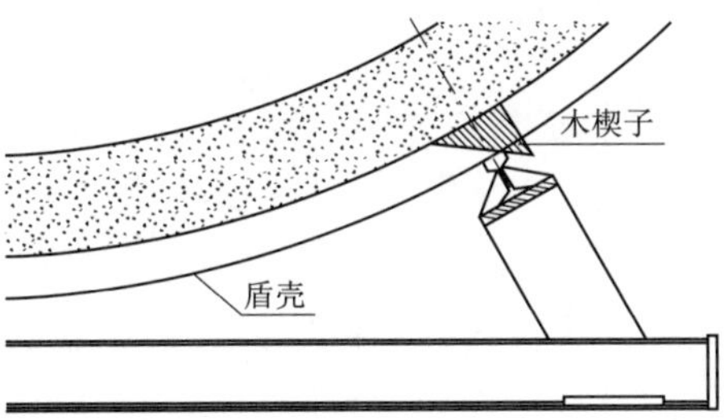

图4.2-15　负环管片与始发基座间空隙处理示意图

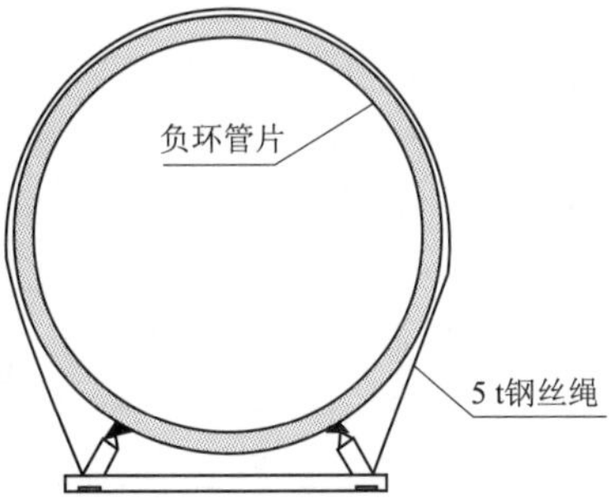

图4.2-16　负环管片固定

12. 负环、钢套筒及反力架拆除

计算盾构掘进推力及地层摩擦力，盾构正常掘进100环后可拆除负环、钢套筒及反力架。拆除时应检查洞门处掘进面与管片之间注浆是否饱满，不得有渗漏水情况，否则通过二次注浆孔补注双液浆进行封堵。拆除顺序：分段拆钢套筒上半圆→拆除负环上半环管片→拆除负环下半环管片→分段拆除钢套筒下半圆→拆除反力架→场地清理→安装轨道。

4.2.3 钢套筒始发注意事项

1. 钢套筒加工要求

(1)所有钢材必须有质量保证书,还须经过复验,材料的化学成分及机械性能应符合现行《碳素结构钢》(GB/T 700)中的相关规定和要求。

(2)选用的焊接材料应与母材匹配,并符合工艺要求。

①手工焊接的焊条应符合现行《非合金钢及细晶粒钢焊条》(GB/T 5117)要求的碳钢焊条。

②埋弧自动焊应使用符合现行《埋弧焊用非合金钢及细晶粒钢实心焊丝、药芯焊丝和焊丝－焊剂组合分类要求》(GB/T 5293)要求的焊接用钢丝。

③二氧化碳气体保护焊丝应符合现行《非合金钢及细晶粒钢药芯焊丝》(GB/T 10045)要求。

(3)焊接前,需彻底清楚待焊区域的铁锈、氧化铁皮、油污、水分等有害物,使表面露出金属光泽。焊接时,严禁在母材的非焊接部位引弧,焊后应清理焊缝表面的熔渣及两侧的飞溅。

(4)焊接后,所有焊缝必须进行外观检查,不允许有裂纹、未熔合、夹渣、未填满弧坑的缺陷,焊缝外观检查的质量标准应符合规范的规定。外观检查合格后,应进行无损检测。对重要部位应采取超声波和磁粉探伤检查。

(5)对构件外表面应进行喷砂除锈,除锈等级为 Sa2.5～Sa3。除锈完成后涂装专用铁红色防锈漆。

(6)各构件加工完成后,在筒体内部焊接临时支撑防止构件变形,并进行试组合,保证筒体的装配精度符合要求,试组合合格后应进行密封试验。

2. 钢套筒及盾构机安装注意事项

(1)车站主体结构施工时,应对土建施工单位进行钢套筒及反力架预埋件安装位置进行技术交底,确保预埋件的大小、安装位置满足盾构始发要求。

(2)盾构始发前,为防止盾构始发时刀盘切削到连续墙钢筋或工字钢接头,造成刀盘过度磨损或损坏,对洞门圆周内凿除连续墙的混凝土保护层,露出玻璃纤维筋,确认洞门范围不存在钢筋或工字钢接头。如发现凿除混凝土保护层后有存在钢筋的现象,则应对侵入洞门范围的钢筋进行割除,确保盾构始发的安全、顺利。

(3)吊装过程中注意观察钢套筒尽量在盾构井中心,不与周边混凝土结构发生碰撞,导致钢套筒变形。

(4)钢套筒螺栓连接过程中要先整体连接再紧固,紧固时要对称均匀,力矩一致,确保每节套筒之间连接密贴。

(5)施工前做好技术交底工作,严格控制套筒安装中线和水平,以及套筒内防扭转钢轨长度和高度。

(6)负环安装时必须确保负环与套筒止水基准环之间密贴,方可进行同步注浆。负环拆除时应检查管片与掘进面之间是否注浆饱满,不得有渗漏水情况。

3. 盾构始发注意事项

(1)始发时刀盘接触工作面初期,停止螺旋输送机排土,刀盘进入墙体 60 cm 后,逐步启动螺旋输送机,打开出土闸门排土,注意观察土仓压力变化,在掘进过程中严格控制出渣量，认真填写出渣记录，每三分之一斗渣及其油缸行程进行一次记录，不断将实际出土量与理论出土量进行比较，总结经验，遇到多出渣的情况，及时上报项目领导。

(2)始发掘进总推力控制在 8 000 kN 以内，在满足掘进速度的前提下尽量减小推力，20 环后可视掘进情况酌情逐步增大。盾构机全部进入土体之前速度控制在 6 mm/min 左右为宜，不应超过 20 mm/min。

(3)掘进第 3 环时，开始进行同步注浆，先下同步浆液 2 m^3，边掘进边注浆，安排专人观察橡胶帘布板与零环管片接缝处是否漏浆，若漏浆量较少，则继续注浆。浆液注完后继续下 2 m^3，之后两环适当增加注浆量；若漏浆较多，则缓慢注入或稍停片刻后继续注浆。待洞门封堵完毕之后，每环同步注浆增加到 6 m^3，特殊地段需要调整注浆量的，另行通知。

(4)待盾体全部进入土体，洞门封堵完毕之后，逐步建立起 1/3 气压 +2/3 土压平衡模式掘进，土仓压力控制在 0.1 ~0.12 MPa。

(5)拼装完第 5 环管片之后，掘进第 6 环时，开始对洞门进行封堵，通过第 1 环和第 2 环管片共 12 个管片吊装孔注入水泥水玻璃双液浆，注浆顺序为先底部再两侧，最后顶部，注浆孔位要间隔错开。注浆时浆液凝结时间要求先慢后快，由开始注时的 20 s 逐渐调整至封孔时的 10 s。注浆以量控制为主，两环注入水泥不得少于 6 t，能注即多注。

注浆时安排专人观察橡胶帘布板与零环管片接缝处是否漏浆，如漏浆量较小，可适当稍停片刻后继续注；如漏浆量过大，则根据该孔注浆量决定是否封孔：若该孔注浆量较多，便封孔停止注浆；若该孔注浆量较少，可适当调快凝结时间或注水后先注下一个孔，待下一个孔注完后再回头继续注该孔。洞门封堵过程中要保持盾构机向前推进和同步注浆系统正常注浆，防止注浆管堵塞，注浆人员要和盾构机司机保持联系和沟通。

(6)洞门封堵完毕之后，盾构机掘进的同时，在脱出盾尾 4 环或 5 环的管片上，及时通过吊装孔在 1、11 点位交替对每环管片进行二次补注双液浆回填，注浆压力控制在 0.4 ~0.5 MPa，不超过 0.5 MPa，以保证建筑空隙的填充密实，防止后续地表坍塌和管片上浮。

水泥浆液和水玻璃浆液的配比为(150 kg 水泥 +150 kg 水)：(1 桶水玻璃 +3 桶水，普通干净空油桶，约 200 L)，注入速率 v 之比为 3:1。

4.3 盾构区间钢套筒接收技术

4.3.1 接收工艺流程

钢套筒的接收工艺流程如图 4.3-1 所示。

4.3.2 钢套筒接收组装技术

钢套筒接收就是钢套筒与洞门钢环焊接形成一个整体，同时是一个密封的整合体，使钢套筒与洞门内的土体形成一个整体，减小了盾构机接收时出现险情的概率。钢套筒施工工艺比较适合于地质条件较差的砂层和淤泥质粉土。

1. 施工准备

先对接收场地清理，保证场地内干净无杂物后，根据设计图纸及盾构机参数对接收井回填素混凝土。根据隧道中心线和盾构机参数、后配套台车轮距及电瓶车轨距确定盾构机出洞的中心线并对钢套筒安装位置进行放线定位。

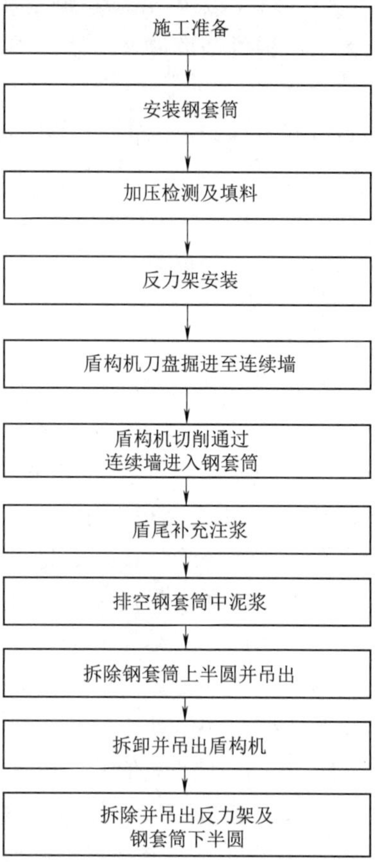

图 4.3-1　钢套筒平衡接收工艺流程图

2. 接收托架及导轨安装

(1)接收托架采用始发架改装,在车站底板上垫上钢板,根据区间隧道设计中线准确定出托架的空间位置,接收托架用型钢固定车站混凝土结构上。接收托架定位时,托架轴线与盾构机轴线夹角不大于 1.5%,托架上的导轨比盾构机底部低 1 ~2 cm。

(2)盾构机到达后,清除洞口渣土,根据刀盘与接收托架轨道之间的距离和高差情况,安装盾构机到站接收导轨。接收导轨需与洞门钢环进行牢固焊接,并与接收架连接固定,确保盾构机上接收托架时导轨不发生位移。接收架及接收导轨安装如图 4.3-2 所示。

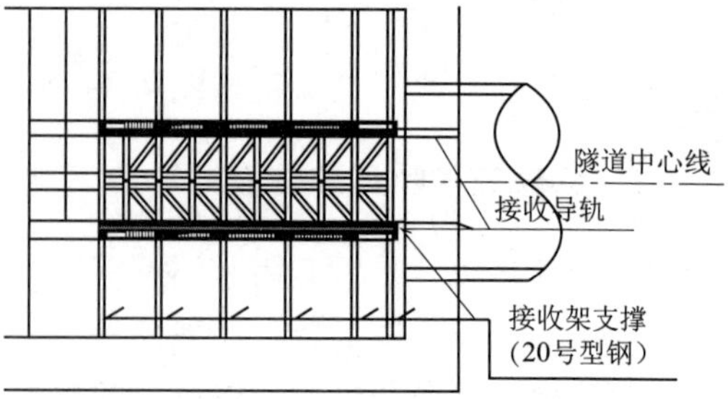

图 4.3-2　接收架及接收导轨安装示意图

3. 钢套筒安装

钢套筒下井前需在地面对钢套筒内焊接桁架结构进行加固并进行试拼,保证钢套筒在吊装过程中不会变形、环与环间的螺栓孔准确对齐。接收钢套筒下半圆的安装类似于始发钢套筒下半圆的安装。依次吊下钢套筒的下半圆，并完成组装。

钢套筒下半圆组装完成后，应再次根据隧道中心线进行找正、找平、找中心，确保钢套筒中心线与隧道中心线重合。钢套筒下半圆位置确定后，将钢套筒底部托架预埋件焊接固定，钢套筒过渡环与洞门钢环焊接牢固严密。在钢套筒底部浇筑250 mm厚的C20混凝土，与钢套筒中心成80°～90°夹角，钢套筒底部回填混凝土如图4.3-3所示，以保证盾构机进入钢套筒时不会发生“栽头”现象。为避免盾构机进入钢套筒时因盾构机姿态偏隧道下方，被钢套筒内钢结构阻挡不能顺利出洞，不能在钢套筒内安装钢轨。最后需检查、清理钢套筒内的杂物。

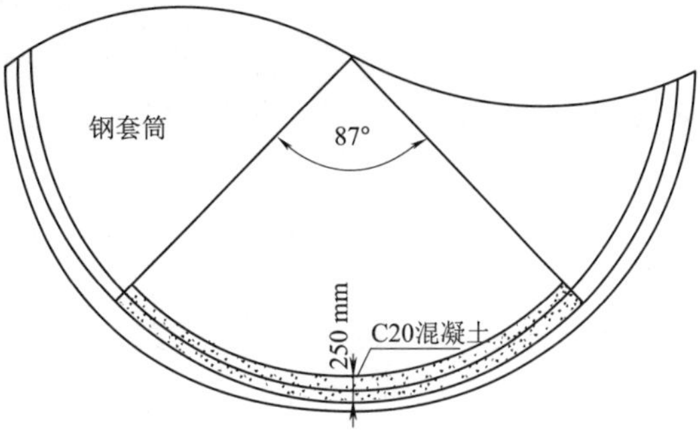

图4.3-3　钢套筒底部回填混凝土

钢套筒下半圆安装完成后，吊装钢套筒上半圆，吊装方法同下半圆。待上下半圆组装完成后，安装钢套筒后端盖，钢套筒后盖板与筒体之间加8 mm厚的橡胶板，用M30螺栓(8.8级)上紧钢套筒后端法兰上，钢套筒接收后端盖吊装如图4.3-4所示。

图4.3-4　钢套筒接收后端盖吊装

4. 钢套筒加压检测及填料

从钢套筒上设置的填料孔向钢套筒内加水，至加满水后，检查压力，如果压力能够达到0.3 MPa，则停止加水，并维持压力稳定。如无法通过水压达到0.3 MPa，则将水管解开，利用空压机向钢套筒内加入空气，直至压力达到0.3 MPa为止，对各个连接部分进行检查，包括洞门连接板、钢套筒环向与纵向连接位置、钢套筒与反力架的连接处有无漏水。

每级加压过程及停留保压时间说明：按0.01 MPa每级加压，0～0.01 MPa每级加压时间控制在10 min左右，停留检测时间10 min；0.1～0.2 MPa每级加压时间控制在15 min左右，停留检测时间25 min；0.2～0.25 MPa加压时间控制在25 min左右，停留检测时间45 min；0.25～0.30 MPa加压时间控制在45 min左右，停留检测时间120 min。

加压检测过程中一旦发现有漏水或焊缝脱焊情况，立即卸压，上紧螺栓或重新焊接。完成后再进行加压，直至压力在120 min内稳定在0.3 MPa并未发现有漏点时方可确认钢套筒的密封性。

钢套筒经检查并确认合格后，向钢套筒内填料。填料采用隧道掘进过程中产生的渣土混合物。

为了将填料输送至钢套筒内，需要从地面引一条输送管道至钢套筒上，采用一条ϕ609 mm的管路连接，地面设置一个漏斗，将混合料直接从漏斗输送至钢套筒内。

5. 反力架安装

反力架的安装采用类似盾构始发反力架的安装方式，如图 4. 3-5 所示，盾构接收反力架紧靠在端头井负一层环框梁和底板横梁上，通过斜撑与车站底板顶紧。反力架定好位置后，先用 400 t 千斤顶顶推平面盖和反力架，消除洞门到后盖板的安装间隙后，反力架后端盖平面板用支撑顶紧车站结构，支撑斜撑与底板预埋钢板焊接要牢固，焊缝位置要检查，确保无夹渣、虚焊等隐患。

完成反力架安装后，检查各部连接处，对每一处连接安装的地方进行检验，确保其连接的完好性，尤其是对于钢套筒的上下半圆和节与节部分之间连接的检查，还要检查过渡连接板与洞门环板之间的焊接，看是否存在点焊或浮焊，若发现隐患，及时处理。

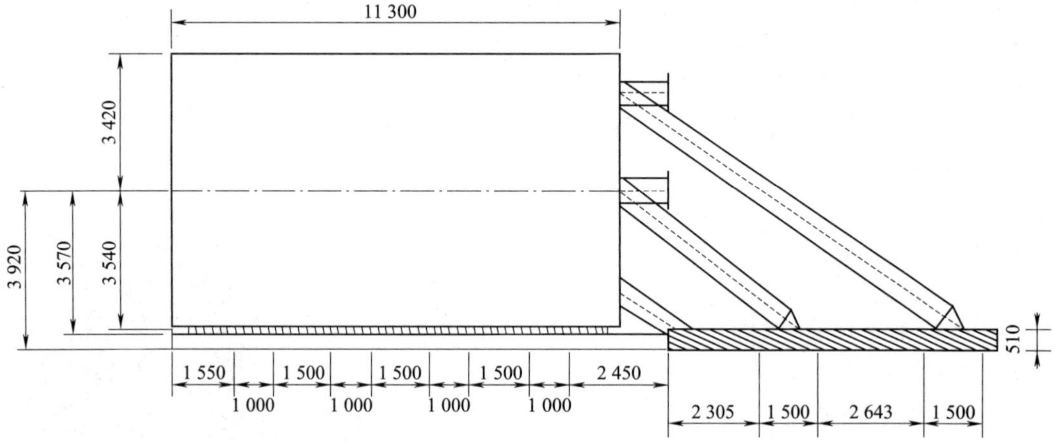

图 4. 3-5　接收反力架安装示意图(单位:mm)

4. 3. 3　盾构区间钢套筒接收技术

1. 施工准备工作

(1)盾构机进洞前 100 m 和 50 m 时，对控制点各进行一次复核测量，确保控制点精确无误，同时对进洞端洞门中线进行测量复核，确定洞门中心精确位置。根据测量结果，调整盾构机自动测量系统，在最后 50 环推进过程中，对隧道轴线进行多次复核，确保轴线准确，保证盾构机安全进入洞门圈。

(2)盾构机在推进最后 50 环过程中，根据定向测量和联系测量成果，有计划地进行纠偏工作，推进纠偏严格按照小量多次的原则进行，使盾构机姿态控制在水平 ±15 mm 以内，垂直方向在 +20 ~ +30 mm，以保证隧道的顺直度。

(3)在盾构机推进最后 50 环的过程中，及时压注盾尾油脂，避免盾尾渗漏，压注量控制在 60 ~ 80 kg/环。

(4)由于加固体有一定的强度且硬度不均匀，为了便于隧道的纠偏，在进洞前现场预先准备好两环转弯环管片备用。

(5)盾构进洞段的推进施工分三个阶段，最后 15 环管片采用特殊管片，以便于二次注浆。盾构机进洞阶段划分区示意图如图 4. 3-6 所示。

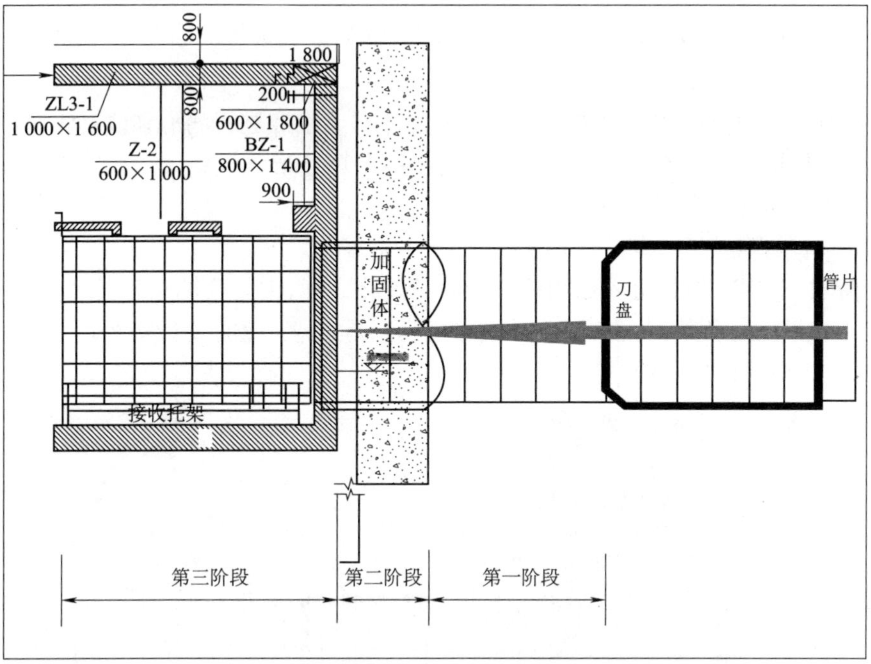

图 4.3-6　盾构机进洞阶段划分区示意图(单位:mm)

2. 第一阶段掘进

第一阶段:盾构机自倒数 15 环开始,推进到刀盘距加固体 0.5 m 时。刀盘距加固体 0.5 m 时,盾构停机检查,要求盾构机处于最佳状态。开始进行洞门破除,如图 4.3-7 所示。

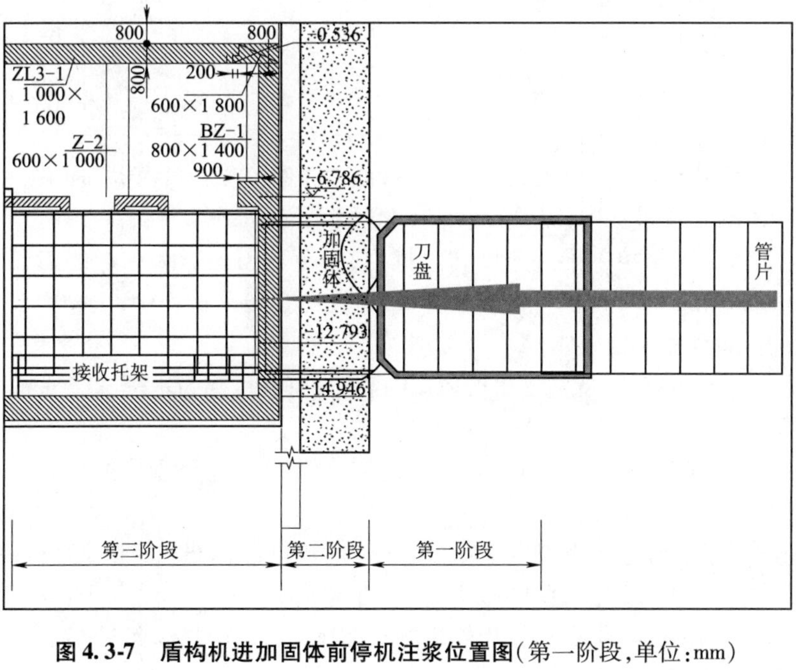

图 4.3-7　盾构机进加固体前停机注浆位置图(第一阶段,单位:mm)

在第一阶段的推进过程中,需要注意以下事项:

(1)推进过程中严格控制推进速度和总推力,避免进刀量过大引起同步注浆分布不均,二次注浆时无法形成封闭环。

(2)在刀盘转动过程中土仓内及刀盘前加注膨润土浆液进行润滑和改良土体。

(3)严格把握二次注浆时间、注浆压力和注浆量,防止盾尾固结。

(4)合理分布注浆孔,以保证二次注浆均匀。

3. 第二阶段掘进

第二阶段:盾构机刀盘进入加固体。待洞门破除完毕,钢套筒填充完毕,再启动盾构机。当盾构机刀盘进入加固体时,倒数 15 环刚好进行二次注浆,此时要严格控制注浆孔位置和注浆压力、注浆量,如图 4. 3-8 所示。

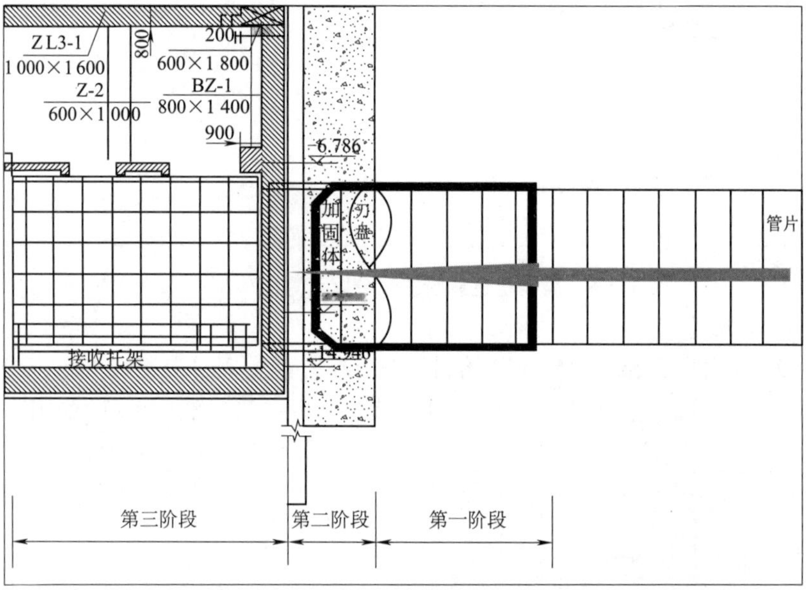

图 4. 3-8　盾构机刀盘进入加固体时位置关系图(第二阶段,单位:mm)

在第二阶段的推进过程中,需要注意以下事项:

(1)推进过程中严格控制推进速度和总推力,避免进刀量过大引起的刀盘被卡。推进速度在 5 ~ 10 mm/min 为宜,推力小于 8 000 kN。在刀盘转动过程中,土仓内及刀盘前加注膨润土浆液进行润滑和改良土体。

(2)严格控制盾构姿态,特别是盾构切口的姿态,控制目标为水平 ±15 mm,垂直 +10 ~ +20 mm 之间。

(3)控制盾尾间隙,保证盾尾间隙的均匀,必要时安装转弯环管片进行调节。

(4)严格控制切口的土压力。

(5)推进过程连续均匀,均衡施工,保证土仓内一定土压,防止出空土仓盾构机抬头上浮。

(6)推进过程中加强盾尾油脂的压注,防止盾尾漏浆。

(7)从管片上预留的注浆孔向管片外侧注双液浆,及时施作环箍,有效封堵开挖土体与管片外壳之间渗漏通道。

(8)二次注浆距离盾尾太近,会造成双液浆进入盾尾刷和同步注浆排浆孔,破坏盾尾密封刷和阻断同步注浆管道,因此钢套筒接收时双液浆选择在管片脱出盾尾 5 环后开始二次注浆。

(9)严格控制二次注浆孔位和注浆压力、注浆量,既要保证闭水环的质量,又要保证盾尾刷不要被击穿。

4. 第三阶段掘进

第三阶段:进钢套筒掘进。最后一环管片拼装后,盾构机停机,及时将倒数第三环以后的管片进行二次注浆并形成封闭环,然后盾构机启动,正式进入钢套筒,如图 4. 3-9 所示。

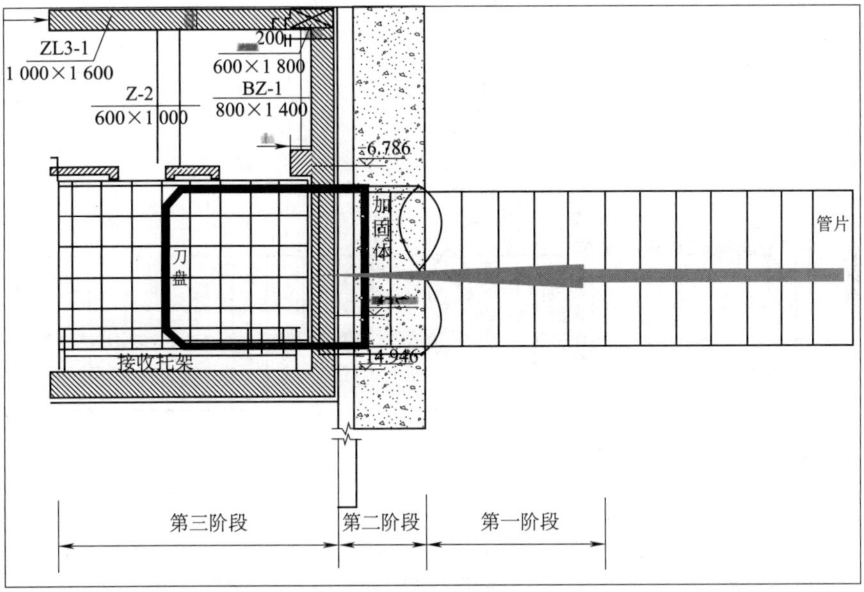

图 4. 3-9　盾构机进入钢套筒时位置关系图(第三阶段,单位:mm)

为便于推进,增加一环工作环,将盾构机推到合适位置后停机,待检查没有渗漏,钢套筒泄压后,拆机前先拆除工作环。至此,盾构机完成钢套筒接收,下一步转入拆除吊装阶段。

在第三阶段的推进过程中,需要注意以下事项:

(1)参数设置:推速小于 5 mm/min;推力小于 4 000 kN,视实际推力大小,以不超过此值为原则;在钢套筒内掘进以管片拼装模式掘进。盾构机在钢套筒内掘进过程中,要确保与外界联系,密切观察钢套筒顶部的情况,一旦发现变形量超量或有渗漏时,必须立即停止掘进,及时采取补救措施。

(2)根据钢套筒顶部安装的压力表的读数,及时调整推进压力,避免推进压力过大,对钢套筒密封处出现渗漏状况,压力过大时,打开钢套筒后板盖上的排浆口,进行卸压。

(3)进套筒时姿态控制:必须以实际测量的钢套筒安装中心线为准控制盾构机姿态,要求中心线偏差控制在 ±2 cm 之内。盾构机在进入钢套筒内之后,要注意姿态控制。

(4)从管片上预留的注浆孔向管片外侧注双液浆,及时施作环箍,有效封堵开挖土体与管片外壳之间渗漏通道,防止盾尾后的水进入盾尾前方。双液浆的配合比为:水玻璃∶水泥浆 = 1∶1. 15,水泥浆配合比为 1∶1,注浆压力为 0. 2 ~ 0. 25 MPa。

(5)盾构机筒体推到位置并完成洞门密封后,在刀盘不转情况下,排出空舱内回填物。

(6)打开钢套筒底部的排浆管,排出剩余的浆液,并检查筒体的漏浆情况。在洞门双液浆凝固后,开始拆除工作环和钢套筒。

(7)测量与监测:盾构机到达掘进及过程加大测量频率,并复核控制点,确保盾构机到达的姿态正确,在盾构机到达前布置监测点,在端头连续墙、地面及周围建筑物布置沉降观测点;围护结构及钢套筒、洞门周围布置形变监测点。并测量初始值,盾构机到达过程中每天测量 2 次,若变形较大,增加测量频率并及时通报项目部采取处理措施。进钢套筒过程中,设专人观测钢套筒的稳定、变形情况,发现异常情况立即停机处理。

(8)盾构机完全进入钢套筒的示意图如图 4. 3-10 所示。

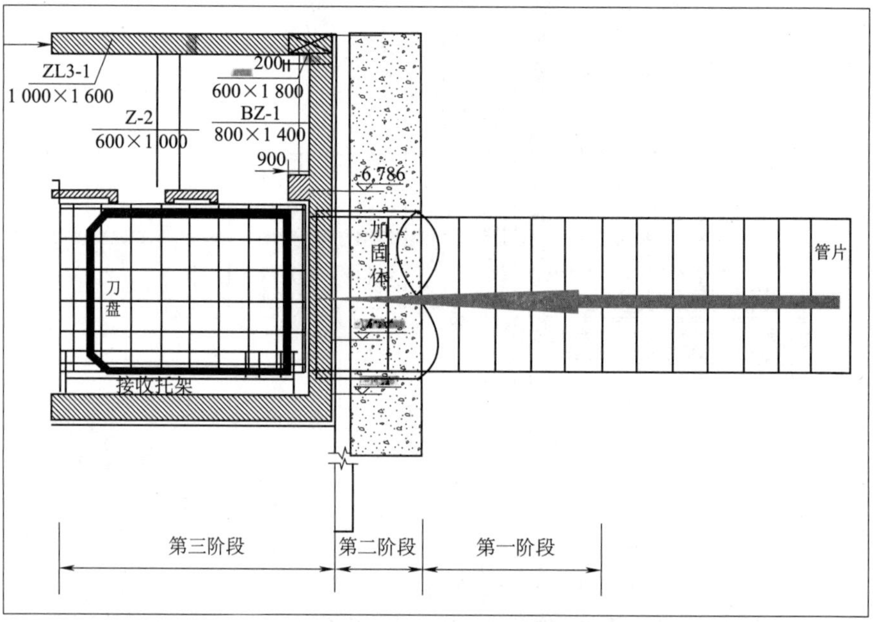

图 4. 3-10　盾构机完全进入钢套筒示意图(单位:mm)

5. 钢套筒接收注意事项

(1)测量与监测:盾构机到达掘进及过程加大测量频率,并复核控制点,确保盾构机到达的姿态正确,在盾构机到达前布置监测点,在端头连续墙、地面及周围建筑物布置沉降观测点;围护结构及钢套筒、洞门周围布置形变监测点。并测量初始值,盾构机到达过程中每天测量 2 次,若变形较大,增加测量频率并及时通报项目部采取处理措施。进钢套筒过程中,设专人观测钢套筒的稳定、变形情况,发现异常情况立即停机处理。

(2)盾构机出洞前十环,利用型钢将管片连接为一个整体。

(3)盾构机出洞进入钢套筒接收过程中,钢套筒两侧必须安排专人进行观察,如有异常,随时通知值班工程师进行处理。

(4)盾构出洞后,应对管片进行补充注浆。

(5)接收阶段应加强地表沉降监测和建(构)筑物监测,根据需要加密监测,如有异常,尽快反馈,并根据反馈信息调整掘进参数。

4.4　盾构区间钢套筒始发与接收质量控制措施

盾构区间钢套筒始发与接收现场如图4.4-1～图4.4-16所示。质量控制如下：

1. 钢套筒安装质量控制

(1)钢套筒组装完成后，重新紧固连接螺栓，沿环向对称紧固，力矩均匀。在钢套筒内表面螺栓连接缝部位均匀涂抹单组分聚氨酯防水涂料。在钢套筒上焊接支撑，保证钢套筒圆柱度。

(2)拼装第一环负环前，在钢套筒基准环与负环管片连接面粘贴遇水膨胀橡胶防水密封垫，黏结剂采用单组分氯丁橡胶黏结剂。盾尾刷与基准环之间填充盾尾油脂，并保证填充密实。

(3)对各焊接部位进行渗透探伤或磁粉探伤，检验合格后方可进入下步工序。

2. 盾构始发质量控制

(1)第一环负环管片拼装完成后，要在环向设置"L"形钢板固定管片，防止盾尾脱出后，管片下沉。

(2)盾构机盾体安装好后，应对盾体姿态进行复核并调整盾体位置。

(3)盾构始发后，土仓压力控制在0.16～0.18 MPa之间，考虑拖车阻力、破岩推力、正面土压、盾构尾刷摩擦力及管片承受力，在试掘进段千斤顶推力不应大于8 000 kN，刀盘在进洞阶段的转速为1.0～1.3 r/min，穿过围护结构区后转速调整为1.3～1.7 r/min。刀盘扭矩宜为700～1 200 kN·m。螺旋器转速$n=0\sim25$ r/min，根据维持土仓压力的需要而调整。掘进速度根据土质、扭矩、推力和土仓压力等综合确定，一般$v=15\sim25$ mm/min。注浆压力根据始发段现场实际情况，注浆压力宜控制在0.2～0.5 MPa。注浆量在管片与土体之间的空隙体积的基础上，再考虑始发段地质条件为中砂层，按1.55～2.15倍扩大系数确定。一般每环的理论注浆量为5.02～6.96 m^3。

在始发段采用能在富水地层中使用的浆液，初凝时间在7 h左右。当盾尾首环负环管片脱出后，立即启动同步注浆系统进行负环管片背后注浆，对套筒内回填散料进行固结稳定负环；进行隧道内后对洞门进行封堵，以保证管片背后中下部的空隙被浆液填满，必要时进行二次注浆处理。随着管片环数的增加，同步注浆压力可逐步增加，保证管片背后上部空隙也被浆液填满。

泡沫剂的掺量V主要根据土质确定，经验公式为$V=(20\%\sim60\%)V_{土}$，$V_{土}$=掘进土方的体积(实方)，V值将根据实际的出渣情况和有关掘进参数(如扭矩等)不断调整。

推进参数应根据掘进过程中的施工情况及地面监测情况进行及时调整。

(4)在盾构施工前，应根据沿线的工程地质、水文地质情况和周边环境情况，对参加施工的全体人员分阶段进行详细的技术交底，按工作岗位进行培训，考核合格后方可上岗操作。

(5)在进行盾构机钢套筒、反力架及第一环负环管片的定位时，要严格控制盾构机托架、反力架及第一环负环管片的安装精度，确保管片姿态与盾构始发姿态符合。

(6)第一负环管片定位时，管片的后端面应尽量与线路中线垂直。负环管片轴线应与线路的切线重合。负环管片宜采用通缝拼装方式，便于拆卸。

(7)始发前钢套筒应根据始发线路定位。

(8)盾构在钢套筒内向前推进时,通过控制推进千斤顶行程使盾构机沿导向轨道向前推进。

(9)在始发阶段,由于设备处于磨合阶段,要注意推力、扭矩的控制,同时也要注意各部位油脂的有效作用。掘进总推力应控制在后盾支撑承受能力以下,同时确保在此推力下刀具切入地层所产生的扭矩小于盾构钢套筒提供的反扭矩,防止反力架变形和盾体扭转。

(10)始发过程中,钢套筒两侧必须安排专人进行观察,如有异常,随时通知值班工程师进行处理。

(11)始发阶段应加强地表沉降监测和建(构)筑物监测,根据需要加密监测,如有异常,尽快反馈,并根据反馈信息调整掘进参数。

(12)负环管片外侧与钢套筒之间的间隙通过管片壁后注双液浆进行密封。

3. 盾构接收质量控制

(1)测量与监测:盾构机到达掘进及过程加大测量频率,并复核控制点,确保盾构机到达的姿态正确,在盾构机到达前布置监测点,在端头连续墙、地面及周围建筑物布置沉降观测点;围护结构及钢套筒、洞门周围布置形变监测点。并测量初始值,盾构机到达过程中每天测量 2 次,若变形较大,增加测量频率并及时通报项目部采取处理措施。进钢套筒过程中,设专人观测钢套筒的稳定、变形情况,发现异常情况立即停机处理。

(2)盾构机出洞前 10 环,利用型钢将管片连接为一个整体。

(3)盾构机出洞进入钢套筒接收过程中,钢套筒两侧必须安排专人进行观察,如有异常,随时通知值班工程师进行处理。

(4)盾构出洞后,应对管片进行补充注浆。

(5)接收阶段应加强地表沉降监测和建(构)筑物监测,根据需要加密监测,如有异常,尽快反馈,并根据反馈信息调整掘进参数。

图 4.4-1　钢套筒加工

图 4.4-2　钢套筒加工完成

图 4.4-3　钢套筒材料进场

图 4.4-4　下半圆安装并铺设轨道

图 4.4-5　钢套筒与洞门连接构造

图 4.4-6　后配套台车分节下井牵引至站内

图 4.4-7　盾构机主机分节下井

图 4.4-8　钢套筒侧向加固

图 4.4-9　螺旋出土器安装

图 4.4-10　后配套安装完毕

图 4.4-11　反力架支撑安装

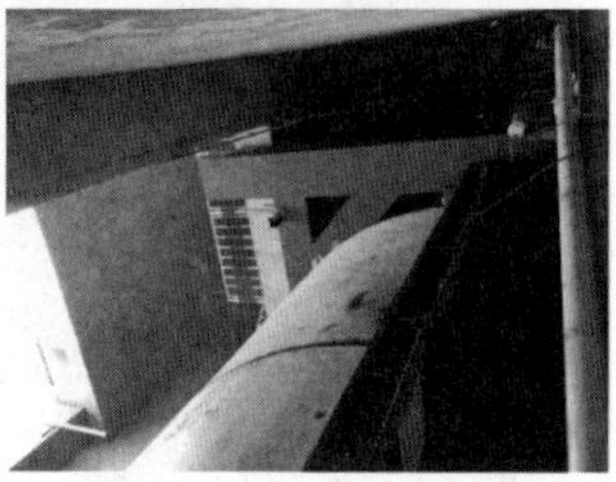

图 4.4-12　反力架安装完毕

图 4.4-13　钢套筒上半部安装完毕

图 4.4-14　后端盖支撑

图 4.4-15　盾构机出洞

图 4.4-16　钢套筒拆除

第5章　复杂条件下地铁区间隧道盾构进出洞关键技术

5.1　盾构机及钢套筒整体过站技术

5.1.1　技术背景与原理

哈尔滨地铁2号线一期工程人民广场站～中央大街站区间为双单洞单线隧道,区间线路起自人民广场站大里程端,然后沿经纬街敷设,终至中央大街站小里程端。本区间隧道:右线起讫里程为SK16+148.226～SK16+849.813,全长701.587 m;左线里程起讫里程为XK16+089.226～XK16+849.813,短链1.137 m,全长759.45 m。

中央大街站～尚志大街站区间为双单洞单线隧道,区间线路起自中央大街站大里程端,然后沿经纬街敷设,终至尚志大街站小里程端。本区间隧道左、右线起讫里程为SK16+988.813(XK16+988.813)～SK17+708.800(XK17+708.800),全长719.987 m。

人民广场站～中央大街站、中央大街站～尚志大街站两区间全线敷设于地下,均采用盾构法施工,设计外径为6 m的圆形断面隧道。盾构主要穿越细砂、粉细砂、局部夹黏土层和中砂地层,沿经纬街方向侧穿大量古房屋建筑。因此,只能采用钢套筒辅助盾构进出洞。

中央大街站位于经纬街与经纬五道街交口的西侧,沿经纬街地下东西向布置,车站采用明挖顺作法施工,主体结构内包尺寸长139.0 m,宽18.3 m(标准段)、22.1 m(端头井)、44.65 m(外挂区加宽段),为地下二层车站,标准段站台层高7.3 m,站厅层高4.95 m,车站主体采用现浇钢筋混凝土箱型结构形式,站台净空尺寸如图5.1-1所示。车站起点里程为SK16+849.813,车站终点里程为SK16+988.813,有效站台中心里程为SK16+921.213,该里程处基坑开挖深度为17.658 m,顶板覆土厚度为3.108 m。

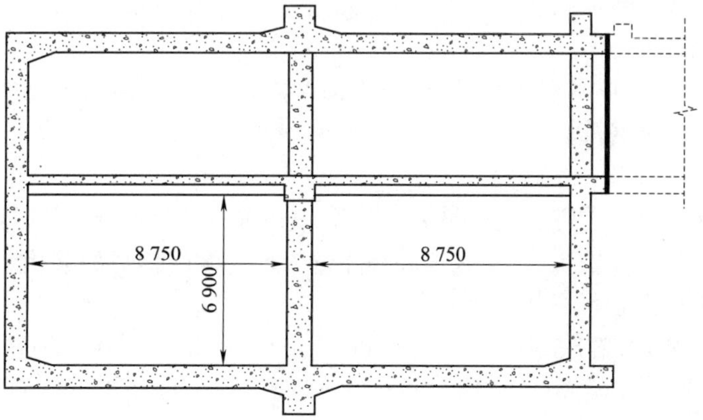

图5.1-1　车站站台净空尺寸(单位:mm)

由于中央大街站位于繁华街区，环境条件十分复杂，无大型吊装和运输设备进出场条件时，且该站站台层净空尺寸满足盾构机及钢套筒整体过站净空。所以，开发了盾构机及钢套筒整体过站技术。

2. 盾构机及钢套筒整体过站技术的原理

盾构机及钢套筒整体过站技术的原理如下：

盾构机到达钢套筒内指定位置后，断开后配套台车，去除钢套筒上半部分，利用千斤顶抬升盾体及钢套筒底座，铺设横向移动滑道利用顶推油缸同步顶推横向移动，避开端头井侧墙，沿滑道横向平移至过站中心位置。然后继续利用千斤顶对盾体及钢套筒底座进行第二次抬升，铺设纵向过站滑道钢轨，回落千斤顶将盾体及钢套筒放置已铺设好的纵向滑道钢轨上，在钢轨轨腰上进行钻孔，用于固定千斤顶并提供顶推反力，通过 2 个顶推油缸同步推动钢套筒底座纵移过站。到达始发端头后再横向平移至始发轴线位置进行固定，然后利用电瓶车牵引平板小车拖运后配套台车沿铺设的轨道运至指定位置，并与盾体对接，完成过站。

盾构机及钢套筒整体过站技术的主要特点如下：

(1)采用盾构机主机及套筒整体平移、过站，无需拆机，施工速度快。

(2)过站过程中可完成对盾构机的维修和保养，节省时间。

(3)过站均在车站站台层完成，对周边环境影响小及地面场地无要求。

(4)过站方式简便、快捷，对设备影响小。

(5)盾构机过站后直接在始发井就位，连接后配套台车即可具备始发条件，大大缩短了工期，加快了施工进度。

(6)后配套利用电瓶车带动平板小车拖运整体过站，过站时间短、连接方便、快速。

5.1.2 盾构机及钢套筒整体过站技术

1. 施工工艺流程

盾构机及钢套筒整体过站工艺流程如图 5.1-2 所示。

2. 过站准备

(1)过站净空计算

为确保盾构机能顺利通过车站，需在铺设盾构机移动轨道之前和之后进行详细的净空测量，并留有相应的空间余量。

(2)盾构井底板处理

盾构接收井底板回填素混凝土，回填高度为至站内高程预留放置钢轨、垫板(钢板)高度，并预埋钢套筒接收钢板。

(3)钢套筒接收准备

盾构机进入钢套筒后，拼装完成最后一环管片并进行注浆封堵，将钢套筒上半部，后端盖拆除、吊出(如图 5.1-3 所示)，用氧气焊割除过渡环与洞门钢环的连接。

(4)车站标准段底板准备工作

在车站标准段底部铺设 6 根 43 kg/m 钢轨，使用直径 ϕ22 mm 螺纹钢筋植入底板固定，分 3 处布置，每处 2 根，用来纵向移动盾构机。用钢轨钻孔机在轨腰上钻圆孔，每组钻 3 个直径 ϕ20 mm 的圆孔，每组之间的间距为 400 mm，孔间距为 100 mm，用于固定千斤顶并提供反力。

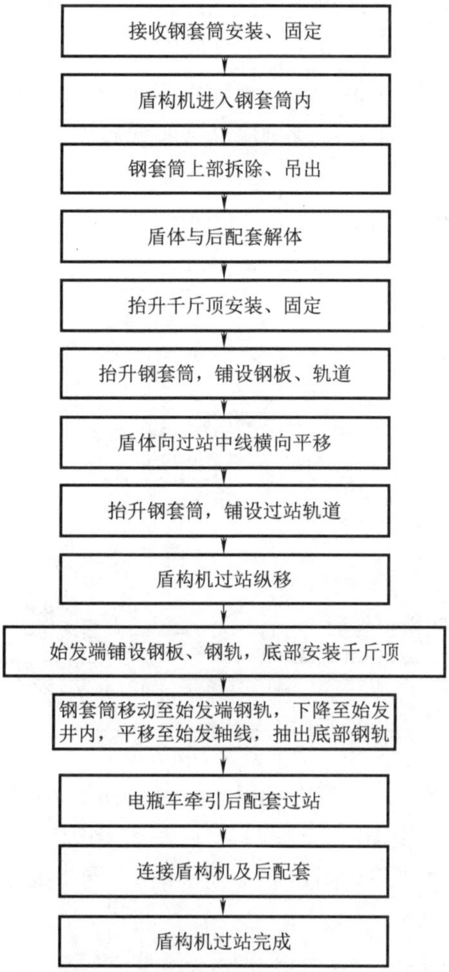

图 5.1-2　盾构机及钢套筒整体过站施工工艺流程图

图 5.1-3　钢套筒上半部分和端盖板拆除

3. 平移过站

(1)盾体与后配套分离

在盾构机到达前做好电缆线与管路的标识。在盾构机进入钢套筒后,将盾体与后配套之间各种管路(线)断开,使盾体与后配套台车分离。

(2)盾体横向平移

盾体加钢套筒底座总重约 385 t,钢对钢轨的滑动摩擦系数为 0.1,需要的推力大约为 38.5 t。通过 2 个 100 t 顶推油缸进行同步顶推可实现盾体和钢套筒整体平移。

在钢套筒底座两侧各安装 4 个 100 t 液压千斤顶,利用千斤顶将盾体连同钢套筒底座抬升大于 160 mm(井底距站内高度),如图 5.1-4 所示。

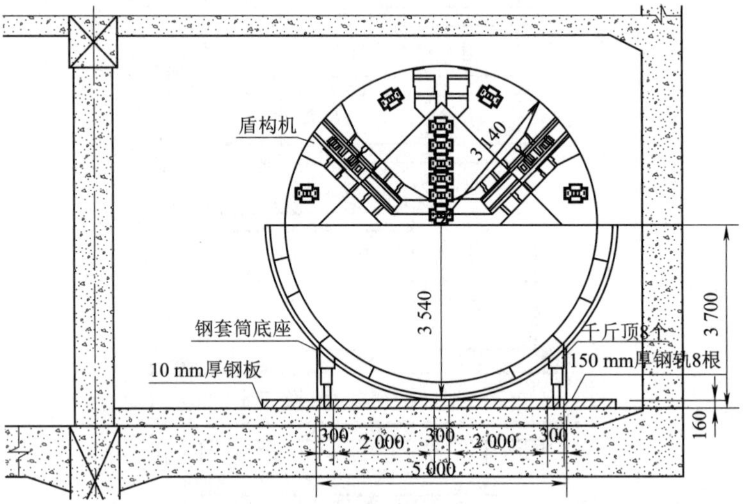

图 5.1-4　盾构井内抬升示意图(单位:mm)

抬升完成后,在井底先铺设 10 mm 厚钢板,然后在钢板上横向铺设 8 根钢轨并涂抹黄油,如图 5.1-5 所示。通过轨腰圆孔固定 2 个顶推油缸,同步推动钢套筒底座向过站中心位置横向平移。

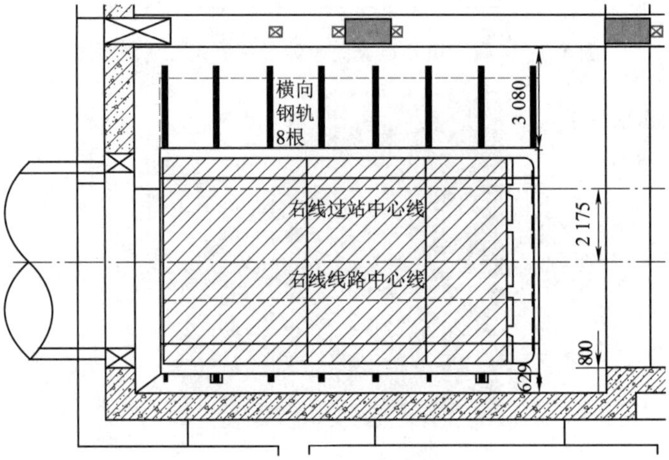

图 5.1-5　盾构井内横向轨道铺设示意图(单位:mm)

(3)二次抬升

盾体与钢套筒底座横向平移到指定位置后,再次利用 8 个千斤顶将钢套筒底座抬升,取出底座下的横向钢轨,并铺设提前用工字钢做好的马凳、钢轨。纵向铺设 6 根 43 kg/m 钢轨,与站内过站轨道相连,用以盾体纵向前移过站,如图 5.1-6 和图 5.1-7 所示。

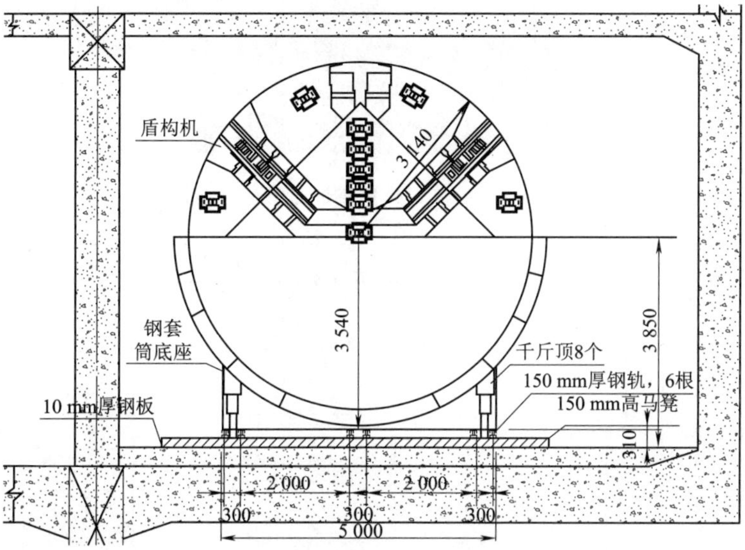

图 5.1-6　盾构井二次抬升示意图(单位:mm)

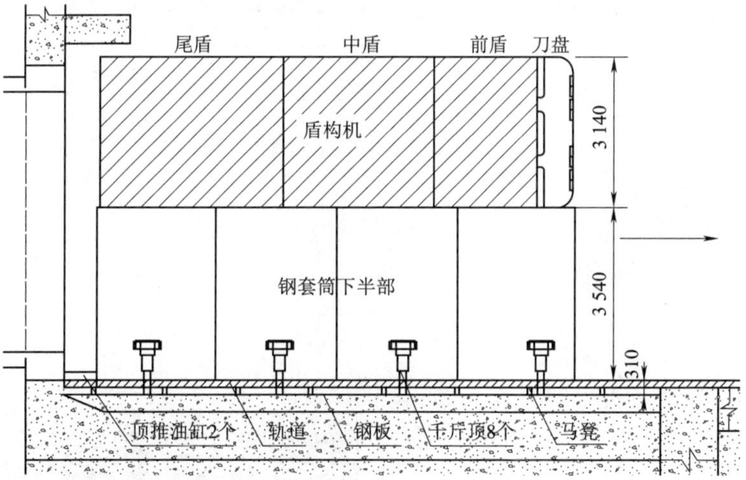

图 5.1-7　盾体纵向移动过站前示意图(单位:mm)

(4)盾构机纵向平移过站

轨道上涂抹黄油后,通过轨腰开设好的圆孔,固定 2 个顶推油缸,顶在钢套筒底座两侧的受力点上,同步顶推钢套筒底座与盾体前移,如图 5.1-8 所示。

当盾体移动到始发端头墙时,使用千斤顶抬升、横移的方法,将盾体、套筒底座平行移动到始发轴线位置,取出底部钢轨,将盾体及钢套筒底座回落到底板预埋钢板上,如图 5.1-9 所示。

图 5.1-8　盾体过站顶推油缸安装示意图

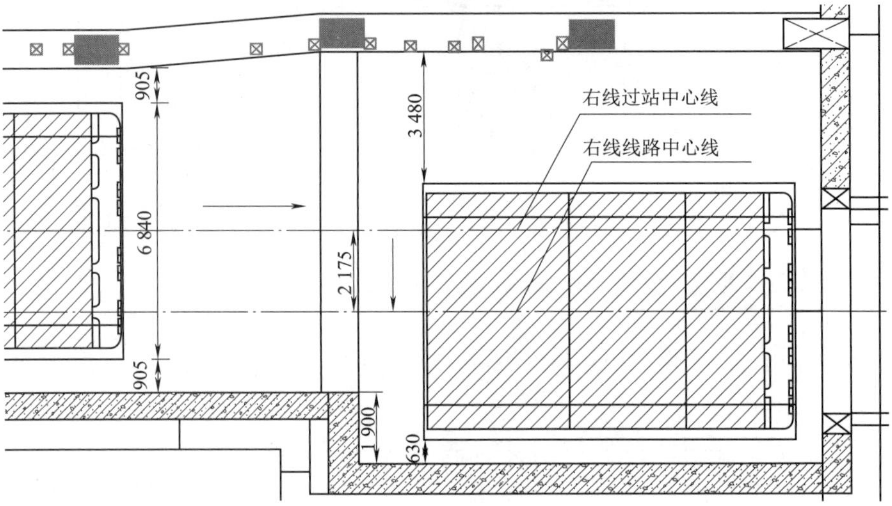

图 5.1-9　始发端盾体平移示意图(单位:mm)

(5)钢套筒底座固定

经过复测,确认盾体位置正确后,固定钢套筒底座,将其与预埋钢板焊接成一个整体,连接套筒过渡环,并与洞门钢环焊接牢固、密封。

4. 后配套过站

(1)车站井口底板轨道铺设

因隧道底与车站底板之间存在高差,且电瓶车运输轨道与后配套台车两轨道之间在圆形隧道内也存在高差,因此,电瓶车拖动后配套台车出洞口时需利用马凳来调整它们之间纵向坡度,线路纵坡不宜过大,应采用缓坡,防止电瓶车拖动后配套台车时产生溜车现象。轨道铺设前需要提前考虑隧道中心轴线与过站中心轴线的位置关系,保证后配套台车过站时边缘不会磕碰车站侧墙。铺设好的轨道如图 5.1-10 所示。

图 5.1-10　铺设好的轨道

(2)电瓶车、后配套过站轨道安装完毕后,电瓶车就位,电瓶车与后配套台车进行刚性连接,保证两者为一个整体。由电瓶车拖动后配套沿铺设轨道至始发端,如图 5.1-11 和图 5.1-12所示。

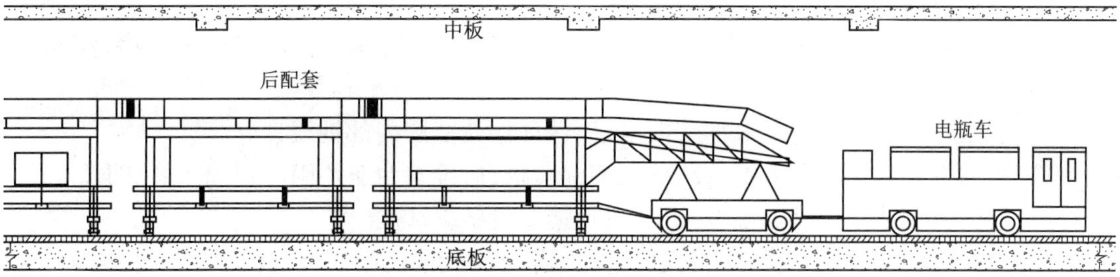

图 5.1-11　后配套过站示意图

图 5.1-12　后配套牵引过站

5. 始发端始发

后配套台车到达始发端指定位置后,将后配套与盾体管路、螺旋机连接,组装调试完成后,安装钢套筒上半部与反力架,准备二次始发。

6. 注意事项

(1)移动过程中如发现盾体偏离中心线,应及时对其进行纠偏。纠偏方法:用单边的顶推油缸在移动过程中纠偏,利用千斤顶进行大范围的纠偏。

(2)盾构机进入套筒前及时调整轴线位置关系,保证盾构机顺利进入套筒内。

(3)接收套筒需经探伤试验、密闭性试验,符合要求后方可使用。

(4)仔细、准确校核车站站台层净空尺寸,保证盾构机顺利过站。

(5)严格控制始发井回填混凝土高程,保证盾构机及套筒能平稳进入站台导轨。

(6)平移、过站过程中,经常测量过站盾构及套筒与过站中心轴线偏差,确保及时纠偏。

(7)车站内导轨使用 43 kg/m 钢轨,钢轨要铺设在均匀分布的受力点处,且要保证轨道平顺不曲折。

(8)盾构机及套筒进入始发位置前,盾构井高程满足始发要求。

7. 安全措施

(1)严格遵守《建筑安装工人安全技术操作规程》和机械施工技术安全规则的规定执行。

(2)施工前需进行安全技术交底和过站方案培训,并按本过站工艺流程和操作要点要求进行施工作业。

(3)施工人员进入现场必须佩戴安全帽,登高作业必须穿防滑鞋,系安全带。

(4)严禁酒后上岗作业,严禁违章操作。

(5)施工人员必须由专人进行协调指挥、分工具体、明确职责,遵守现场秩序,服从指挥,坚守岗位,不得随意离开岗位。

(6)过站作业必须要有良好的照明度,以保证作业范围内的视线良好。

(7)盾构机和后配套断开时管线标识明确清晰,后配套台车用阻车器固定,以防溜车。

(8)任何机具严禁超载超负荷使用,以免造成设备损坏。

(9)现场设置专职安全员,严格监督过站过程。现场人员进行交接班时,工作内容要明确,杜绝因交接班不清楚造成事故的发生。

(10)操作人员要经常观察盾构机姿态及钢套筒变形情况,发现异常情况应及时采取相应措施。

(11)在盾体过站轨道上涂抹黄油,减小盾体及钢套筒底座过站时的摩阻力。

(12)拖拉后配套台车出隧道洞口时要控制好行车速度,防止后配套台车碰撞主体结构和溜车现象发生。

8. 质量控制措施

(1)轨连接处不得凹凸不平相邻轨面高差不得大于0.5 mm。

(2)加强施工技术管理,严格执行技术责任制,及时进行技术交底,严格依照方案施工。

(3)过站过程中应多次反复校核相关数据,确保数据准确,保证盾构及套筒整体、后配套台车顺利过站。

(4)严格执行工程监理制度,保证施工作业始终在质检人员的严格监督下进行。

(5)严格施工纪律,把好工序质量关,对工艺流程的每一步工作内容进行认真检查,使施工专业化。

5.1.3 应用效果分析

1. 应用效果

哈尔滨地铁2号线一期工程11号盾构机分别掘进人民广场站~中央大街站区间、中央大街站~尚志大街站区间右线任务,采用盾构机及钢套筒整体过站技术在中央大街站过站(如图5.1-13所示),于2018年4月8日开始过站,2018年4月21日盾构机及钢套筒到达始发井,4月23日后配套台车拖拉到位,总用时15 d。12号盾构机分别掘进人民广场站~中央大街站区间、中央大街站~尚志大街站区间左线施工任务,采用盾构机及钢套筒整体过站技术在中央大街站过站,于2018年7月15日开始过站,2018年7月22日盾构机及钢套筒到达始发井,7月25日后配套台车拖拉到位,用时11 d。

2. 经济效益

(1)盾构机连同钢套筒整体过站避免了大型吊装设备、运输设备进场进行吊装、运输作业,节约了大量的机械设备台班费用,节约了施工成本。

(2)盾构机连同钢套筒整体过站避免了盾构机和钢套筒吊出和二次下井作业,大大节省了盾构机和钢套筒的拆卸和组装的费用,大大地节约了施工成本。

(3)盾构机连同钢套筒整体过站一般情况下10~15 d可以完成,而盾构机、钢套筒拆卸,转场再下井、组装至少需要1~1.5个月时间,大大节约了施工工期与施工成本。

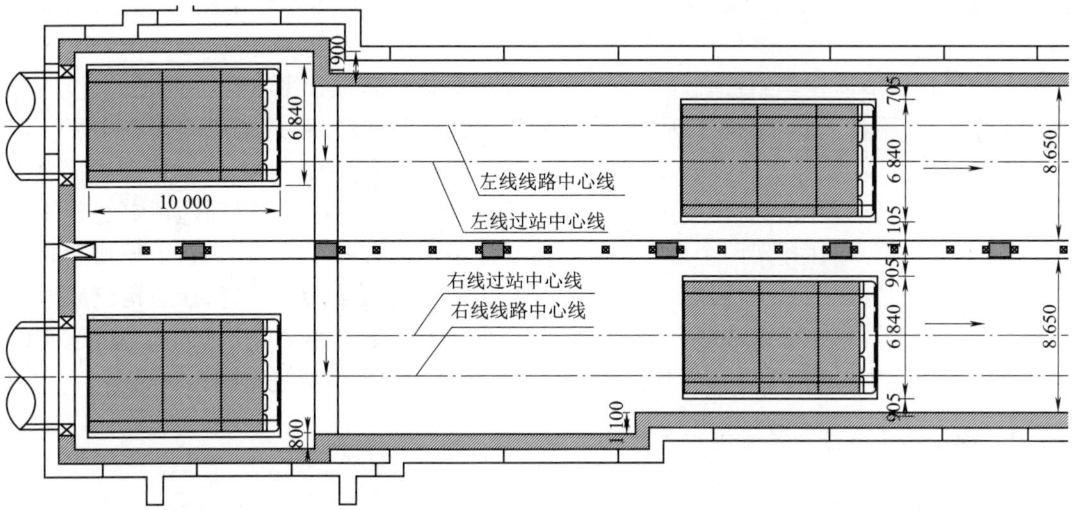

图 5.1-13　纵向平移平面示意图(单位:mm)

3. 社会效益

(1)该工法施工操作简单,所有作业均在站内进行,不使用大型吊装及运输设备,不占用地面施工场地,对地面交通影响很少。

(2)无机械施工噪声和大型机械作业的施工振动,对工程本身和周边市民居住生活的干扰较小。

(3)盾构机连同钢套筒整体过站施工时间较短,能迅速达到二次始发的目的,缩短了区间施工总体工期,社会反响良好,具有良好的社会效益。

5.2　密闭车站内盾构机调头与二次始发技术

5.2.1　盾构调头施工技术

为保证繁华地段交通顺畅,在地铁建设施工过程中有时需对部分车站盾构吊出井进行提前封闭,导致盾构机接收后无法吊出转场。本书介绍的密闭车站内盾构机调头、二次始发技术研究,为盾构调头、二次始发施工解决技术难题,在类似工况下为盾构施工提供指导作用。

哈尔滨站站—博物馆站区间位于哈尔滨市南岗区,主要沿颐园街进行敷设。区间上部道路狭窄,两侧存在较多建筑。本区间右线起点里程为 SK18 + 685. 655,终点里程为 SK19 + 276. 950,全长 591. 295 m,左线起点里程为 XK18 + 685. 655,终点里程为 XK19 + 276. 950,长链长 1. 928 m,全长 593. 223 m,区间纵向呈单向坡度,最大坡度为 26. 07‰,隧道埋置较深,其结构顶覆土厚度约 9. 78 ~ 12. 1 m。

该段区间采用盾构法进行施工,盾构机由尚志大街站始发,右线盾构机过哈尔滨站站后施工哈博区间右线,待右线施工完成后在博物馆站站内调头。博物馆站由 1 号线施工单位代建,上盖松雷商厦已正式营业,车站端头吊出口提前封闭,现场无吊出条件。因此,盾构掘进至博物馆站需要在博物馆站内进行调头，最后掘进哈博区间左线，到达哈尔滨站站接收吊出。

盾构机接收前需在车站接收井底板上做好场地平整和高程找平工作，再铺设钢板做好调头工作平台，平台上安装盾构接收架，当盾构机进入接收架后，将盾构机与接收架焊接形成整体，借助车站端墙作为支撑点使用2个200 t千斤顶顶推接收架向前移动使螺旋输送机整体尾部脱离盾构管片范围，再使用千斤顶横向顶推始发托架使盾构机到达预定的转体位置。转体施工需分别在托架两个对角位置安装千斤顶形成方向一致的力偶，千斤顶同时顶推使盾构机顺时针偏转90°，再将盾构机向预定始发洞口顶推至合适位置，让盾构机原地再向顺时针方向偏转90°完成调头，最后微调盾构机使刀盘中心对准始发洞口中心，后配套设备等通过预留其中一跨中柱的空间进行调转，并将此空间作为出渣进料的运输通道。

5.2.2 盾构调头及二次始发施工

1. 施工工艺流程

盾构机站内调头施工工艺流程如图5.2-1所示。

2. 施工准备

1）盾构机接收准备

1号盾构隧道（即先期贯通的隧道，下同）掘进至距接收洞门80 m时，即进入盾构机接收阶段。在进入接收阶段前需做好如下准备工作：

（1）做好接收前的测量工作

①在接收前，及时对隧道轴线进行测量，确认盾构机位置，掌握洞门段线形。

②加强盾构机姿态和隧道线形测量，及时对盾构机姿态进行纠偏，每环纠偏量不超过5 mm，确保盾构机顺利从洞门进入车站。

③在盾构机刀盘抵达洞门前20 m，实测车站洞门钢环位置，并进行报验。对隧道贯通时盾构机刀盘位置进行必要调整，确保盾构机洞门贯入的净空，防止因施工误差使盾构机卡在洞门内。隧道贯通时盾构机刀盘允许偏差值：±20 mm（水平）、±10 mm（高程）。

④盾构机必须在洞门的允许偏差范围内贯入，故需逐个对每一环管片进行仔细检查以维持所定线形，并对洞门的实际直径进行测量复核。

（2）调整盾构机姿态

①破除洞门前，严格控制盾构机姿态。盾构机允许偏差为±10 mm，仰角允许偏差控制在2 mm/m以内，避免出现俯角姿态。

②盾构机自动导向系统所显示的盾构机位置偏差控制在±20 mm以内，方向控制在3～4 mm/m。

③做好铰接千斤顶的行程控制，避免铰接千斤顶出现最大和最小的极限状态。根据实际掘进的经验总结，将上、下铰接千斤顶行程控制在50～60 mm之间，左、右铰接千斤顶行程控制在50～80 mm之间。

④控制推进油缸的压力和行程差，尽量保证推进油缸的均衡推进。

⑤根据推进油缸的行程差、铰接油缸行程、盾尾间隙及线形特点选择合理的管片拼装点位，必要时利用拼装时微调盾尾间隙，以保持合理的盾尾间隙。

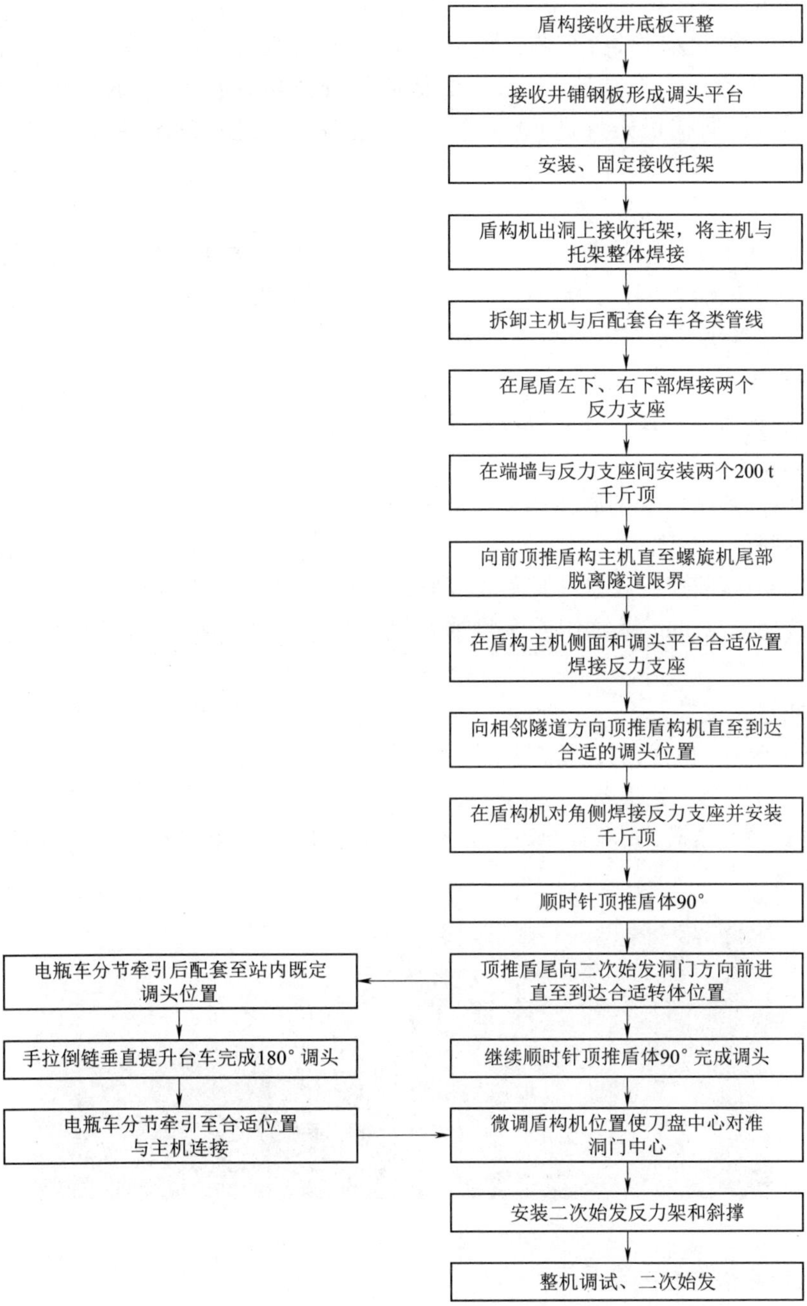

图 5.2-1　盾构机站内调头施工工艺流程图

(3)站内结构规划和设计

①为便于盾构机后配套台车在密闭车站内完成调头,在车站主体结构设计时确定台车调头位置和范围,预留台车调头条件,规划范围内的立柱应在完成盾构机调头和二次始发后再施工。

提前在站内铺设台车和牵引电瓶车运行的轨道和道岔,在台车拟调头位置的中部对应中板位置预埋吊环,安装 50 t 手拉倒链作为提升装置。

②如果设计通过检算,台车调头预留条件不许可,则可采用在盾构接收井内同盾体调头相同的方法进行。台车调头前,采用类似盾构分体始发技术,延长后配套台车与盾体之间的连接管线,盾构机先掘进 60 m 左右,然后对台车进行逐节转体平移,并与盾体连接调试。

(4)制作、安装洞门密封装置

洞门密封帘布橡胶板、圆环板、扇形翻板按照图纸设计要求进行制作,并保证制作精度。盾构机接收前需安装好洞门密封的帘布橡胶板、圆环板和扇形翻板。保证密封装置的安装精度,并使用方木或木板对密封装置下部提前进行保护。

(5)接收井底板清理

盾构机接收前需将接收井底板垃圾清理、污水排除。

(6)接收架安装

根据盾构机到站位置和盾体调头要求提前安装接收架。

(7)拉紧拼装环管片

在最后的 10 环管片,在管片拧紧及复紧的前提下,在 1、4、7、10 四个点位,用废弃的吊装头拧紧后,用 ϕ32 mm 螺纹钢或 5 号槽钢纵向将吊装头焊接拉紧,管片拉紧如图 5.2-2 所示。

(8)照明设备安装

安装好接收井内的照明设备,为盾构机接收与调头使用。

(9)应急材料与工具准备

在接收井内准备砂袋、水泵、水管、方木、编织袋、风镐、水泥、水玻璃、二次注浆设备等应急材料和工具。

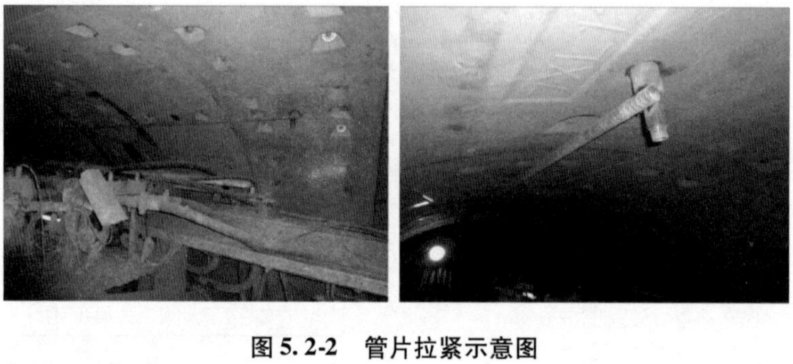

图 5.2-2　管片拉紧示意图

(10)通信联络工具配备

准备好盾构机内与车站接收井内的通信联络工具。盾构机内与车站接收井采用对讲机联络,盾构机内与地面办公室使用内线电话联络,车站接收井与办公室采用对讲机或移动电话联络。

2)施工场地找平

由于车站接收井浇筑的平整度并不能完全达到盾构机调头施工的要求,拟采用 50 mm 砂浆找平并铺设 20 mm 钢板和细砂,以保证调头施工接收井平整度并有效降低调头施工中产生的摩擦力。钢板接缝处焊接完成后打磨至与钢板面平齐，盾构机调头场地底板处理示意图如图5.2-3所示。钢板铺设要求如下：

(1)接收井底板填充时需要水平尺校准，严格控制填充后底板顶面的高程与坡度，保证填充底板顶面平整，钢板与钢板接缝处应平顺，钢板之间的错台可通过液压千斤顶进行调平。

(2)钢板与钢板之间紧密靠拢，钢板之间缝隙进行焊接，并打磨处理。

(3)钢板接缝焊接后，每隔4 m用长200 mm、直径20 mm的螺纹钢筋植入底板，并与钢板接缝进行焊接固定钢板，防止盾构机在水平顶推过程中，钢板产生水平位移。

(4)废水池部位应做加强处理，可在池内回填粗砂，增大钢板的受压能力，以防盾构机通过该部位时发生沉陷及倾覆。

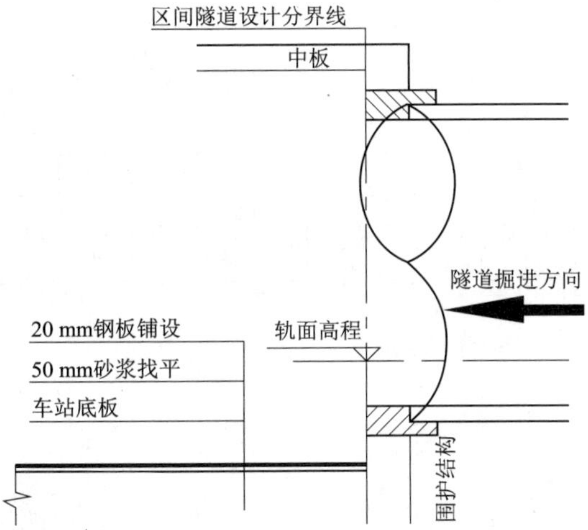

图5.2-3　盾构机调头场地底板处理示意图

3)接收架安装及固定

盾构接收架按图纸进行制作和安装，制作和安装误差要符合要求。在盾构机接收架组装之前，根据接收架的高度、宽度及长度要求，结合盾构外径尺寸以及接收洞口中心、隧底高程要求。根据实际测量得到的偏差进行调整，本工法实施过程中一般需要在钢板与接收架间加设型钢支撑，保证接收架轨面高度低于设计高度20 mm。接收架轴线和纵向均采用20号工字钢加固与型钢支架系统焊牢，支架与车站主体结构顶死，以避免盾构机进洞时接收托架滑移。接收基座平面图如图5.2-4所示、立面图如图5.2-5所示。

4)盾体与后配套台车分离

(1)盾构机确认停机位后收回所有推进油缸，洗净注浆管路，切断电源、关闭油路阀门，清理砂浆罐及台车油污。

(2)停机前对盾构做全面检查，并记录好需维修部位。做好连接管线的标识，要确保每根管线两端各有两个标识，管线标识应挂标识牌。

(3)皮带的拆除要兼顾下次始发时的皮带硫化，在磨损严重的接头处进行剖切，注意剖切要整齐。切断皮带后，拆除一号台车前的3节皮带机，分离台车上的皮带架，用电瓶车运至站内进行调头。

(4)在连接桥中部焊接支撑架,用油缸分别将设备桥前部、后部顶升,并在支撑架底部安装 ϕ50 mm 的钢管,然后拆除连接桥。

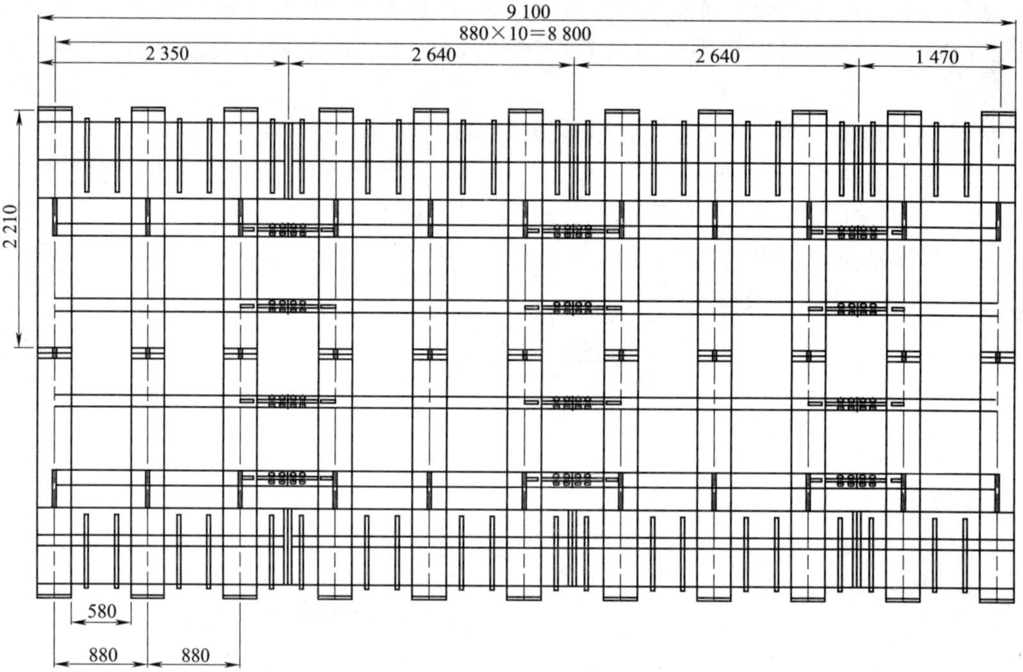

图 5.2-4　接收架平面图(单位:mm)

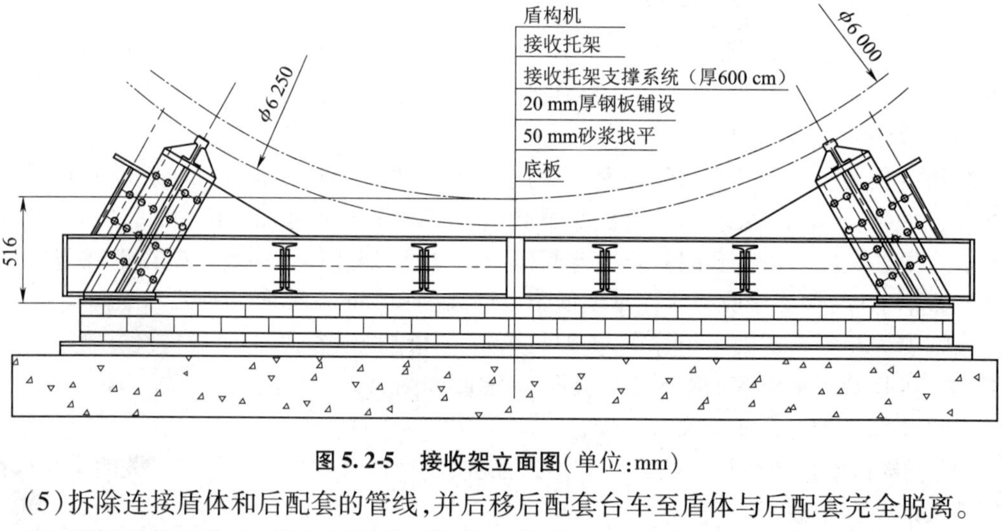

图 5.2-5　接收架立面图(单位:mm)

(5)拆除连接盾体和后配套的管线,并后移后配套台车至盾体与后配套完全脱离。

(6)根据盾构机构造,若为双螺旋盾构机,需要卸除二级螺旋方可满足盾体调头的净空要求,拆卸下来的二级螺旋放于平板车上拖拉至站内进行调头,单螺旋机连同盾体一起调头。

5)盾体前移及垂直顶升

(1)盾构机主机整体推到基座上,就位后,将接收架与盾构机在前中端用 20 mm 厚钢板焊接在一起,焊条采用 E506 焊条,使盾构机和基座连成一个整体。

(2)在盾尾和中盾上部分用 3 道槽钢焊接连起来,以防在顶升过程中被动铰接拉长。

(3)在盾体两侧各焊接 4 个支撑座,用 30 mm 厚钢板制作,用 E506 焊条焊接。支座焊接位置根据盾构机主机重心位置确定,第一个支点在中盾 H 架靠近盾尾位置,另一个在前盾轴承位置,具体位置根据现场而定,盾构机顶升支撑剖面示意图如图 5. 2-6 所示。

(4)用液压泵站将盾体顶升 5 ~8 cm 后,撤除垫在底部的型钢支撑,并在底部钢板上抹上黄油,把盾构机平稳放置底部钢板上。利用端头墙作为支撑点,用 2 个 200 t 千斤顶推动基座,使其纵向平移 2 ~3 m,露出螺旋输送机即可进入调头作业。

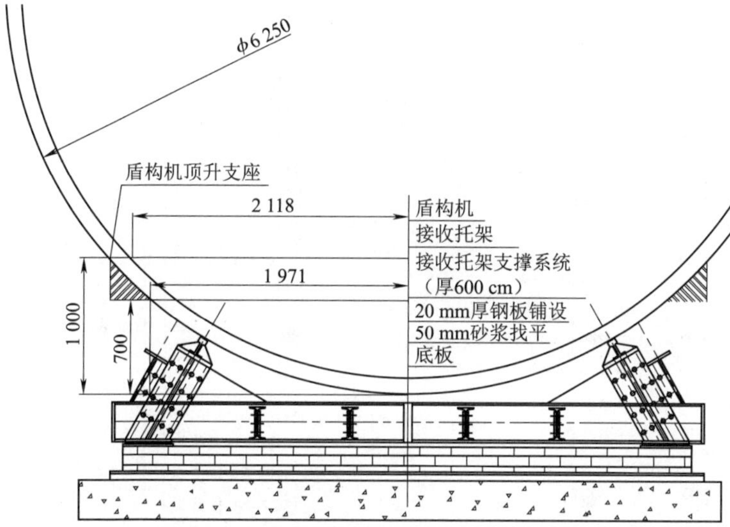

图 5. 2-6　盾构机顶升支撑剖面示意图(单位:mm)

3. 盾构机主机调头

1)盾体向相邻线平移

盾体上接收架后需测量盾体与车站侧墙间的尺寸,空间需足够盾体平移及旋转调头。一般来说如果在盾构机上接收架后直接旋转,尾盾、螺旋输送机会与车站主体结构临近侧墙干涉,因此需要利用 2 个 200 t 液压千斤顶在钢板上制作千斤顶支座将盾体向 2 号隧道(即二次始发隧道,下同)方向适当平移,如图 5. 2-7 所示。平移前必须将盾体铰接部分固定成一个整体,钢板与接收架间涂抹黄油以减少滑移阻力。

2)盾体旋转

利用千斤顶的推力使基座与盾构机一起平移、旋转到预定的位置。盾构机从静止开始,向前移动的初始推力控制在 1 000 kN 以内;在随后的旋转和平移过程中,推力控制在 300 ~500 kN之间。在接收架旋转中心的角部上焊接钢块,用千斤顶在接收架最佳顶推位置附近顶推接收架,千斤顶分别作用于前端和后端,同步施加一对力偶,形成旋转力偶,使托架以固定转轴为旋转中心按预定旋转轨迹旋转。盾体调头施工过程及顶点案例图如图 5. 2-8 ~图 5. 2-12所示。

盾体向2号隧道方向平移后，待确认盾体、螺旋输送机旋转半径范围内不会与另一侧主体结构侧墙干涉后，利用一个200 t液压千斤顶顶住接收架右前方，另一个200 t液压千斤顶顶住接收架左后方，同步顶推，使盾体旋转90°，顶推过程速度要缓慢，并随时观察盾体、螺旋输送机与车站主体结构是否靠近或发生接触，若发生此类情况应立即停止旋转，采用顶推平移方式，避开车站主体结构侧墙、立柱等。

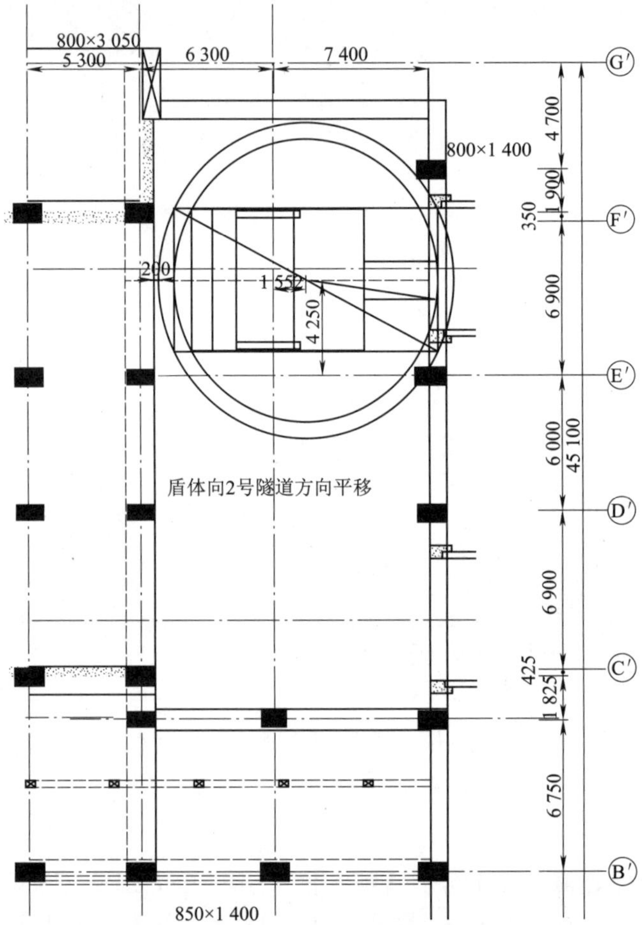

图5.2-7　盾体向2号隧道方向平移(单位:mm)

图5.2-8　盾构机旋转顶推支点图

图5.2-9　盾构机旋转(图一)

图 5.2-10　盾构机旋转(图二)

图 5.2-11　盾构机旋转 90°位置图

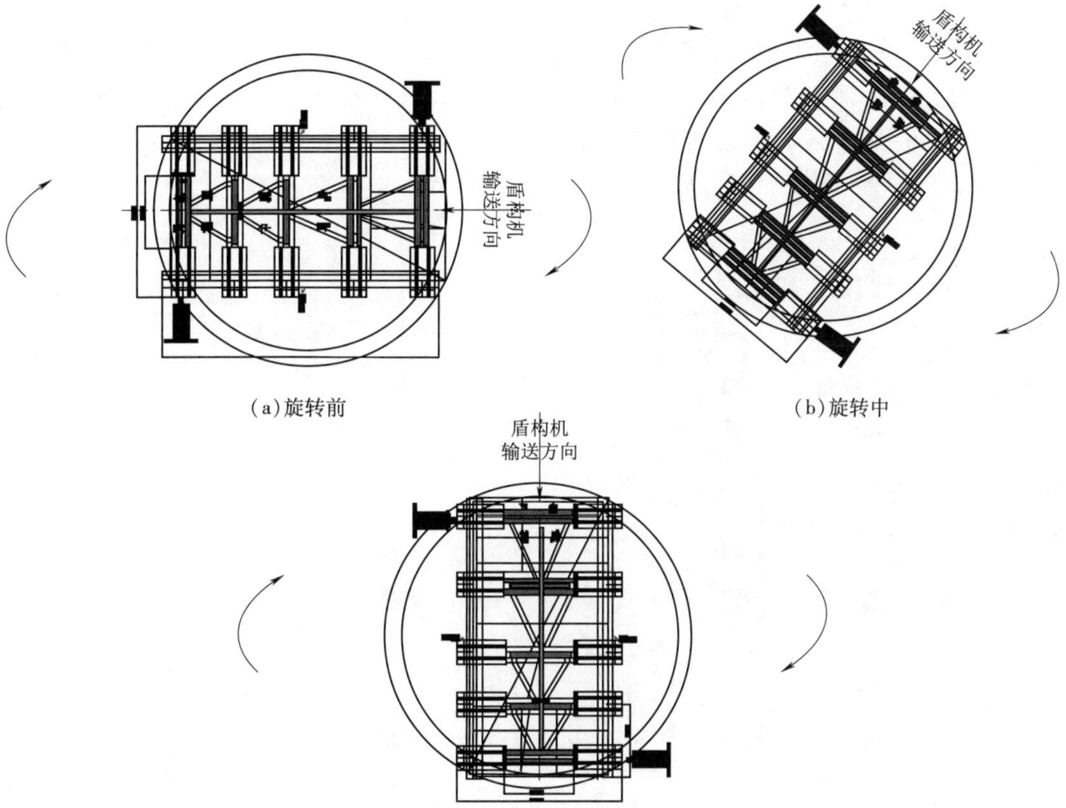

(a)旋转前　(b)旋转中　(c)旋转后

图 5.2-12　盾体旋转示意图

3)盾体平移

盾体旋转完成后,将盾体向 2 号隧道方向平移至便于二次旋转的位置,需考虑到下一步盾体、螺旋输送机即将二次旋转的旋转半径是否与结构墙体、立柱之间产生干涉,盾体平移示意图如图 5.2-13 所示。

4)盾体二次旋转

盾体平移至指定位置后,同首次旋转的方法一样,利用液压千斤顶顶住托架前后两端,在两侧同步施加一对力偶,使盾体再继续旋转 90°,盾体二次旋转示意图如图 5.2-14

所示。

5)盾体平移至始发位置

盾体旋转90°后,因旋转半径问题,盾体并不是刚好处于始发位置。因此继续将盾体往2号隧道中心线位置平移,最终将盾体中心位置移至与2号隧道中心位置重合。盾体平移至始发位示意图如图5.2-15所示,现场盾体中心位置移至与2号隧道中心位置重合后如图5.2-16所示。

4. 后配套调头

1)后配套牵引运输

盾体与台车分解后,利用电瓶车分节牵引,连接桥用两根I_{20}工字钢将桥架悬臂焊接固定在管片运输车上。因连接桥加1号台车总长已超过20 m,不能满足一起调头的净空要求,拖拉至车站后,将连接桥与1号台车分离,采用设备连接桥支撑将连接桥推至调头位置进行调头。由于电瓶车牵引能力有限,因此需结合每节台车重量分批次牵引运输,项目中盾构机为铁建重工双螺旋盾构机,后配套重量及尺寸见表5.2-1。

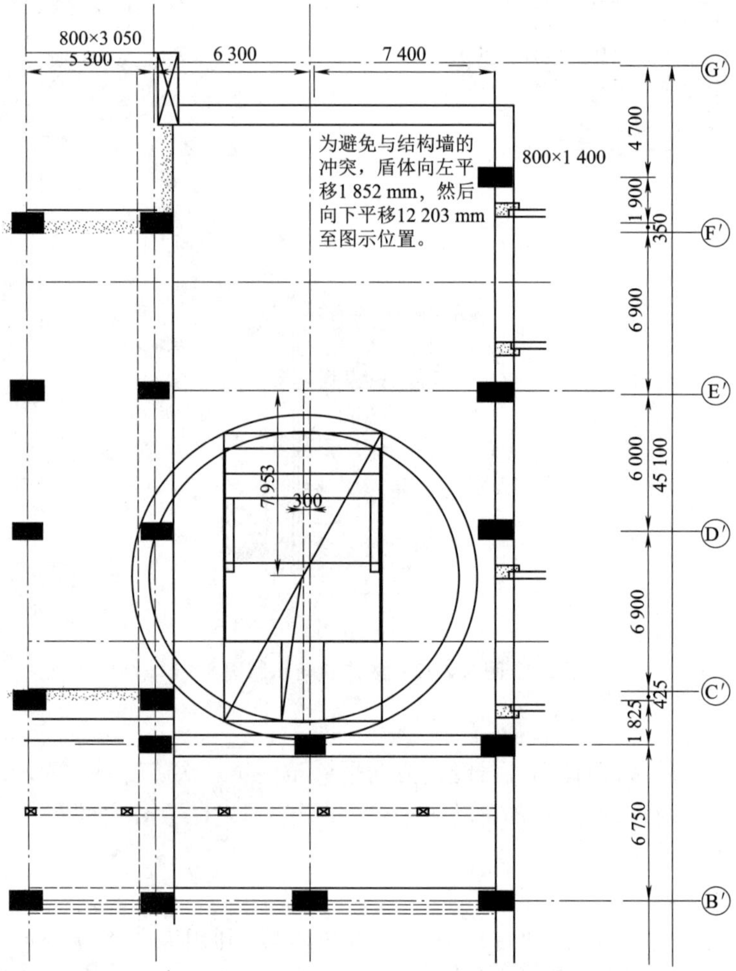

图5.2-13　盾体平移示意图(单位:mm)

表 5.2-1　后配套尺寸及重量统计表

序号	部件名称	外形尺寸(长×宽×高,单位为 mm)	重量(t)
1	连接桥	12 353×4 682×3 348	14
2	台车 1	10 800×4 500×4 000	36
3	台车 2	12 600×4 500×4 000	42
4	台车 3	10 800×4 500×4 000	28
5	台车 4	10 500×4 500×4 000	20
6	台车 5	10 300×4 300×3 400	18
7	尾架	5 300×4 600×4 000	6
8	管片小车	5 700×1 500×380	3

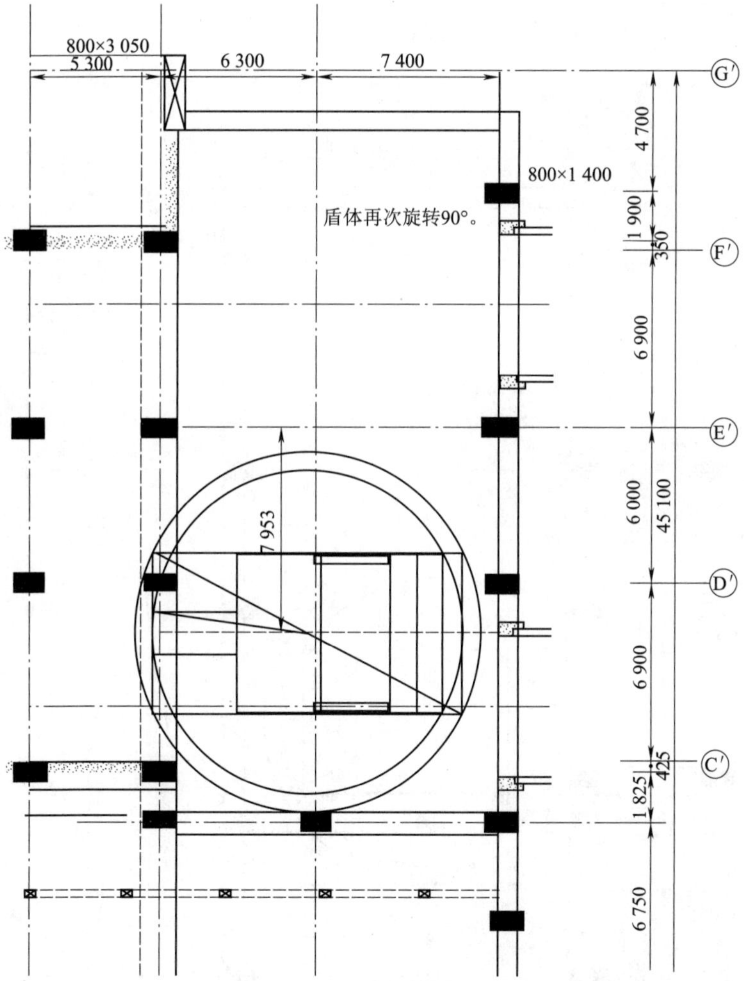

图 5.2-14　盾体二次旋转示意图(单位:mm)

由于连接桥无轮,只能架立在管片运输车和 1 号台车上,因此连接桥需与 1 号台车一起运输，剩余台车分节运输。后配套调头位置应选择在两侧限界充裕的车站中部，由 2 号隧道始发洞口距离调头位置至少要留出 70 m，便于各节台车调头后依次排列于盾体后。

电瓶车牵引各分解台车进入台车停留区，再拨动 1 号隧道与调头区岔道的转轨器，由电瓶车反向牵引台车进入调头区，即可开始调头施工。

2）后配套分节调头

电瓶车分节牵引后配套台车至预定位置后，即开始调头施工。连接桥应先与 1 号台车和管片运输车分离后再调头，调头后前端仍然由管片运输车支撑架支撑，尾部增加一个管片运输车支撑架支撑。

其余各节台车底部均能自主支撑，因此调头工序基本一致，以重量最重、尺寸最大的 2 号台车为例说明调头施工工艺。

（1）由于台车尺寸较大，因此调头区域内、轨道延伸范围内的结构立柱和上翻梁不得施工，为调头施工提供基本条件（本案例中四根立柱影响调头）。

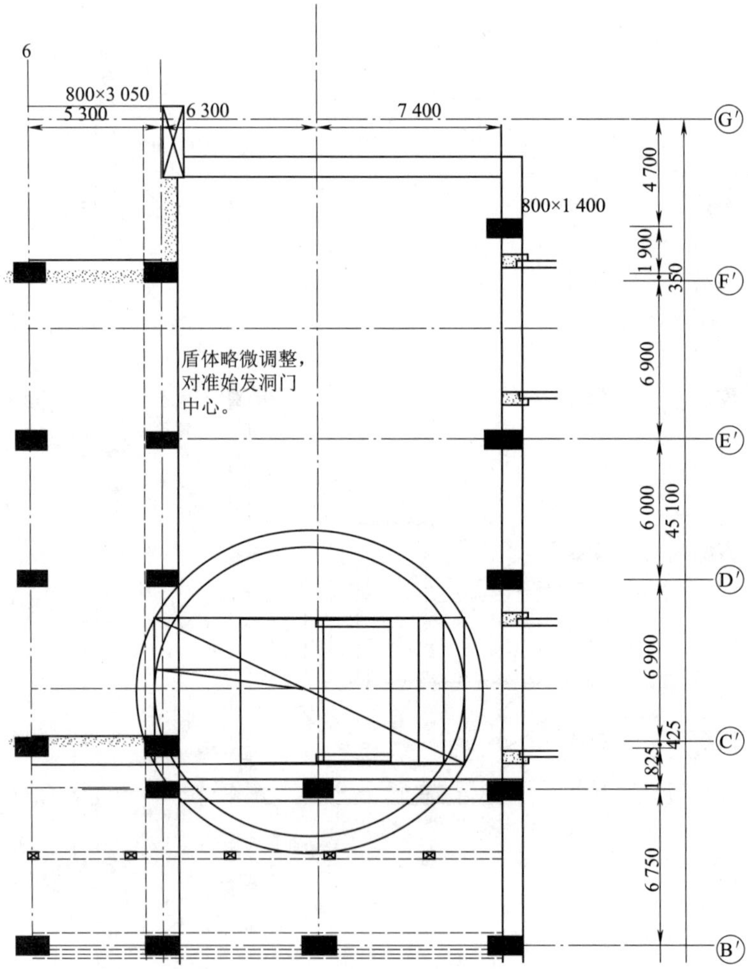

图 5.2-15　盾体平移至始发位（单位：mm）

图 5.2-16　盾构平移至 2 号隧道重合中心位置

(2)台车调头使用的垂直提升工具为 50 t 手拉倒链,一用一备,手拉倒链的吊钩应具备 360°转向功能,吊装的位置位于台车尺寸位置的正中央。

(3)采用四根等长的钢丝绳和 15 t 卸扣分别连接台车的四个吊装孔,四根钢丝绳另一端同时穿入手拉倒链的吊钩内。

(4)提升前应检查台车内液压油是否已经排空,易滑落的物品应提前取下,提升时台车滚轮稍稍脱离轨道 10 cm 即可。

(5)作业人员组成两个推车小组安排于台车的对角两侧,朝同一时针方向转动台车直至完成调头,旋转半径为 6 690 mm。

(6)台车下落时安排四个作业人员密切关注滚轮与轨道的对准情况,确保四个滚轮同时坐落于轨道上。

(7)台车完成调头后由电瓶车分别牵引至 2 号隧道延伸轨道区域内,按照连接桥 -1 号台车 -2 号台车 -3 号台车 -4 号台车 -5 号台车顺序排列。

5. 电瓶车队调头

电瓶车队可行驶至原盾构始发井位置完成调头。

(1)将第一列电瓶车组开至 1 号隧道的始发车站内,第二列电瓶车组车头开至始发井中央位置,并将第二列电瓶车车头与车组分离。

(2)使用 45 t 龙门吊将第二列电瓶车车头吊出始发井,放至安全位置。

(3)利用第一列电瓶车组将第二列车组拖至车站内,再将第二组电瓶车头旋转 180°后下吊至第二列车组尾部,并与管片小车连接。分离第一列与第二列电瓶车组。

(4)将第二列电瓶车组的砂浆罐车开至始发井中央,分离、吊起、旋转 180°后放至电瓶车头与管片小车之间。以此类推完成整列电瓶车组的调头。

(5)采用相同方式完成另一列电瓶车编组的调头。

6. 盾构调头的注意事项

(1)洞门混凝土凿除后,清理掉钢板上的渣土,确保盾构接收时前方没有障碍,也减小了盾体调头和平移时阻力。

(2)盾体前盾和中盾的支座一定要焊接牢固,支座底部要比油缸接触面大,支座底部保持水平。

(3)拆机前要将油管的油放尽,避免油外流影响拆机场地。

(4)利用电动液压油千斤顶将盾体顶升时,先利用前盾两侧的油缸进行顶升,中盾不动,待盾构机前盾支起后对前盾接收架下的空隙进行平垫,保持盾构机的稳定,撤除前盾两个油缸后,再利用中盾两侧油缸对盾构机进行顶升。

(5)盾构机主体在调头和顶进过程中,在托架两侧必须设专人进行观测与查看,当发现有异常情况时,立即停止液压泵站,待重新调整托架位置后继续进行调头和顶进。

(6)在千斤顶对盾构机主机的顶进过程中,要保持两台千斤顶的顶进速度均匀,速度不易过快,为保证盾构机始发架准确定位,利用千斤顶对始发架进行微调。

(7)如果千斤顶对盾构机的顶进速度较慢,可在钢板上涂上一层润滑油,减少盾构机在移动中的摩擦力。

(8)在对后配套台车进行轨道铺设时,由于工作井和站台有高差,需要利用工字钢或油桶内灌混凝土做支墩垫起搭桥进行过渡,且作为电瓶车从隧道进入车站的必经过道,所以必须对桥进行加固处理,以免长期行走引起变形造成电瓶车脱轨。

5.3 狭小空间密闭车站内盾构机解体技术

5.3.1 技术背景及分析

1. 技术背景

博物馆站~工人文化宫站区间沿国民街与中山路进行敷设,起讫里程 CK19+411.484~CK20+598.223,左线采用盾构法施工,区间总长 1 185.158 m;右线采用盾构法+矿山法进行施工,右线盾构区间长 815.136 m,矿山法区间长 361.7 m;博物馆站位于哈尔滨市中心商业区,且为哈尔滨地铁 1 号线与 2 号线的换乘站,1 号线博物馆站已开通运营,2 号线博物馆站与松雷商厦合建,且已建成营业,导致博物馆站形成封闭空间。15 号盾构左线由工人文化宫站始发,博物馆站到达接收,接收端头为既有 1 号线出入口,正上方附着建筑有 10 层砖混结构——汉庭酒店,盾构机无法吊出,盾构到达博物馆站后须解体并洞内运输至工人文化宫站吊出,重新组装二次始发右线。相较于传统弃壳方案,采用盾构洞内接收、解体技术,可达到盾壳、刀盘二次投入使用目的。

盾构机在设计制造时,将盾体和刀盘设计成装配式构造,其中刀盘由 5 块组成,前盾、中盾、尾盾均由 4 块组成,盾构分块设计参数列于表 5.3-1 中。盾体块与块之间采用高强螺栓连接,外表面进行焊接。盾构掘进到达接收井后,通过盾构井中板预留的吊装孔,在中板环框梁上方安装盾构拆解、吊运工字钢桁架式轨道梁及电动葫芦,并在车站底板上铺设临时轨道,电动葫芦逐块拆解部件,将拆解的部件运送上临时轨道,通过卷扬机牵引至指定位置存放。拆解时,先将刀盘推进到指定位置,拆除螺旋输送机置于平板车上,用电瓶车牵引平板车将其运送至洞外;用电动葫芦吊住待拆解的刀盘块件,并用氧气、乙炔进行切割,先拆上周边块,后拆中间块,再拆下周边块;刀盘拆解完成后,利用盾构顶推油缸顶推前盾至指定位置,拼装一环管片,拆除主驱动电机及减速机,将前盾与中盾分离,用氧气、乙炔切割原设计的焊缝,松开高强螺栓,依次拆除前盾 4 块;利用顶推油缸继续将中盾往前顶推至指定位置,拼装最后一环管片,并注浆封堵洞口,将中盾与尾盾分离,用氧焊切割原设计的焊缝,松开高强螺栓,依次拆除中盾 4 块;最后在尾盾内侧壁上焊接固定千斤顶,利用千斤顶将盾尾全部顶推出隧道,用氧气、乙炔切割原设计的焊缝,直至拆解完毕,用电瓶车将拆解下来的部件吊上平板车,逐块拖拉至始发井,并吊出洞外。拆解后配套设备时,首先断开后配套每节拖车之间的管线，然后利用电瓶车沿贯通区间拖运至盾构始发井并吊出洞外，最后施作隧道洞门环梁。

2. 技术参数

表 5.3-1　盾构分块设计参数表

名称	重量(t)	尺寸(长×宽×高，单位为 mm)	备注
刀盘	40	ϕ6 260×1 790	不含回转接头
边块 1	6.5	4 400×1 750×1 200	
边块 2	6.5	4 400×1 750×1 200	
边块 3	6.5	4 400×1 750×1 200	
边块 4	6.5	4 400×1 750×1 200	
中间块	14	ϕ3 800×1 800	
前盾	50	ϕ6 250×2 100	不含主驱动
分块 1	13.5	4 800×2 100×2 100	
分块 2	11.5	4 030×1 900×2 100	
分块 3	13.5	4 800×2 100×2 100	
分块 4	11.5	4 030×1 900×2 100	
中盾	95	ϕ6 240×2 850	含推进油缸
分块 1	13.5	2 390×1 020×2 580	
分块 2	28	5 010×2 070×2 580	
分块 3	25.5	4 600×1 820×2 580	
分块 4	28	5 010×2 070×2 580	
尾盾	31	ϕ6 230×3 380	
分块 1	6	3 410×600×3 380	
分块 2	8	4 500×960×3 380	
分块 3	9	5 100×1 320×3 380	
分块 4	8	4 500×960×3 380	
主驱动	25	ϕ3 230×985	拆除减速机及电机
人舱	6	1 800×2 600×1 600	
管片拼装机	13	ϕ3 980×2 300	
拼装机托梁	8	5 810×2 600×2 150	

3. 刀盘应力分析

(1)刀盘荷载及材料参数

基于地质资料进行了针对性设计的刀盘，开挖直径为 6 260 mm，刀盘大圆环外径为 6 210 mm。刀盘钢结构采用的材料为 Q345C，根据《低合金高强度结构钢》(GB/T 1591－2018)，材料的屈服极限为：

$\delta_s \geqslant 345$ MPa(钢板厚度 $t \leqslant 16$ mm)

$\delta_s \geqslant 335$ MPa(钢板厚度 $16 < t \leqslant 40$ mm)

$\delta_s \geqslant 325$ MPa(钢板厚度 $40 < t \leqslant 63$ mm)

$\delta_s \geqslant 315$ MPa(钢板厚度 $63 < t \leqslant 80$ mm)

$\delta_s \geqslant 305$ MPa(钢板厚度 $80 < t \leqslant 100$ mm)

根据《钢结构设计规范》(GB/T 50017—2017),对于按承载能力极限状态计算的钢结构,可变荷载的安全系数 $\gamma = 0.9 \times 1.4 = 1.26$。

钢结构的结构重要性系数 $\gamma_0 = 0.95$。

因此,对于不同厚度的钢板,其屈服强度许用应力值为:

$[\delta_s] \geqslant 288$ MPa(钢板厚度 $t \leqslant 16$ mm)

$[\delta_s] \geqslant 279$ MPa(钢板厚度 $16 < t \leqslant 40$ mm)

$[\delta_s] \geqslant 271$ MPa(钢板厚度 $40 < t \leqslant 63$ mm)

$[\delta_s] \geqslant 263$ MPa(钢板厚度 $63 < t \leqslant 80$ mm)

$[\delta_s] \geqslant 254$ MPa(钢板厚度 $80 < t \leqslant 100$ mm)

刀盘的三维有限元网格模型如图 5.3-1 所示。

图 5.3-1　刀盘三维有限元网格模型

(2)刀盘载荷施加

刀盘推力 $T = 39\ 914$ kN,刀盘扭矩 $M = 8\ 760$ kN·m。载荷施加如图 5.3-2 所示,刀盘上推力施加于面板及辐条上,同时刀盘外圈施加扭矩,法兰上施加约束。

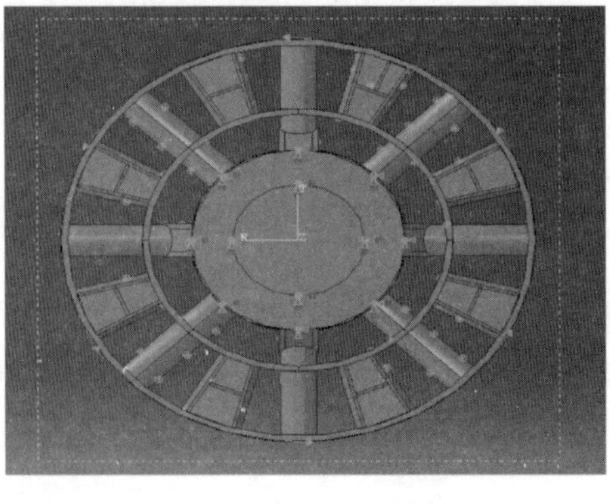

图 5.3-2　载荷示意图

(3)刀盘应力计算结果

计算得到的 Mises 应力分布如图 5.3-3 所示。计算得到刀盘变形如图 5.3-4 所示。

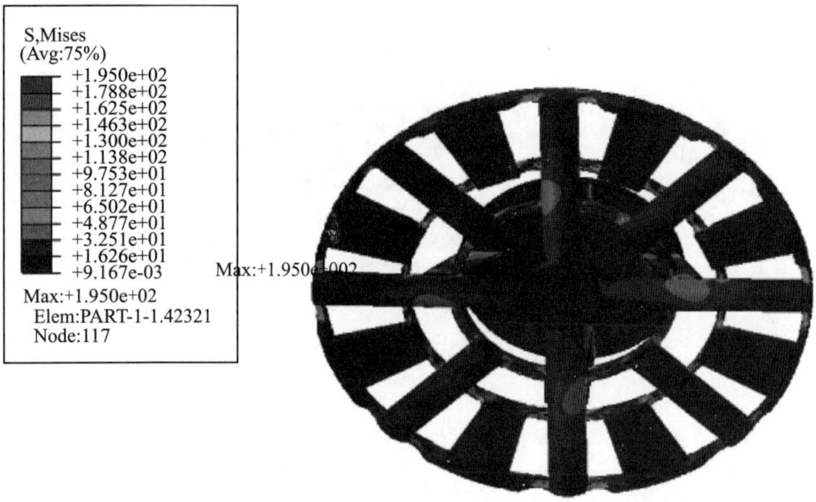

图 5.3-3　刀盘 Mises 应力分布(单位:MPa)

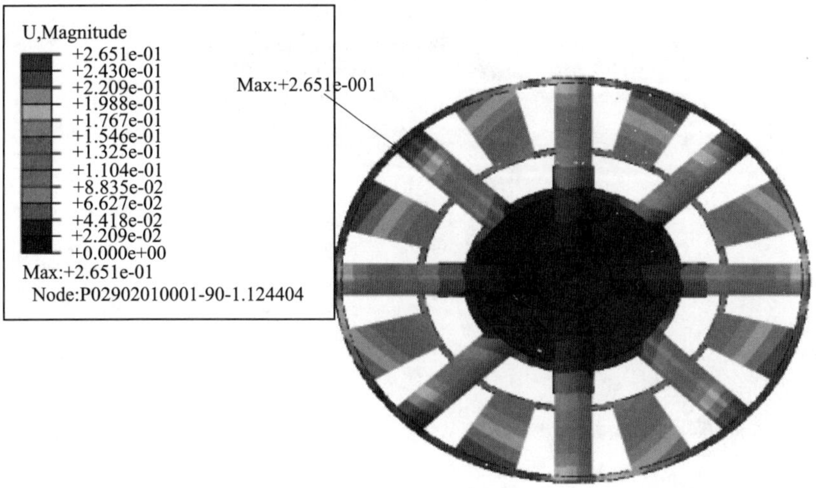

图 5.3-4　刀盘总变形场(单位:mm)

从上面分析结果得出刀盘最大应力 195 MPa,位置是弧形筋板与辐条焊接处。其屈服强度许用应力$[\delta_s]\geqslant$254 MPa,大于 195 MPa,刀盘结构强度满足设计要求。

5.3.2　拆机架设计及其内力分析

在拆解盾构机时,需在车站接收井吊装孔中板上假设安装拆机架,为保证安全,须对架进行强度和刚度验算。根据工况,利用 Patran/Nastran 对两种拆机架在 3 种工况下进行了有效元分析。

1. 计算荷载条件

葫芦最大承载力 20 t,吊梁材料为 I45b 型工字钢。拆机架材料特性参数取值为:弹性模量 $E=200$ GPa,泊松比 $\mu=0.3$,密度 $\rho=7\ 800$ kg/m^3。

2. 内力分析

架1的三维数值模型如图5.3-5所示。

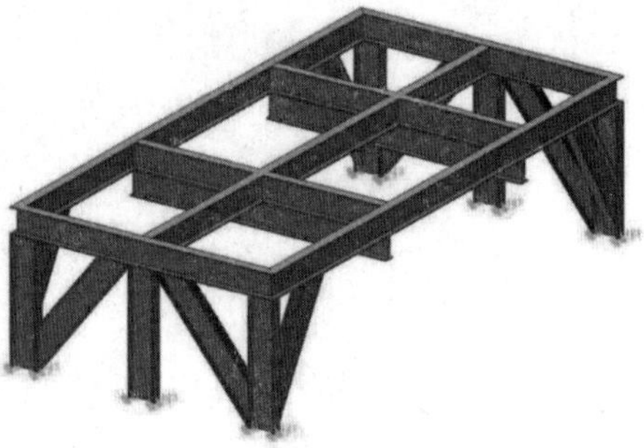

图5.3-5　架1的三维数值模型及约束

架1的有限元网格如图5.3-6所示,计算单元采用Tet4单元,节点数为1681362,单元数为6936258。

图5.3-6　架1的有限元网格

1)边缘加载条件验算

边缘加载时荷载如图5.3-7所示。

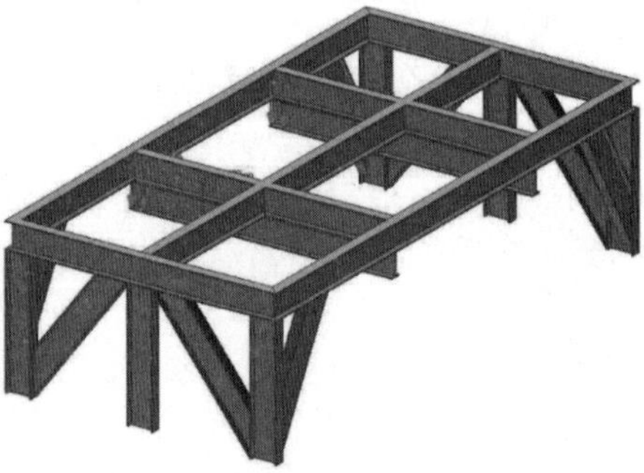

图5.3-7　架1边缘加载时载荷示意图

计算得到的Mises应力场及竖向位移场如图5.3-8和图5.3-9所示。

图5.3-8表明,拆机架支腿位置有4处应力集中区域,最大应力为297 MPa,可以忽略。其中超过应力170 MPa的区域仅为支腿最大值附近。图5.3-9表明,最大位移为5.81 mm,

最大位移出现于加载梁中间位置。基于计算结果，当架 1 边缘加载时，Q235 工字钢许用应力 175 MPa 大于 170 MPa，选用 I45b 型工字钢满足要求。

图 5.3-8　架 1 边缘加载时的 Mises 应力场(单位：MPa)

图 5.3-9　架 1 边缘加载时的位移场(单位：mm)

2)中部加载条件验算

边缘加载荷载如图 5.3-10 所示。计算得到的 Mises 应力场及竖向位移场如图 5.3-11 和图 5.3-12 所示。

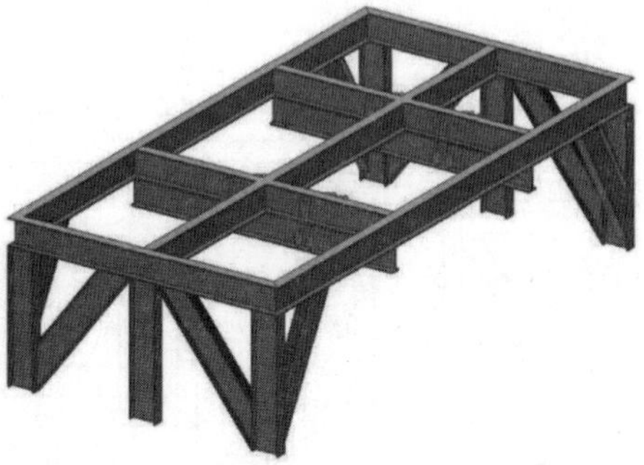

图 5.3-10　架 1 中部加载时载荷示意图

图 5.3-11 表明，拆机架支腿位置有 4 处应力集中区域，最大应力为 182 MPa，可以忽略。其中超过应力 60 MPa 的区域仅为支腿斜支撑附近。图 5.3-12 表明，最大位移为 3.82 mm，

最大位移出现在中间一跨梁的中间位置。

图 5.3-11　架 1 中部加载时 Mises 应力场(单位:MPa)

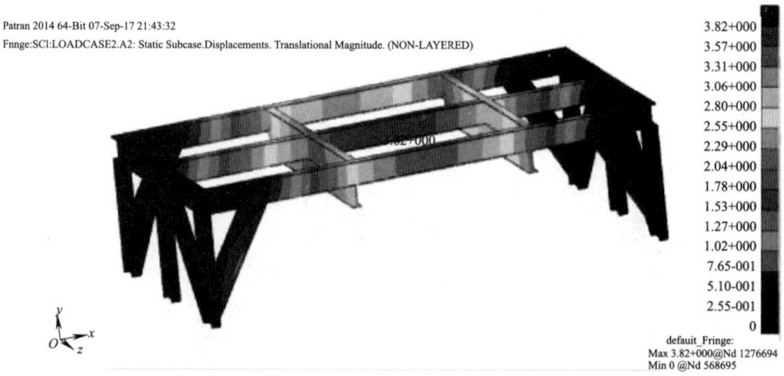

图 5.3-12　架 1 中部加载时位移场(单位:mm)

分析结果表明,当架 1 中部加载时,Q235 工字钢许用应力 175 MPa > 60 MPa,选用 I45b 型工字钢满足要求。

3. 架 2 承载力及变形验算

架 2 在接收端的布置如图 5.3-13 所示。

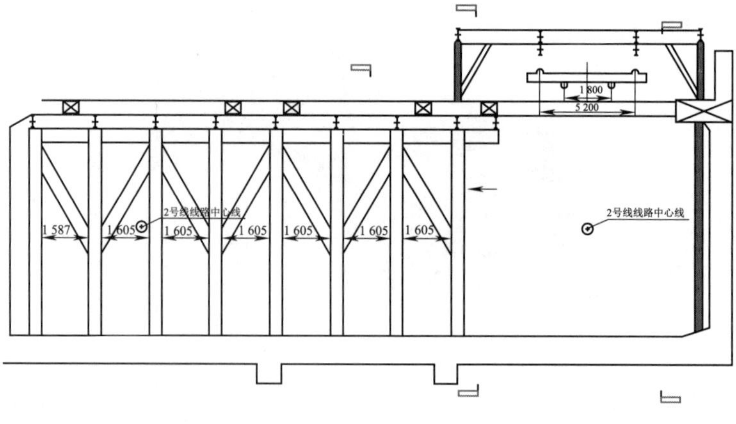

(a)立面图

图　5.3-13

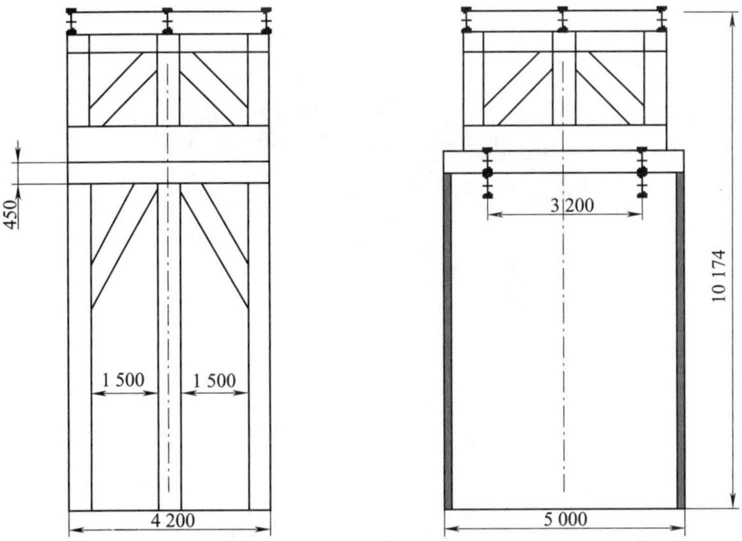

（b）侧面图

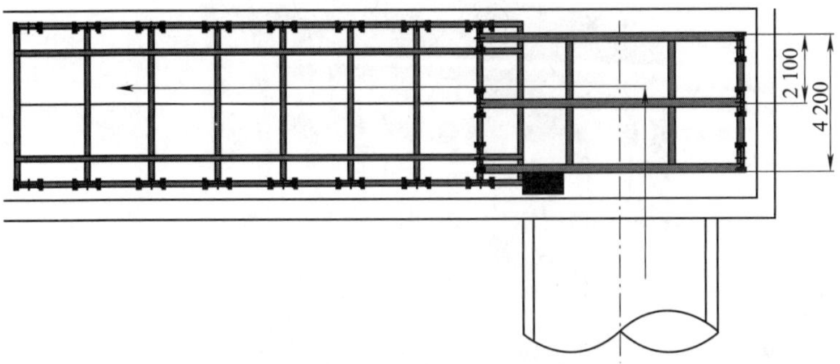

（c）平面图

图 5.3-13　架 2 在接收端的布置（单位：mm）

架 2 的三维数值模型如图 5.3-14 所示。

图 5.3-14　架 2 的三维数值模型及约束

架 2 的有限元网格如图 5.3-15 所示，计算单元采用 Tet10 单元，节点数为 7318152，单元数为 3866491。

图 5. 3-15　架 2 的有限元网格

架 2 加载图如图 5. 3-16 所示。

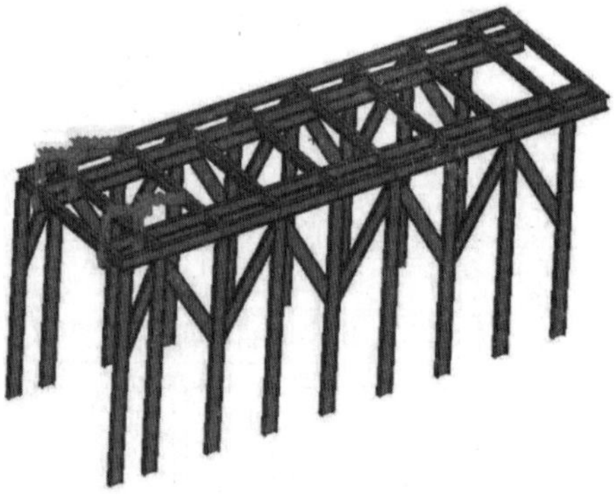

图 5. 3-16　架 2 加载时载荷示意图

计算得到的 Mises 应力场及竖向位移场如图 5. 3-17 和图 5. 3-18 所示。

图 5. 3-17　架 2 的 Mises 应力场(单位:MPa)

图 5. 3-17 表明,计算得到最大应力为 158 MPa,其中最大应力位置为拆机架葫芦施加工字梁根部处。图 5. 3-18 表明,最大位移为 4. 37 mm,最大位移出现在第一跨横梁的中间。计算结果表明,Q235 工字钢许用应力 175 MPa > 158 MPa,选用 I45b 型工字钢满足要求。

图 5. 3-18　架 2 的位移场(单位:mm)

5. 3. 3　狭小空间密闭车站内盾构机解体技术

1. 盾构机狭小空间解体施工工艺流程

盾构机狭小空间解体施工工艺流程如图 5. 3-19 所示。

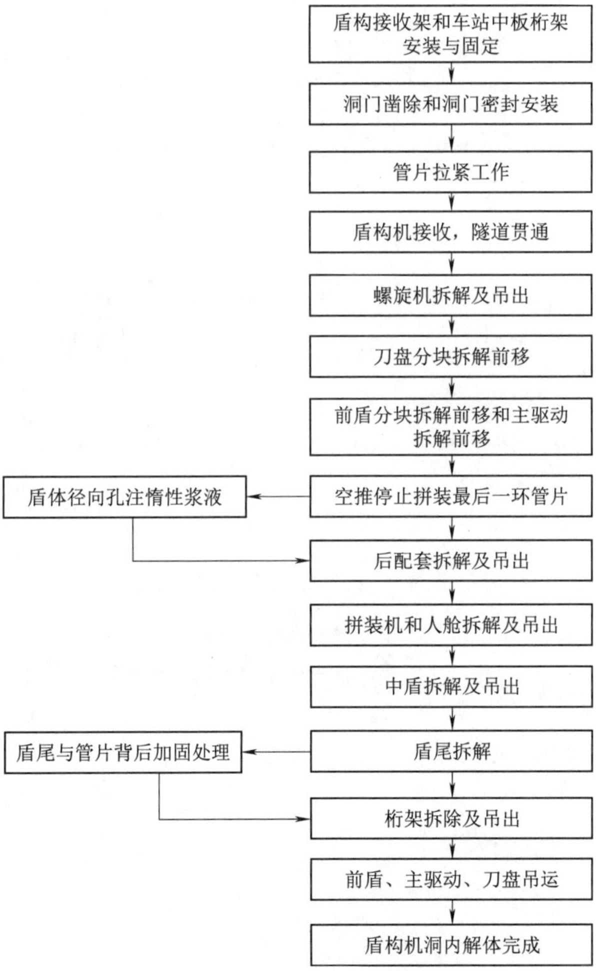

图 5. 3-19　盾构机狭小空间解体施工工艺流程图

2. 狭小空间盾构解体施工步骤

狭小空间盾构解体施工步骤列于表 5. 3-1 中。

表 5. 3-1　狭小空间盾构解体施工步骤

步骤 1： （1）在车站中板固定轨道梁，轨道梁采用 I45b 工字钢，电动葫芦 A、电动葫芦 B、电动葫芦 C、电动葫芦 D 均为 20 t。 （2）起吊高度为盾体上方 2. 5 m，电动葫芦与刀盘或盾体之间通过 20 t 卸扣连接。 （3）盾构机基面清理，盾构接收架安装及加固。 （4）洞门凿除后安装洞门密封和导轨。 （5）盾构机到达前 15 环管片采用[16b 槽钢在 3 点位和 9 点位位置拉紧并固定	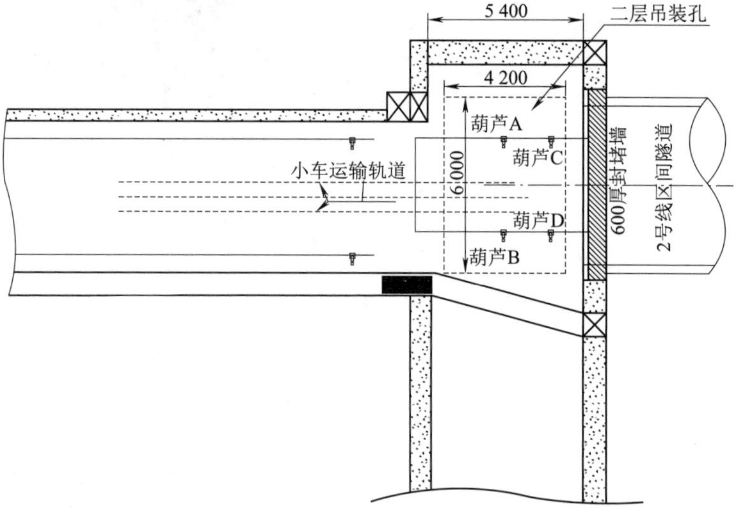
步骤 2： （1）破洞门后，继续掘进，待前盾出洞约 500 mm（前盾距离后端封堵墙台阶 500 mm）后，停止推进。 （2）将二级螺旋机和一级螺旋机下放至电瓶车上，运出洞外	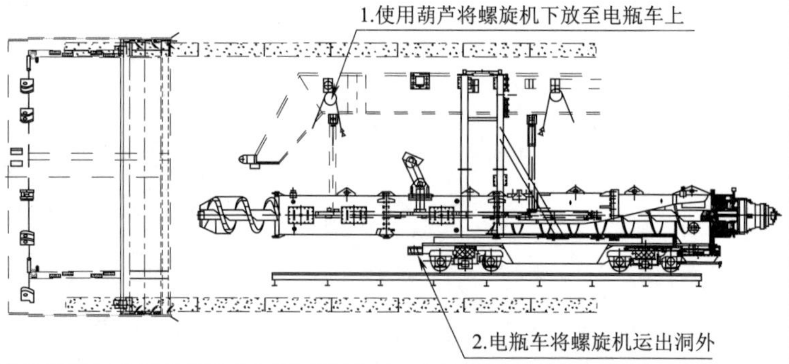
步骤 3： （1）刀盘固定并清洗。 （2）将刀盘按 4 + 1 形式进行分割。 （3）依次拆除边块 1、边块 2、中间块、边块 3 和边块 4 并储存到车站内部	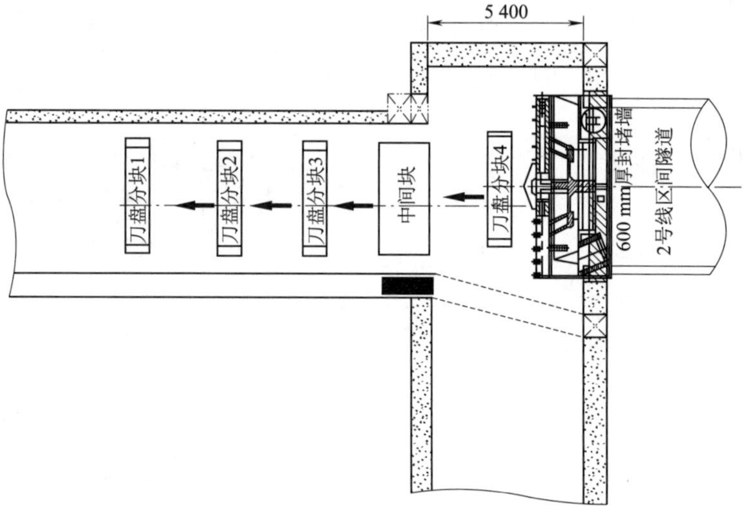

续上表

<table>
<tr>
<td>步骤 4：
(1)拆除部分轨道，通过推进油缸往前空推 1 环，即中盾距离后端封堵墙 100 mm，空推一环拼装一环管片，同时进行同步注浆作业。
(2)拆除主驱动电机、减速机并运送到洞外妥善存放。
(3)盾体前盾与中盾分离。
(4)依次拆除前盾边块 1、边块 2、边块 4 和边块 3 并储存到车站内部</td>
<td>前盾分块方案
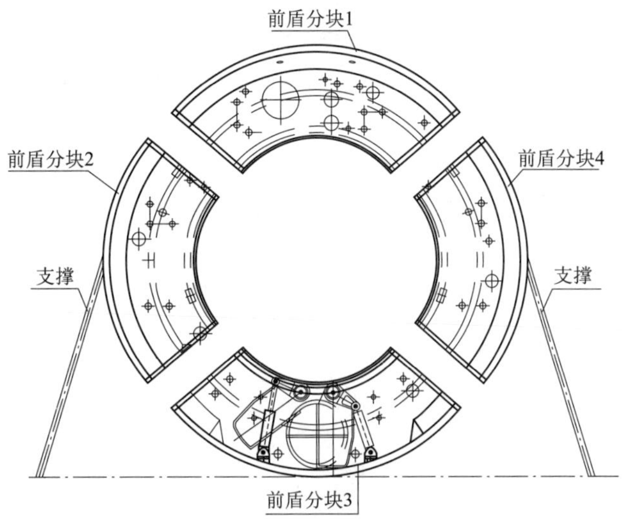
</td>
</tr>
<tr>
<td>步骤 5：
拆除连接桥及 1 ~ 6 号拖车顶部的皮带输送机、通风管、风机、风筒起吊架，用电瓶车牵引平板车将连接桥及 1 ~ 6 号后配套台车逐节驮运至始发井，并吊出至隧道外</td>
<td>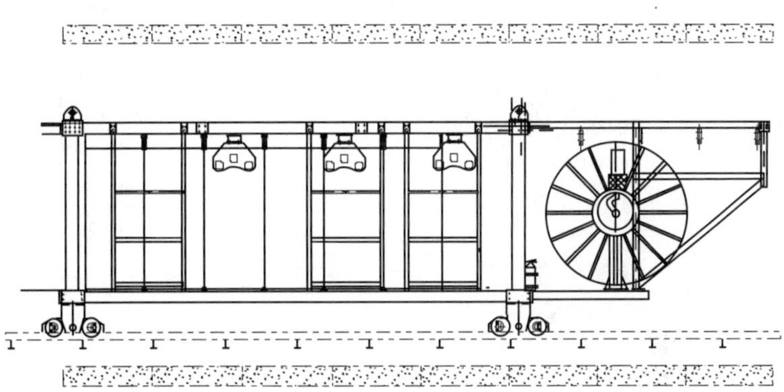</td>
</tr>
<tr>
<td>步骤 6：
(1)管片拼装机在拆机前须旋转 180°，使其抓取头在 12 点位置处，并将其固定；拆除工作平台、管路支架以及拼装机大吊耳；安装拆机支架并拆除管片拼装机；拼装机放置在平板车上运出洞外。
(2)将人舱起吊通过手拉葫芦起吊放置在平板车上运出洞外</td>
<td>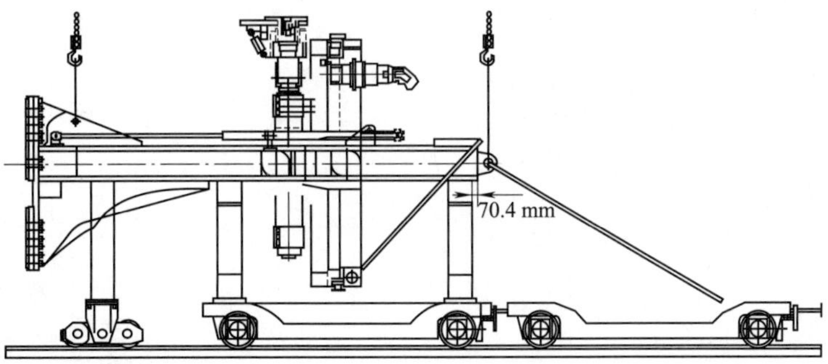
</td>
</tr>
</table>

续上表

<table>
<tr><td>步骤 7：
将电瓶车轨道铺至中盾前端，拆解中盾前需要做个中盾上边块（中盾分块 1）的钢支撑，将中盾上边块与左右相邻边块间螺栓拆除，拆运上边块，拆除上边块前需在中盾分块 2、4 外侧增加支撑，然后依次拆除其他中盾分块并放置在平板车上，用电瓶车牵引平板车运出洞外</td><td>中盾分块方案
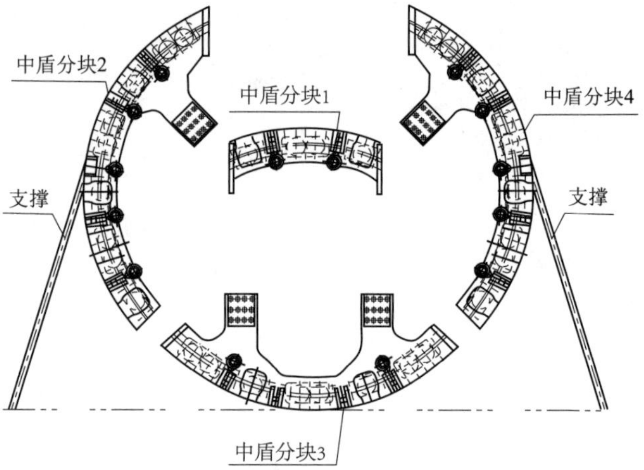
</td></tr>
<tr><td>步骤 8：
刀盘、主驱动、前盾分块通过卷扬机移至临时铺设的轨道上存放，待中盾拆解完成后，通过葫芦转运至电瓶车牵引的平板车上运输出洞外</td><td>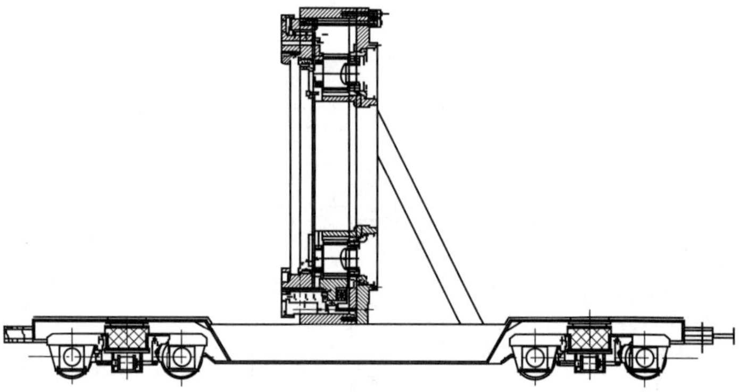</td></tr>
<tr><td>步骤 9：
中盾拆解完成后，盾尾尚留 1 480 mm 在隧道内，在尾盾内侧壁上焊接固定千斤顶，利用千斤顶将盾尾全部顶推出隧道，用氧焊切割原设计的焊缝，直至拆解完毕，用电瓶车将拆解下来的部件吊上平板车，逐块拖拉至始发井，并吊出洞外</td><td>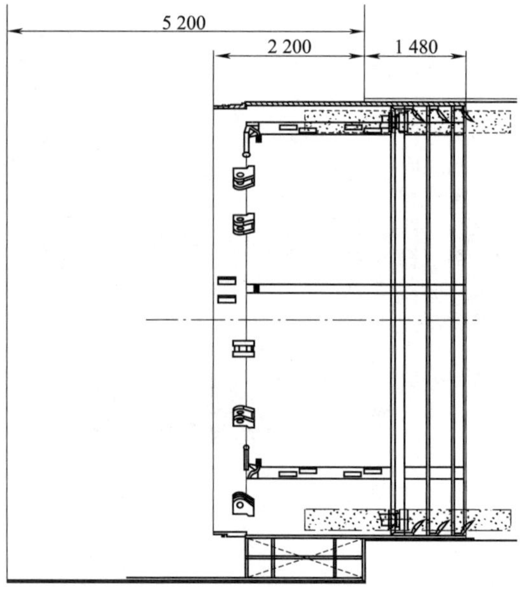
</td></tr>
</table>

3. 狭小空间盾构解体施工准备

(1)对盾构解体工装(桁架)进行有限元受力验算和对车站接收井中板进行受力验算及盾构尺寸进行复核。

(2)对现场管理人员与施工作业人员进行安全技术交底,同时对每道施工工序及操作要点进行安全培训,明确各工序的控制要点和注意事项。

(3)对中板上所安装的固定轨道梁使用探伤仪进行探伤试验。

(4)盾构接收井清理后安装接收架,打设水平探孔后凿除洞门最后安装门密封和铺设临时轨道。

(5)盾构机到达前 15 环管片采用[16b 槽钢在 3 点位和 9 点位位置拉紧并固定。

(6)做好地表管线和临近建筑物加密监测监测点的埋设并采集原始数据。

(7)隧道内和接收井内储备足够的应急物资和相应的小型机具。

(8)检查各种吊具、钢丝绳、导链的安全安全性能。

4. 双螺旋输送机拆解

(1)破洞门后,继续掘进,待前盾出洞约 500 mm(前盾距离后端封堵墙台阶 500 mm)后,停止推进,盾构出洞位置如图 5.3-20 所示。

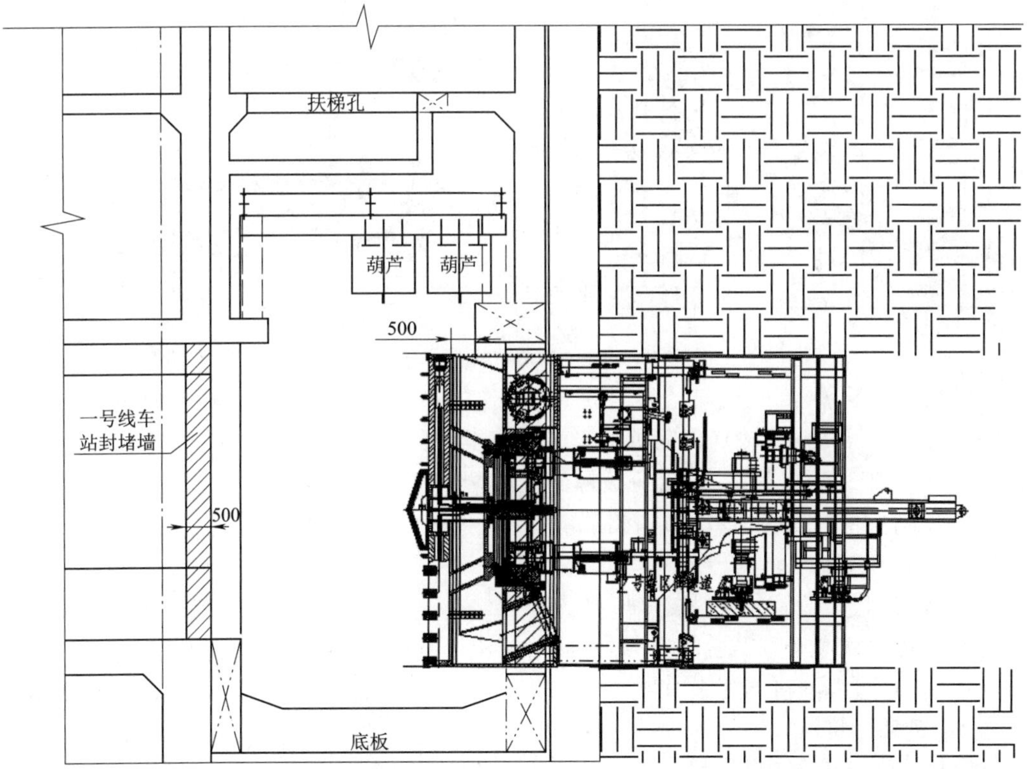

图 5.3-20　盾构出洞位置示意图(单位:mm)

(2)使用葫芦将二级螺旋机固定。

(3)拆除连接桥上皮带机架子,拆除二级螺旋机上锁具螺旋扣及一级螺旋之间的连接螺栓,双螺旋示意图如图 5. 3-21 所示。

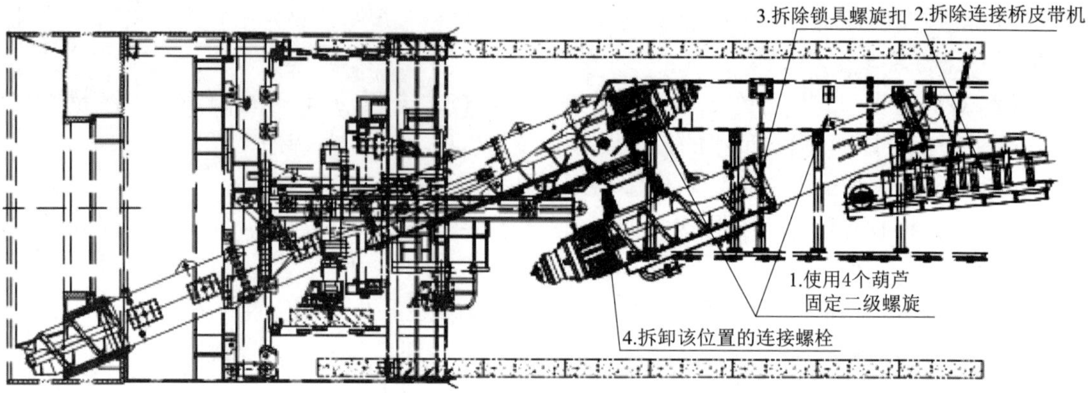

图 5. 3-21　双螺旋输送机示意图

(4)将二级螺旋机下放至电瓶车上,运出洞外,双螺旋机拆卸示意图如图 5. 3-22 所示。

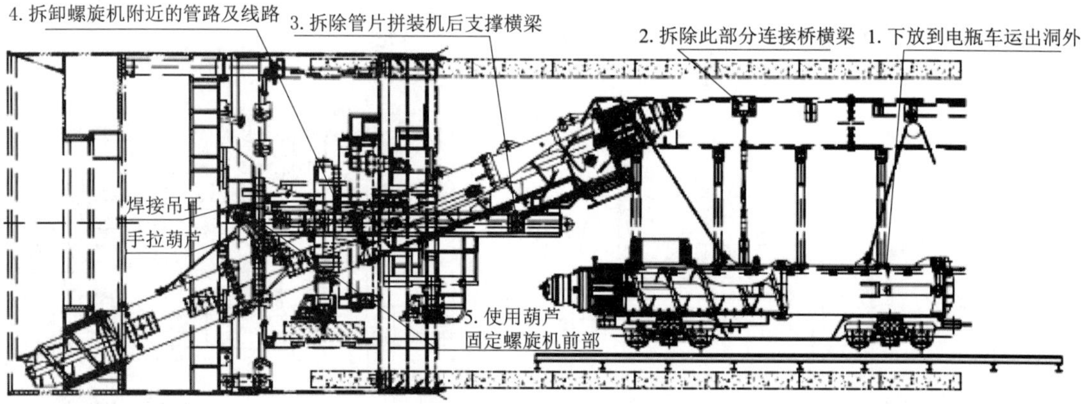

图 5. 3-22　双螺旋机拆卸示意图

(5)拆除连接桥上干涉横梁,拆除拼装机支撑横梁,拆除螺旋输送机驱动液压管路、泡沫膨润土管路,拆卸螺旋输送机附近的干涉管路及线路。

(6)在 H 架上焊接吊耳,固定一级螺旋机前端。

(7)新制拆机门架,并将拆机门架下部焊接至电瓶车上,将门架上部通过葫芦固定螺旋机后部。

(8)拆卸固定装置上的连接销轴。

(9)通过电瓶车及葫芦的配合,缓慢抽出螺旋机,可通过拼装机进行辅助吊运。

(10)将一级螺旋机下放至电瓶车上,运出洞外,一级螺旋拆卸示意图如图 5. 3-23 所示。

5. 刀盘分块拆解

破洞门后,盾构机到达接收井,由于刀盘拆解后需要原地返回,为了便于刀盘拆解和运输,刀盘设计为“4 + 1”分块形式,刀盘分块如图 5. 3-24 所示。

刀盘具体拆解流程如图 5. 3-25 所示。

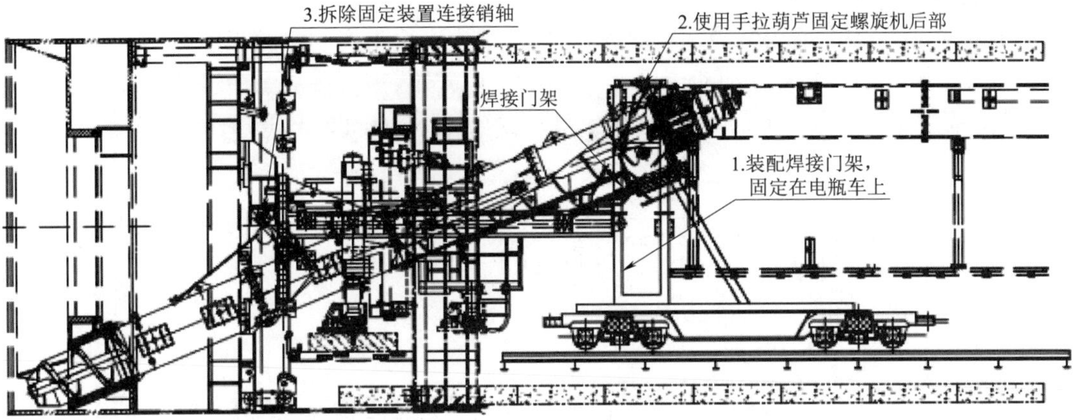

图 5.3-23　一级螺旋拆卸示意图

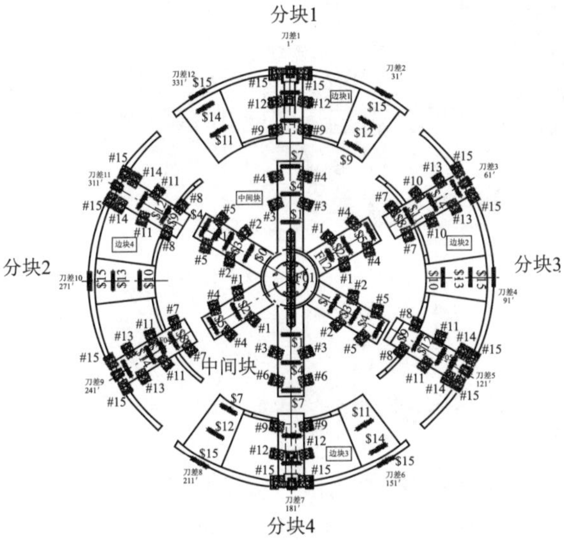

图 5.3-24　刀盘分块图

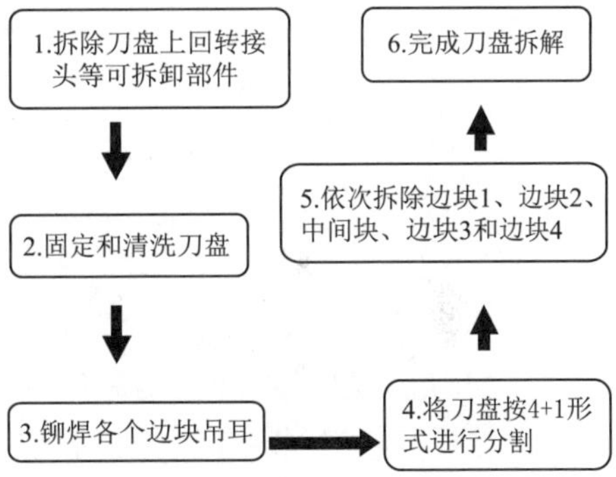

图 5.3-25　刀盘拆解顺序图

刀盘拆解具体步骤如下：

(1)拆解刀盘之前，用专用工具拆除刀盘上回转接头及相关管路等需要拆卸的零部件，拆除之后对裸露管路以及接触面进行保护。泡沫喷嘴、磨损检测器、超挖油缸等零部件可不拆除，需做保护。

(2)拆解刀盘之前需将前移轨道延伸至刀盘前端，在轨道上铺设放置台(型钢拼焊而成)。

(3)刀盘旋转至边块 1 与边块 4，边块 2 与边块 3 对称位置，用槽钢或工字钢固定刀盘，固定位置在边块 2 和边块 3 上，用高压清洗机清洗刀盘，除去刀盘表面岩渣等残留物。

(4)刨除各个边块刀盘吊装吊耳位置耐磨板，铆焊各个边块以及中间块的吊装吊耳，吊耳焊后需要保温，缓慢冷却 12 h，才能起吊。

(5)用电动葫芦 A 和电动葫芦 B 同时吊住边块 1。然后用气刨按边块 1 分块线分割出边块 1,刨除过程中严格控制边块 1 的吊装位置,禁止边块 1 在刨除过程中晃动。边块 1 刨除之后,用电动葫芦 A 和电动葫芦 B 吊运边块 1 至放置台上,接着用夹轨器将放置台拉直车站前端暂存,完成边块 1 的拆解。刀盘分块拆解示意图如图 5.3-26 所示。

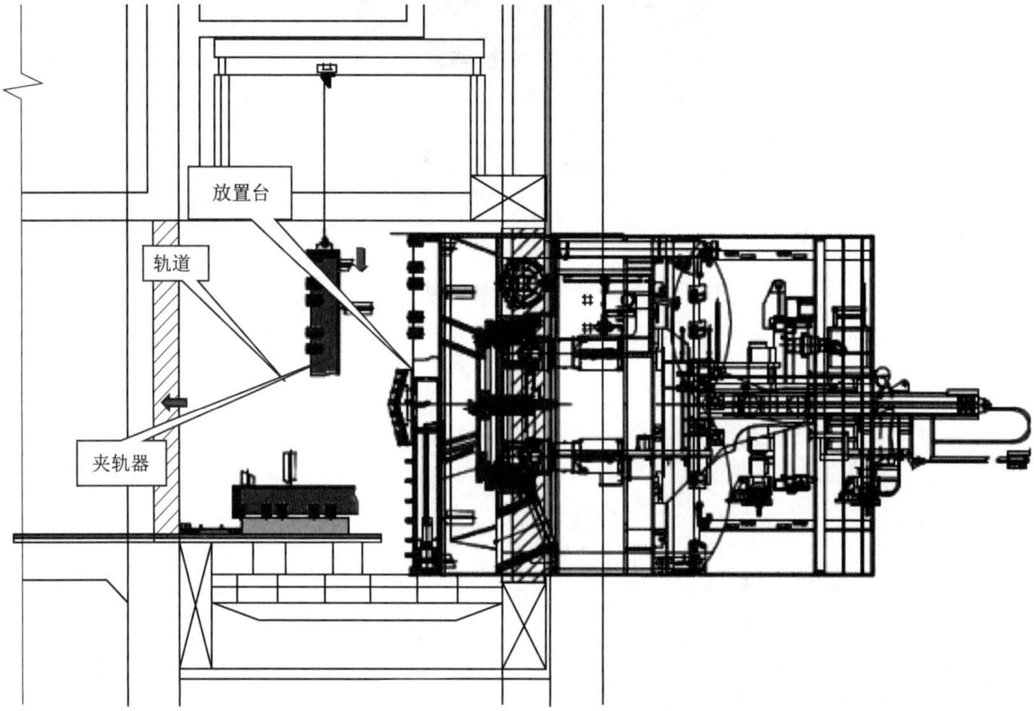

图 5.3-26　刀盘分块拆解示意图

(6)按步骤(5)的内容,拆解刀盘边块 2。

(7)用电动葫芦 A 和电动葫芦 B 同时吊住中间块,接着用液压扳手拆除主驱动与刀盘的连接螺栓,拆除过程中,严格控制中间块的吊装稳定性,禁止中间块晃动。螺栓拆除之后,用气刨按中间块分块线,分割出中间块,接着用电动葫芦 A 和电动葫芦 B 吊下中间块,然后用电动葫芦 E 和电动葫芦 F 前移至车站前端暂存,完成中间块的拆解。

(8)按步骤(5)的内容,依次拆解边块 3 和边块 4,刀盘拆解完成。

(9)整理现场工具和材料,完成刀盘拆除工作,继续进行下一部件的拆解。

6. 前盾分块拆解和主驱动拆解

(1)拆除部分轨道,通过推进油缸往前空推 1 环,即中盾距离后端封堵墙 100 mm,空推一环拼装一环管片,同时进行同步注浆作业,前盾推出位置示意图如图 5.3-28 所示。

(2)将主驱动齿轮油、减速机齿轮油、减速机冷却水、电机冷却水排放干净。

(3)拆除主驱动电缆、油脂润滑管路、冷却水管路等各连接管线。

(4)依次拆除主驱动电机、减速机并运送到车站前端妥善存放;注意在拆除电机、减速机的时候注意各连接端口清洁,并用盖板封好,防止杂物进入。

(5)拆解人舱与前盾连接螺栓,并将人舱固定在中盾上。

图 5. 3-27　刀盘分块拆解完成示意图

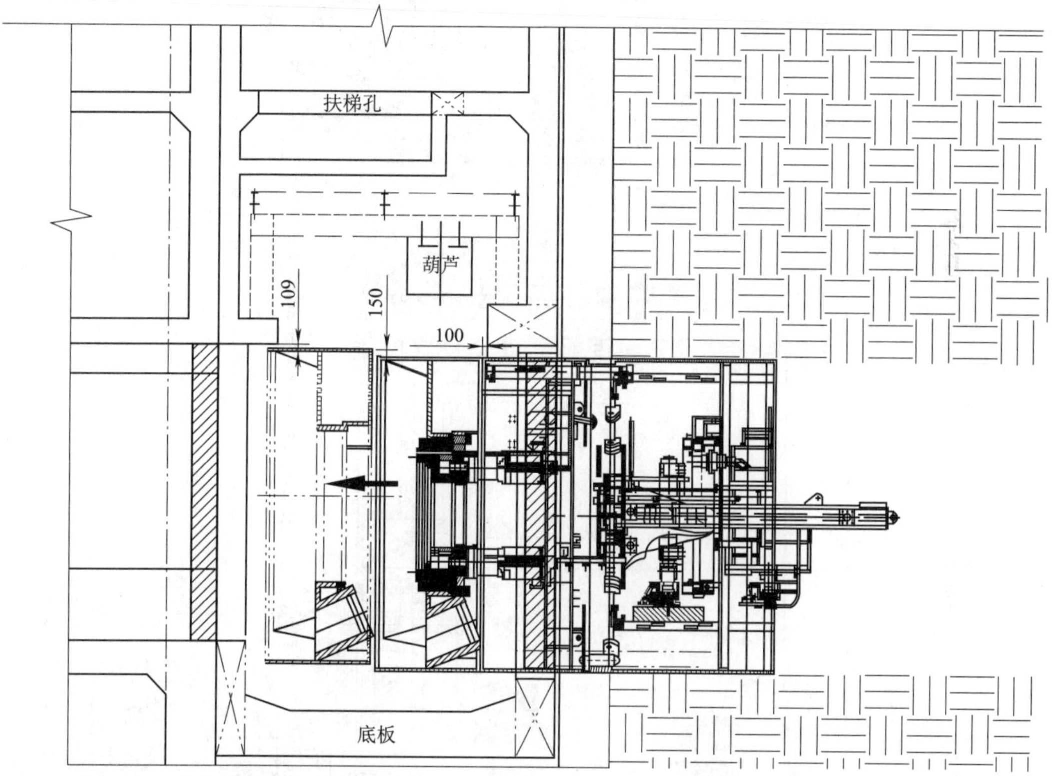

图 5. 3-28　前盾推出位置示意图(单位:mm)

(6)拆解前盾与中盾连接螺栓,并使用 4 个 100 t 千斤顶使前中盾分离。

(7)使用电动葫芦 A 和 B 拆除前盾分块 1 并向掘进方向移动,拆解前盾分块 1 前需在前盾分块 2、3 外侧增加支撑,用电动葫芦 A 和电动葫芦 B 吊运前盾分块 1 至放置台上,接着用夹轨器将放置台拉至车站前端暂存,完成前盾分块 1 的拆解,前盾分块拆解示意图如图 5. 3-29所示。

(8)同一方法使用电动葫芦拆解前盾分块 2、前盾分块 4 并进行平移。

(9)使用电动葫芦 A 和 B 拆解主驱动和前盾分块 3 并进行平移,前盾分块拆解示意图如图 5. 3-30 所示。拆解后如图 5. 3-31 所示。

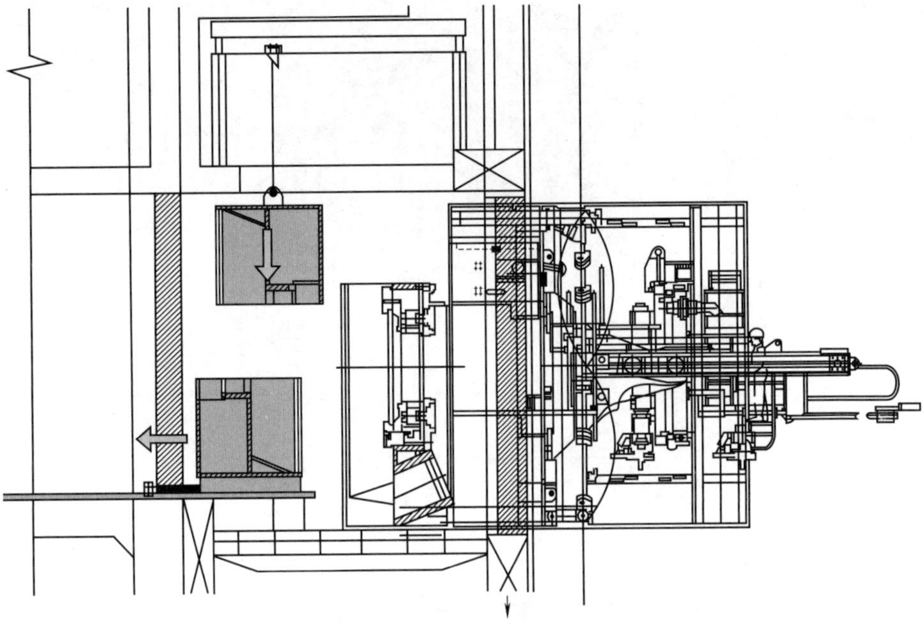

图 5.3-29　前盾分块拆解示意图

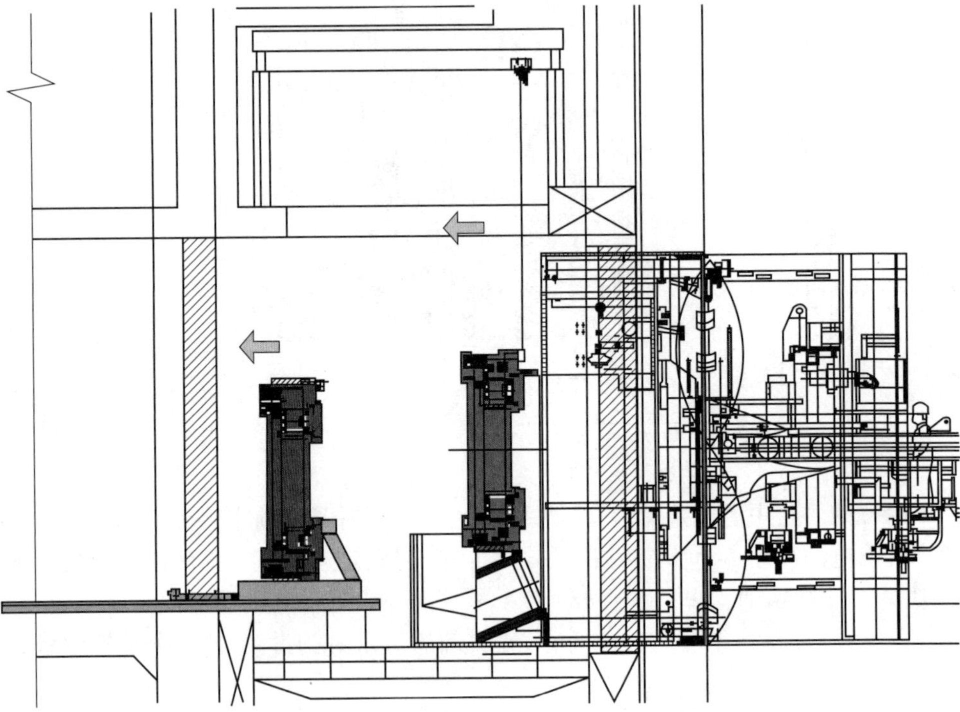

(a) 前盾分块3方案

图　5.3-30

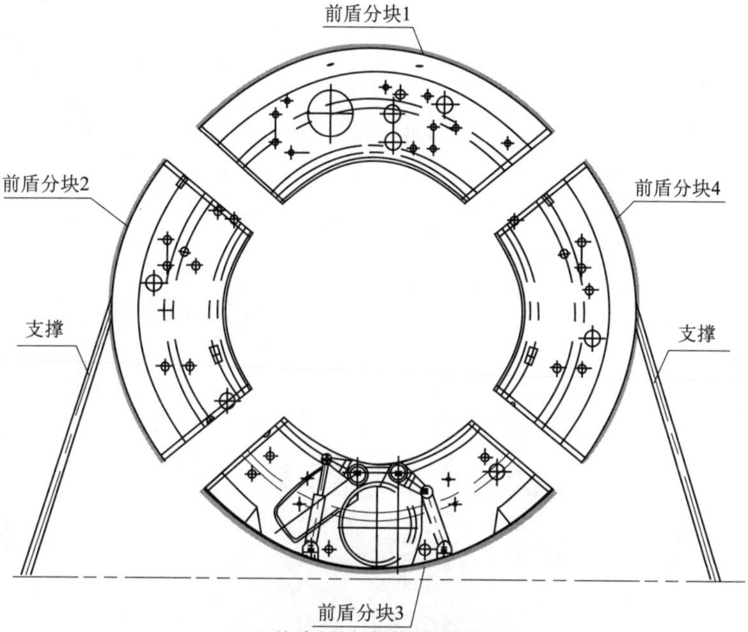

（b）前盾分块拆解截面示意图

图 5.3-30　前盾分块拆解示意图(二)

图 5.3-31　前盾分块拆解实物

7. 空推停止

通过推进油缸往前空推 2 环，即中盾距离后端封堵墙 3 000 mm，此时为盾构机最终停止推进状态，空推一环拼装一环管片，同时进行同步注浆作业。中盾推出位置示意图如图 5.3-32所示。

8. 后配套拆解

(1)拆除连接桥及 1 ~6 号拖车顶部的皮带输送机、通风管、风机、风筒起吊架并通过电瓶车驮运至始发井吊出洞外。

(2)拆除连接桥及 1 ~6 号拖车拉杆、连接销，拆除各拖车之间水、气、液压等管路，并对接头做好保护措施。

(3)电瓶车将平板车送至 6 号拖车框架中间位置，用 4 个 20 t 千斤顶将拖车顶起，将 H 型钢放到平板车合适位置上，缓缓卸下千斤顶，将拖车平稳地降置于平板车上，电瓶车牵引平板车驮运6号拖车至始发井并吊出洞外，后配套拖车拆解示意图如图5.3-33所示。

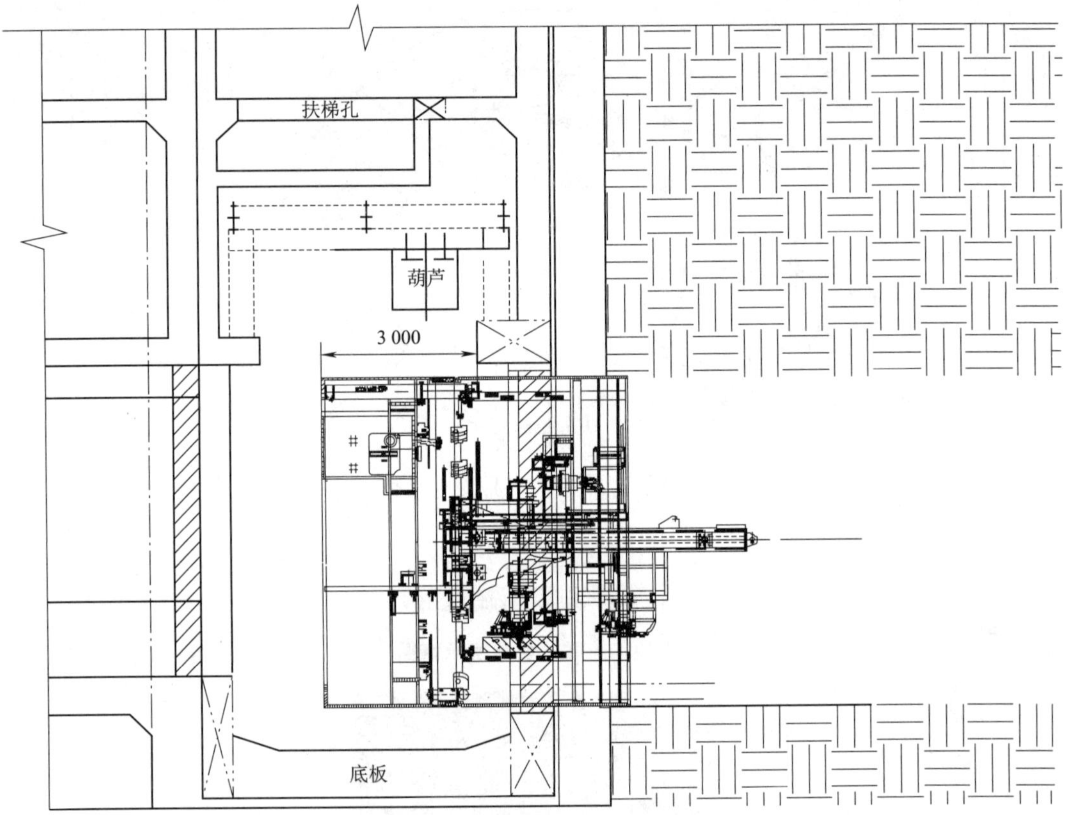

图5.3-32　中盾推出位置示意图(单位:mm)

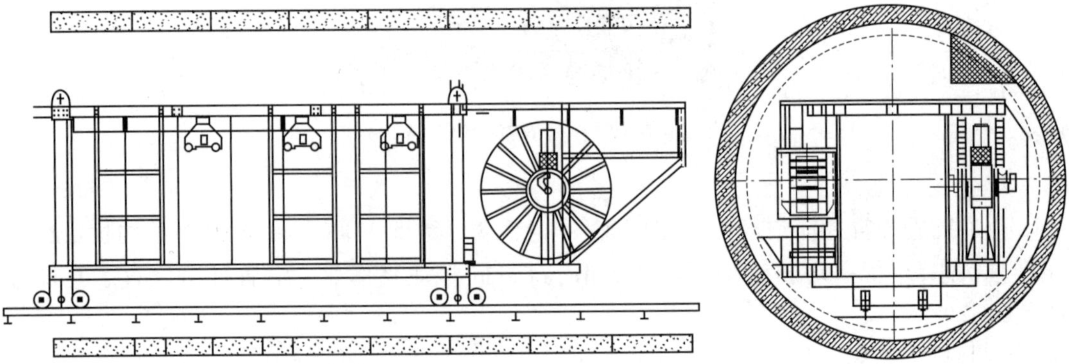

图5.3-33　后配套拖车拆解示意图

(4)按照上述方法依次将5号拖车、4号拖车、3号拖车、2号拖车、1号拖车拖运至隧道外。可根据电瓶车编组、运载能力及各后配套拖车重量，合理安排每次运输拖车的数量。

(5)拆除连接桥和主机之间的所有管线固定，拆下连接桥与拼装机连接的拖拉油缸销轴。

(6)安装连接桥固定工艺装备。

9. 管片拼装机和人舱拆解

1)管片拼装机拆解

(1)管片拼装机在拆机前须旋转 180°,使其抓取头在 12 点位置处,并将其固定,如图 5.3-34所示。

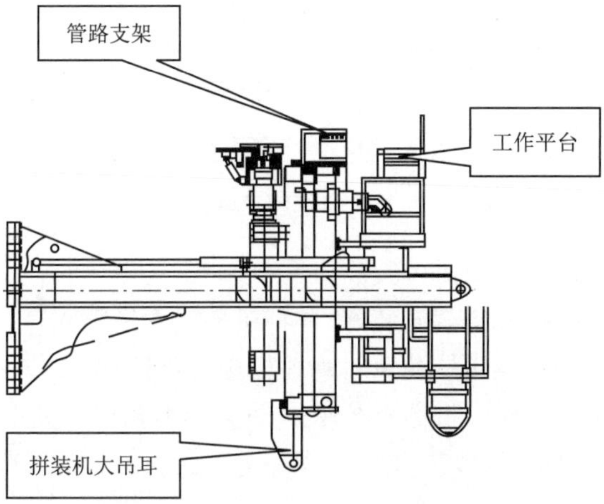

图 5.3-34 管片拼装机拆解示意图一

(2)拆除工作平台、管路支架(包括内部拖链油管等)以及拼装机大吊耳,如图 5.3-35所示。

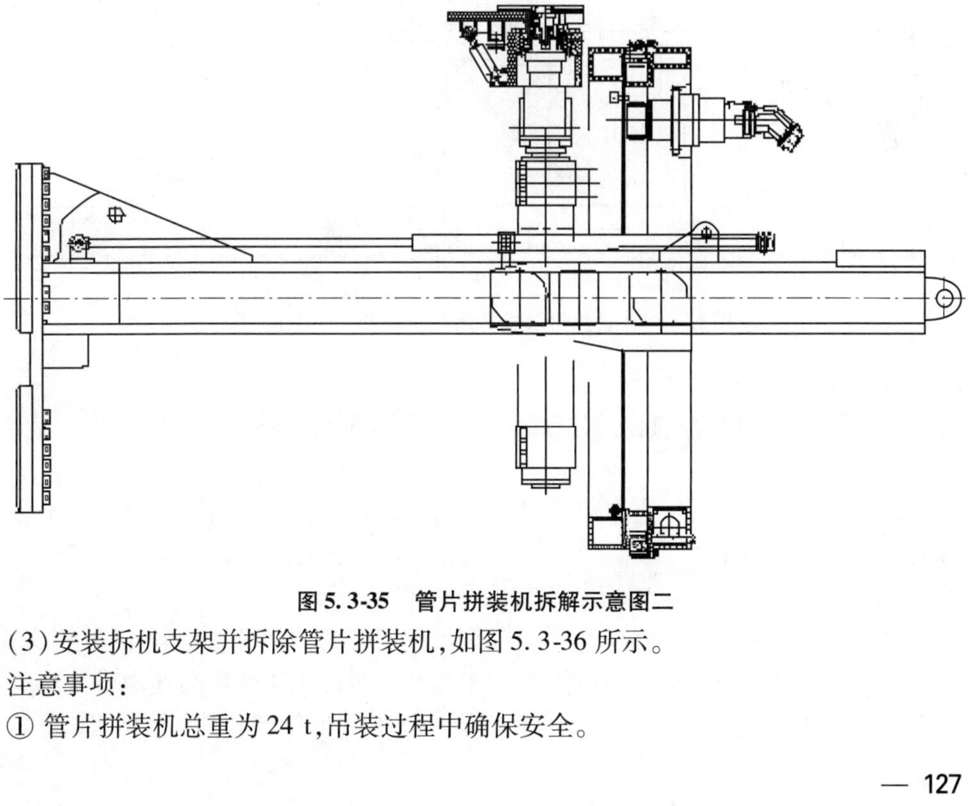

图 5.3-35 管片拼装机拆解示意图二

(3)安装拆机支架并拆除管片拼装机,如图 5.3-36 所示。

注意事项:

① 管片拼装机总重为 24 t,吊装过程中确保安全。

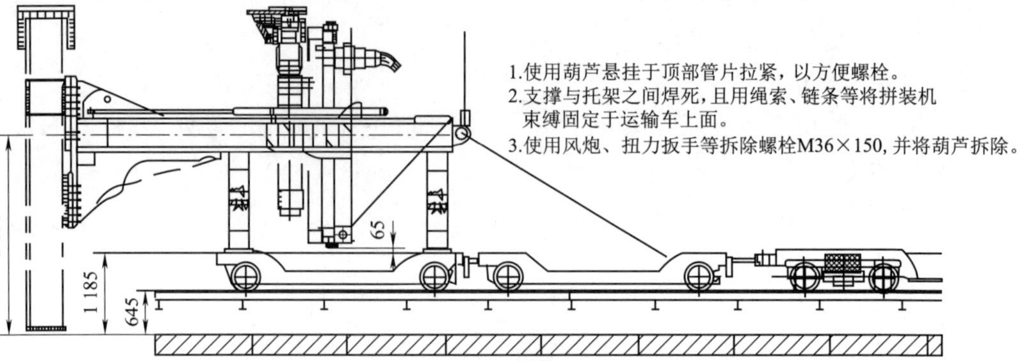

图 5.3-36 管片拼装机拆解示意图三(单位:mm)

② 拆除前须将轨道铺设至所需位置。

③ 拆除前须将管片机拆机支架安装好,并将拼装机固定牢固。

④ 拆除前须在管片上悬挂手拉葫芦对管片机进行预拉紧,以方便拆除螺栓。

(4)拆除螺栓及预拉紧葫芦,用电瓶车牵引平板车运输管片拼装机至始发井并吊出洞外,如图 5.3-37 所示。

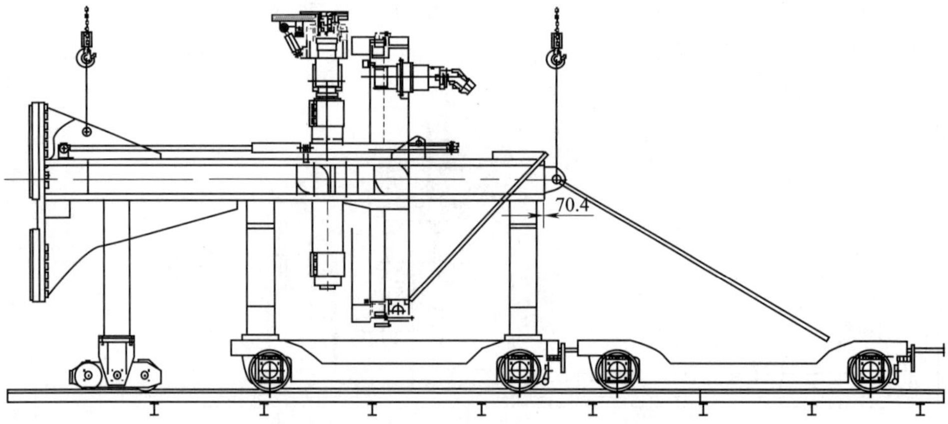

图 5.3-37 管片拼装机拆解示意图四(单位:mm)

2)人舱拆解

将人舱起吊通过手拉葫芦起吊放置在平板车上运出洞外。

10. 中盾拆解

(1)拆除中盾内楼梯平台(需在中盾内增加临时吊点),拆除平台时注意保护平台上的各电气液压元器件,以防损伤。

(2)拆除 H 架并运输,拆除时需在 H 架上增加吊耳。

(3)将轨道铺至中盾前端,拆解中盾前需要做个中盾上边块(中盾分块 1)的钢支撑,将中盾上边块与左右相邻边块间螺栓拆除,拆运上边块。拆除上边块前需在中盾分块 2、4 外侧增加支撑,然后依次拆除 2、4、3 号等其他中盾分块,并用电瓶车牵引平板车拖拉至始发井吊出洞外。中盾分块示意图如图 5. 3-38 所示。

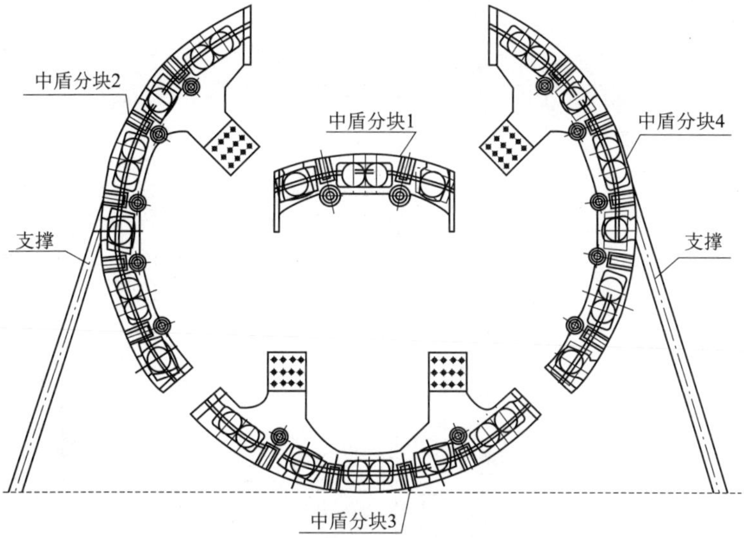

图 5. 3-38　中盾分块示意图

11. 前盾、主驱动及刀盘吊运

(1)将前盾分块通过夹轨器移至吊装井口,通过葫芦转运至平板车上,电瓶车牵引平板车逐块驮运至始发井,并吊出洞外。前盾分块吊上平板车示意图如图 5. 3-39 所示。

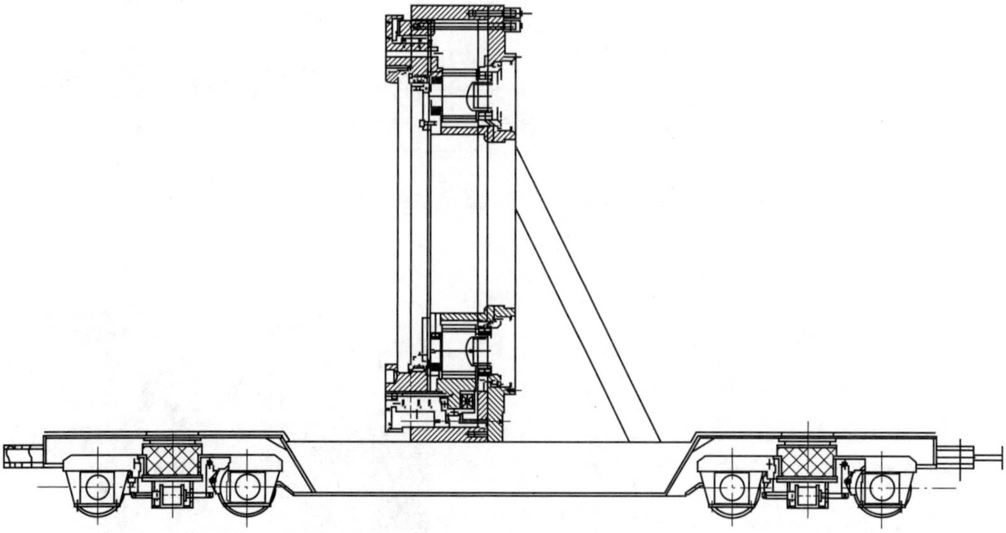

图 5. 3-39　主驱动支撑稳固示意图

(2)同样方法将主驱动吊上平板车,并用工字钢支撑稳固牢靠,电瓶车牵引平板车逐块驮运至始发井,并吊出洞外。主驱动支撑稳固示意图如图 5. 3-40 所示。

(3)同样方法将刀盘分块吊上平板车,电瓶车牵引平板车逐块驮运至始发井,并吊出洞外。

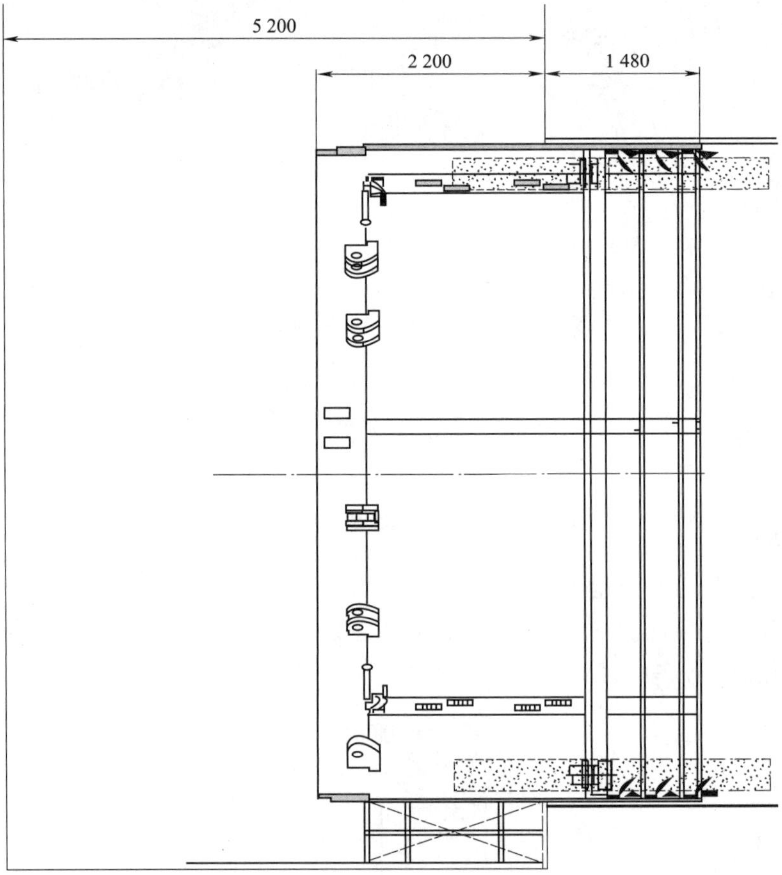

图 5.3-40　盾尾脱出前位置示意图(单位:mm)

12. 盾尾拆解

中盾拆解完成后,盾尾尚留 1 480 mm 在隧道内,在盾尾顶部外侧焊接千斤顶支座,并安装 1 台 250 t 千斤顶,在尾盾内侧壁上安装 1 台 360 t 千斤顶,利用千斤顶脱困的方法同步顶推盾尾,直至将盾尾全部顶推出隧道,一边顶一边注浆,及时回填建筑空隙。盾尾全部脱出后,用氧焊切割原设计的焊缝,直至拆解完毕,用电瓶车将拆解下来的部件吊上平板车,逐块拖拉至始发井,并吊出洞外。盾尾脱出前位置示意图如图 5.3-41 所示。

图 5.3-41　盾尾顶推脱出

5.4　暗挖车站内盾构机侧向平移吊出技术

5.4.1　技术背景与原理

1. 技术背景

在繁华的城市中修建地铁，其施工条件受环境影响越来越大，盾构施工方法因其高效快速、经济、安全的特点，广泛应用于区间隧道施工。但盾构机始发与接收场地必须能够满足盾构机下井和吊出条件。因受城区场地条件如车站周边环境及地下管线影响，有时难以设计为明挖车站，影响盾构机吊出。依托哈尔滨地铁 2 号线省政府暗挖车站项目，开展暗挖车站内盾构机横移吊出技术研究。

省政府站设计为暗挖双层岛式车站，采用暗挖洞桩法施工，车站西北侧接工人文化宫站～省政府站区间；车站东南侧接省政府站～衡山路站区间，相邻两区间原设计均采用矿山法施工。通过研究盾构侧向横移吊出技术解决了盾构无垂直吊出条件的施工难题，将相邻两端区间的施工工法改为盾构法施工，大大提高了地铁区间机械化施工程度。

2. 技术原理

在暗挖车站外挂风道底板工作面上事先整体铺设钢板，在钢板上安装接收托架，盾构机上接收托架后将盾体与托架进行焊接牢固，使托架与盾体形成一个整体。接收托架采用分节设计，托架分节长度与刀盘和前盾、中盾、盾尾长度基本一致，以便于分节转体、横移。在钢板上焊接千斤顶反力支座，利用两台液压千斤顶顶推托架侧向平移，到达指定位置后，再利用两台千斤顶分别在两侧端头施加一对力偶同步顶推托架旋转 90°，然后再将两千斤顶移至同侧，同步顶推托架使分节盾体进入风道竖井内，最后利用大吨位吊车将盾体逐节吊出暗挖车站。

5.4.2　暗挖车站内盾构机横移吊出工艺

1. 暗挖车站内盾构机横移吊出工艺流程

盾构机侧向平移吊出施工工艺流程如图 5.4-1 所示。

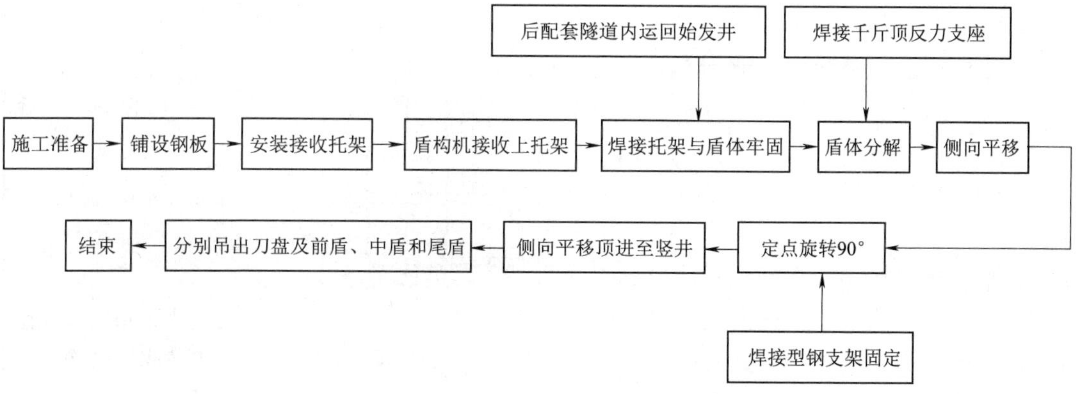

图 5.4-1　盾构机侧向平移吊出施工工艺流程图

2. 盾构机侧向平移吊装施工步骤

盾构机侧向平移吊装施工步骤图解于表 5. 4-1 中。

表 5. 4-1　盾构机侧向平移吊装施工步骤(单位:mm)

<table>
<tr><th>步骤示意图</th><th>说明</th></tr>
<tr><td>
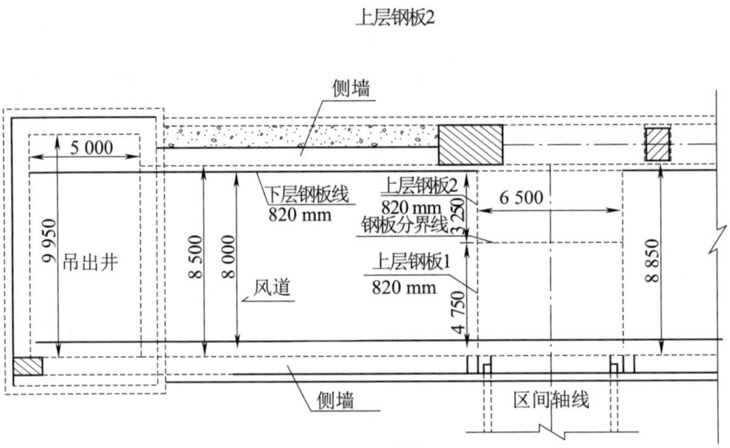

步骤 1:钢板铺设
</td><td>接收井底板与平移通道需拼接平铺 20 mm 厚钢板,从 2 号风道井口铺起,钢板两个边距侧墙距离都是 25 cm,在钢板上安装接收托架</td></tr>
<tr><td>
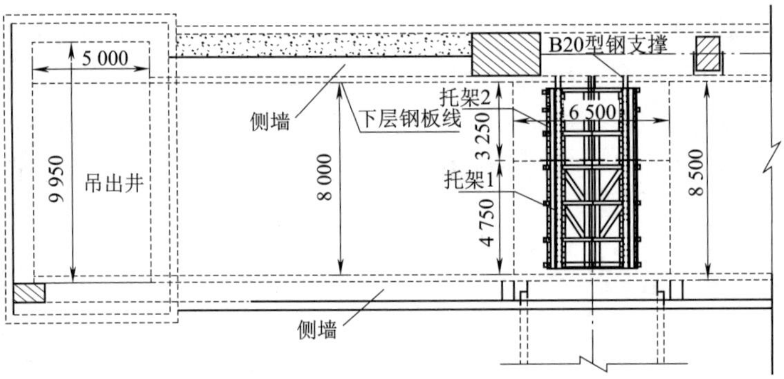

步骤 2:接收基座安装
</td><td>托架分 4.5 m 长和 3 m长两部分,靠近洞门端放置 4.5 m 部分。托架沿隧道轴线前后两头都距两边侧墙 50 cm 放置。
托架安放好后要和下面的钢板焊接起来</td></tr>
<tr><td>
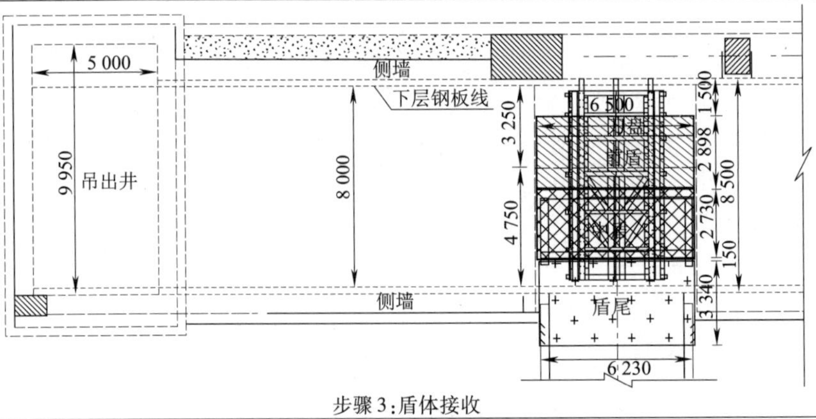

步骤 3:盾体接收
</td><td>盾构机到达,刀盘顺利上托架后继续推进,当盾体上托架 6.5 m 后停止推进,拆除桥架皮带机,螺旋机,拆除盾体内分离中前盾需拆除的管线,中前盾螺栓,中盾内加固人仓,拆除人仓螺栓,前盾及托架上加工分离盾体所需的油缸支座等工作,准备分离中前盾</td></tr>
</table>

续上表

步骤示意图	说明
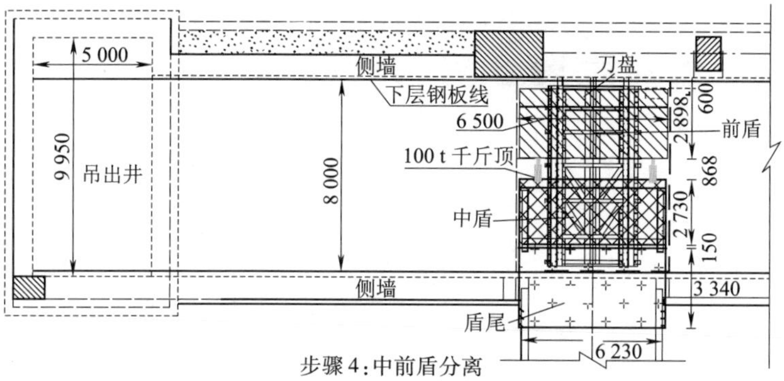 步骤 4:中前盾分离	中前盾分离准备做完后开始分离中前盾。用 2 根 100 t 千斤顶将前盾与中盾顶开 870 mm，这时前盾已完全上了 3 m部分托架，两部分托架连接处也漏出。开始拆除连接部分螺栓，焊接部分也割开。前盾左右两侧的支撑焊接。平移油缸所需的支座焊接
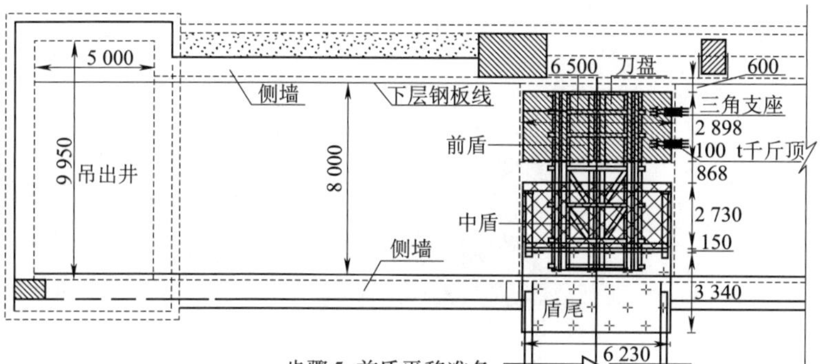 步骤 5:前盾平移准备	前盾与刀盘侧向平移，用两个 100 t 千斤顶将盾体刀盘及前盾、托架整体侧向平移，平移过程中需在平移通道钢板上涂抹黄油
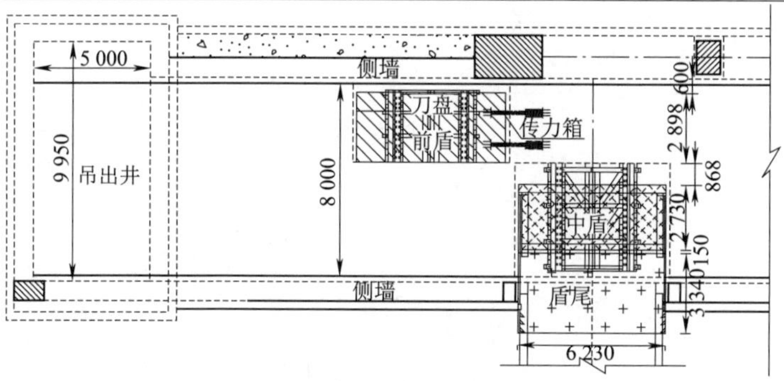 步骤 6:前盾平移	刀盘及前盾平移 6.8 m后停止平移
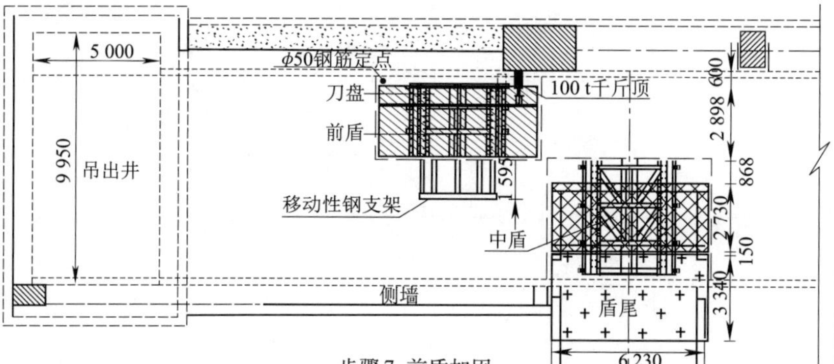 步骤 7:前盾加固	在前盾法兰面侧加焊型钢支架

续上表

<table>
<tr><th>步骤示意图</th><th>说明</th></tr>
<tr><td>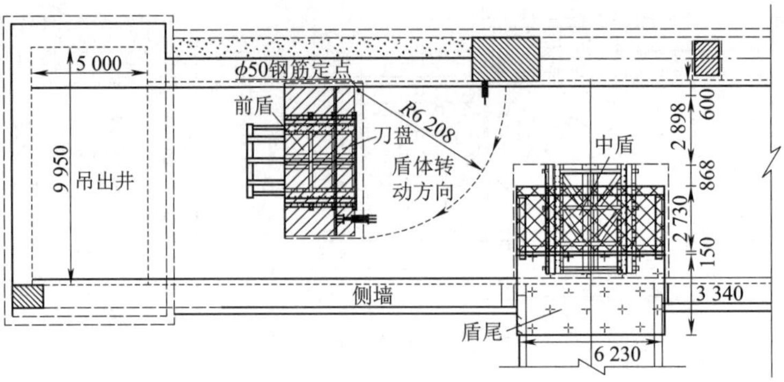

步骤8：前盾转体90°</td><td>前盾支架焊完后开始沿定点转体90°（定点为钢板上割ϕ60 mm的孔，用水钻在孔内打50 cm深的孔，在孔内装一个ϕ50 mm长700 mm的钢棒）</td></tr>
<tr><td>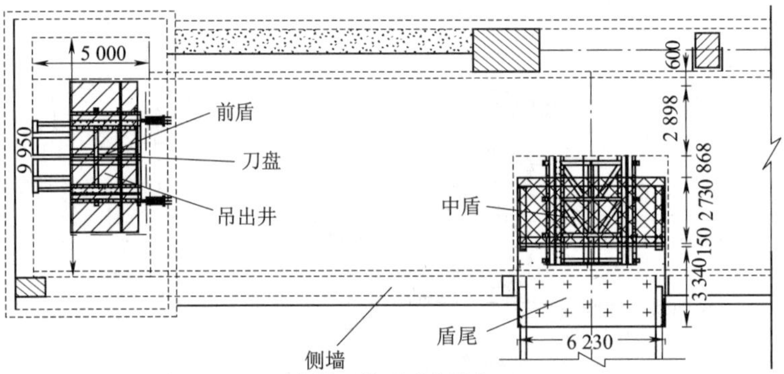

步骤9：前盾平移吊出</td><td>前盾和刀盘到达竖井内后割除前盾型钢支架，割完后继续向前平移1 m，然后吊车下钩挂钩，开始刀盘与前盾分离，分离后将刀盘吊至地面，翻身装车运走</td></tr>
<tr><td>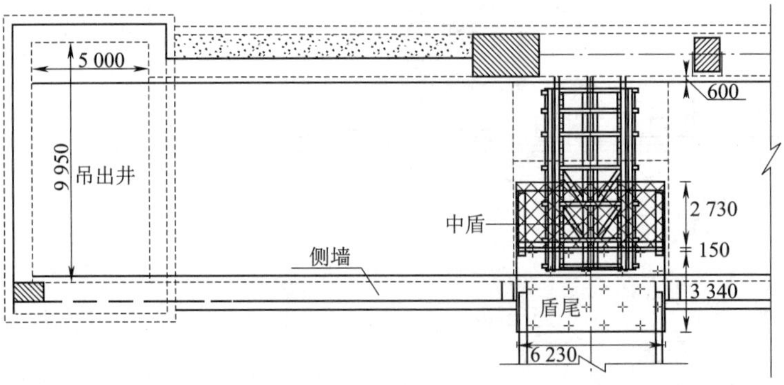

步骤10：中盾与盾尾出洞</td><td>中前盾分离时，盾尾在洞内还有2 334 mm，最后一环管片行程不够不能拼装，待前盾与刀盘平移走后继续向前推进至足够拼装行程后将最后一环管片拼好，然后继续推进，利用加长顶撑顶至盾尾脱出最后一环管片30 cm停止，中盾与盾尾分离，桥架与拼装机分离，拼装机在盾尾内加固，盾体内管线拆除，台车间管线拆除等拆机工作</td></tr>
</table>

续上表

步骤示意图	说明
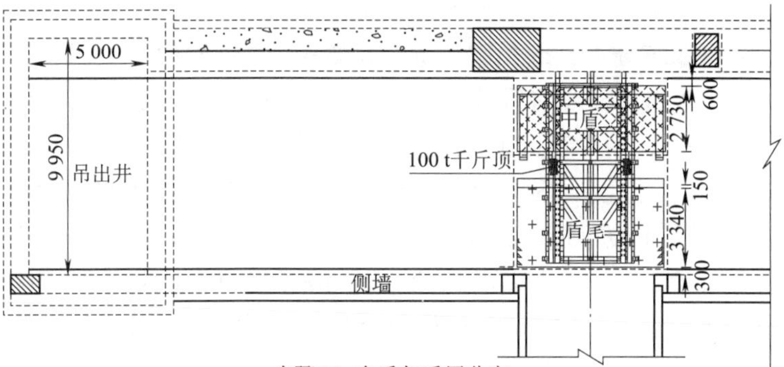 步骤 11：中盾与盾尾分离	中盾与盾尾分开后将中盾继续顶至距离侧墙 600 mm 时停止，拆除托架连接部位螺栓，隔开连接部位焊接加固部位。 在盾体两侧用 200H 型钢焊支撑，在钢板上焊接油缸支座。准备平移
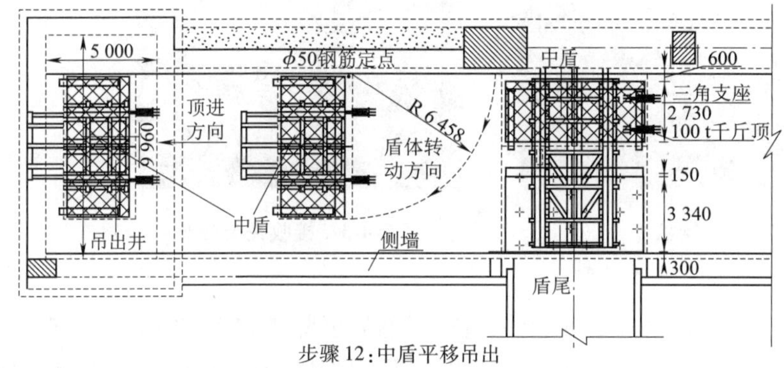 步骤 12：中盾平移吊出	平移准备工作做完后开始侧向平移，平移 6.8 m后开始沿顺时针方向转体 90°。旋转定点做法跟前盾旋转一样。 焊接加固支架，焊接完后继续平移 9.6 m 后到达吊出竖井内，吊车下钩挂好钢丝绳后割除焊接的 H 型钢支架，然后吊至地面翻身装车运走
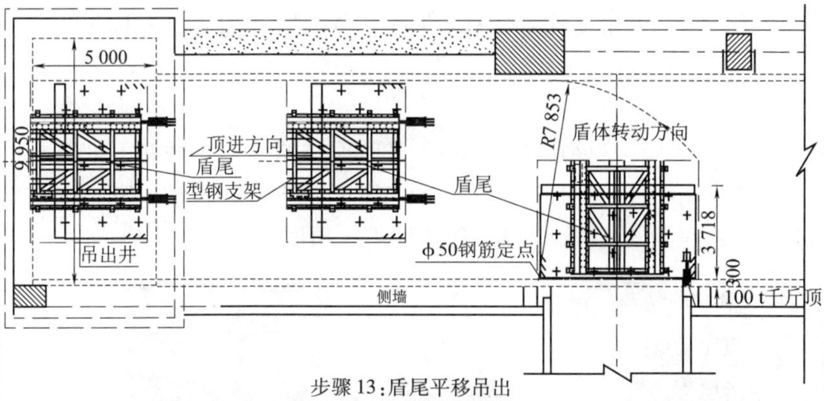 步骤 13：盾尾平移吊出	中盾吊至地面后开始准备平移盾尾。将盾尾在原地沿逆时针方向转体 90°，然后平移至吊出竖井内吊出，吊至地面后用吊车和人工手拉葫芦配合，将拼装机从盾尾内拉出来，焊接支撑架子后装车运走。之后盾尾也装车运走

5.4.3　暗挖车站内盾构机横移吊出技术

1. 施工准备

（1）施工人员进入地铁暗挖车站风道施工场地后，及时对盾构机接收、平移场地进行平整，并清理障碍物，合理规划材料堆放场地。

（2）钢板铺设：施工人员进场后，对盾构井基面进行清理。风道底板与平移通道需拼接平铺 20 mm 厚钢板 8 m×28 m，如图 5.4-2 所示。从风道井口铺起，钢板距两边侧墙距离均为250 mm，托架下面需铺两块20 mm厚钢板（4.75 m×3.25 m，3.25 m×3.25 m），分别对应4.5 m托架部分和3 m托架部分铺好，前后两侧距侧墙250 mm。铺托架钢板前需要在两层钢板间抹黄油。

（3）接收基座的安装：接收基座分4.5 m长和3 m长两部分，靠近洞门端放置4.5 m部分，如图5.4-3所示。接收基座沿隧道轴线前后两头都距两边侧墙500 mm放置。接收基座的中心轴线应与隧道设计轴线一致，同时还需兼顾盾构机出洞姿态。接收基座的轨面高程除适应于线路情况外，作适当调整，以便盾构机顺利上基座。为保证盾构刀盘贯通后拼装管片有足够的反力，将接收基座以盾构进洞方向+3‰的坡度进行安装。对接收基座进行加固，在接收井铺设钢板与接收架焊接，并利用膨胀螺栓、工字钢等材料将接收基座支撑在接收井的混凝土结构上，尤其要加强纵向加固，保证盾构机能顺利到达接收基座上。

图5.4-2　钢板铺设

图5.4-3　接收托架分节

2. 盾构机接收

盾构机上接收基座直到接收至6.5 m后停止推进，然后拆除连接桥、皮带机、螺旋输送机、中盾与前盾连接的线路、中盾与前盾连接的螺栓，中盾内加固人仓，拆除人仓螺栓，前盾及接收基座上加工分离盾体所需的油缸支座等工作，准备分离中盾和前盾。盾构机接收上托架如图5.4-4所示。

3. 中盾与前盾分离

中盾与前盾分离（如图5.4-5所示）使用2根100 t千斤顶将前盾与中盾顶开870 mm，这时前盾已完全上了3 m部分托架，两部分托架连接处也露出。开始拆除连接部分螺栓，焊接部分也割开。焊接前盾左右两侧的支撑，焊接平移顶推千斤顶所需的反力支座。

图5.4-4　盾构机接收上托架

图5.4-5　前盾与中盾分离

4. 前盾及刀盘平移吊出

使用两个100 t千斤顶将盾体刀盘及前盾、托架整体侧向平移，平移过程中需在平移通道钢板上涂抹黄油。在前盾法兰面侧加焊型钢支架稳固,前盾支架焊完后开始沿定点转体90°(定点为钢板上割 φ60 mm 的孔,用水钻在孔内打 500 mm 深的孔,在孔内装一个 ϕ50 mm 长 700 mm 的钢棒),然后继续顶推前移至竖井内。前盾及刀盘到达吊出竖井内后割除前盾型钢支架,割完后继续向前平移 1 m,然后吊车下钩挂钩,开始刀盘与前盾分离,分离后将刀盘吊至地面,翻身装车运走。吊车再下钩将前盾吊至地面翻身装车运走。最后将 3 m 部分托架运回至接收井内与另外一部分托架拼接装好,准备接收中盾与盾尾。中前盾分离时,盾尾在洞内还有 2 334 mm,最后一环管片行程不够不能拼装,待前盾与刀盘平移走后继续向前推进至足够拼装行程后,将最后一环管片拼装好,然后继续推进,利用加长顶撑顶推至盾尾脱出最后一环管片 300 mm 停止,开始准备盾构机断高压电,中盾与盾尾分离,桥架与拼装机分离,拼装机在盾尾内加固,盾体内管线拆除,台车间管线拆除等拆机工作。前盾及刀盘侧向平移至竖井口旋转 90°,如图 5. 4-6 所示。

图 5. 4-6　前盾及刀盘侧向平移至竖井口旋转 90°

5. 盾构机与后续台车分离

(1)调整拼装机的位置,使拼装机的前移、定位机构位于正下方;旋转螺旋机,使螺旋机内部渣土清理干净。

(2)利用盾构机推进千斤顶,将盾体往前移动直至盾体完全处于接收架上。

(3)在管片车上焊接支架,支架将牵引杆、连接桥、皮带机前端支撑。

(4)断开盾体和台车之间的水电、液压管线以及钢结构的连接,对管线进行编号,并做好清洁保护。

(5)在盾体外壳焊接防止盾体转动的限位钢板,同时焊接防止铰接活动的钢板。

6. 中盾侧向平移吊出

中盾尾盾脱出管片后(如图 5. 4-7 所示),中盾与盾尾分开后,将中盾继续顶至距离侧墙 600 mm 时停止,拆除托架连接部位螺栓,割开连接部位焊接加固部位。在盾体两侧用 200H 型钢焊支撑,在钢板上焊接千斤顶反力支座。平移准备工作做完后,开始侧向平移,平移 6. 8 m 后开始定点沿顺时针方向转体 90°。旋转定点做法跟前盾旋转一样。焊接稳定加固支架,焊接完成后,继续平移 9. 6 m 到达吊出竖井内,吊车下钩挂好钢丝绳后割除焊接的 H 型钢支架,然后吊至地面翻身装车运走。

7. 尾盾侧向平移吊出

中盾吊出后将盾尾在原地定点沿逆时针方向转体 90°,然后平移至吊出竖井内吊出,吊至地面后用吊车和人工手拉葫芦配合,将拼装机从盾尾内拉出来,焊接支撑架子后装车运走。中盾尾盾侧向平移如图 5.4-8 所示。

图 5.4-7　中盾尾盾脱出管片

图 5.4-8　中盾尾盾侧向平移

5.5　盾构机土中平衡接收技术

5.5.1　技术背景与原理

1. 技术背景

随着大中城市轨道交通建设的迅速发展，城市的地下空间资源越来越紧张。为减小施工过程的相互影响，隧道规划也越来越深，正在向含有微承压水及承压水的复杂地层中发展。在覆土深、地下水压大的工况下，常规盾构接收工艺不能在根本上避免盾构接收期间的渗漏风险，也没有有效的方法能够避免盾构接收时突发渗漏对成型隧道的影响，因此如何确保在覆土深、地下水压大、渗漏风险高的工况下盾构安全接收，规避风险，避免对周边环境产生较大影响是须迫切解决的难题。由于博物馆站～文化宫站区间右线接收井场地空间受限，端头加固长度较短，为确保盾构机接收安全，对接收井进行反压回填，模拟土层掘进，在减少盾构接收过程中的渗漏风险及对周边环境影响、确保隧道质量方面效果明显，技术先进可靠。

2. 技术原理

在盾构接收竖井内，用混凝土墙或钢板将隧道的另一洞口进行封闭，并在井底施做混凝土接收导台，混凝土导台高程与洞门钢环一致或略低 10～20 mm；洞门破除前利用暗挖降水井采取降水或止水措施，然后将洞门划分为 9 块，由下而上破除洞门围护结构（通常采用玻璃纤维筋代替钢筋免除破洞门）。随洞门的破除进度而随时回填土方，一边回填，一边夯实土方，待土方回填到洞门钢环顶高程以上 2 m 时结束回填，土方表面采用 20 cm 厚 C20 素混凝土进行封闭，使其成为一个密闭的空间，建立一个井内外水土压力平衡模型。盾构进入密闭空间后模拟地层内盾构正常掘进参数进行掘进，同时降低盾构总推力至 6 000 kN 以内，通过洞内同步注浆和二次注浆及时封闭洞门环，确保盾构顺利实现接收。破除素混凝土，清除剩余的回填土，焊接吊耳，将盾体及后配套逐节吊出井外，平板车运输至指定位置。

5.5.2　盾构机土中平衡接收技术

1. 盾构机土中平衡接收工艺流程

盾构机土中平衡接收施工工艺流程图如图 5.5-1 所示。

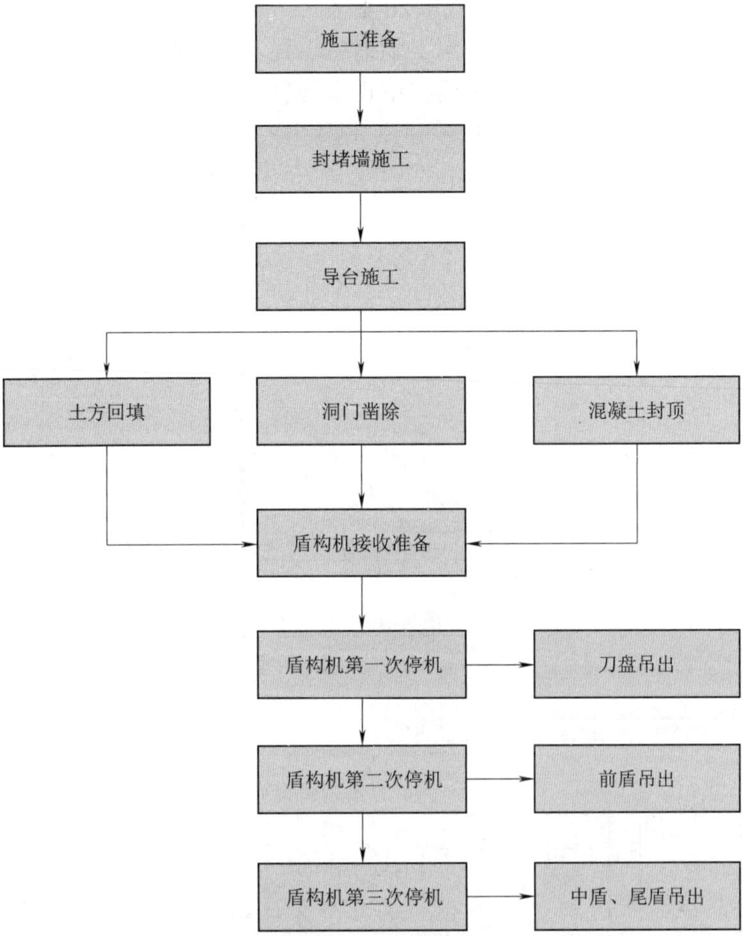

图 5.5-1　盾构机土中平衡接收施工工艺流程图

2. 盾构接收准备工作

(1)材料准备

施工必需材料、设备、机具备齐,以满足本阶段施工要求,管片、连接件等准备有足够的余量。准备一环背覆钢板闭口环管片,作为盾构接收最后一环管片。准备三环各含 15 个注浆孔的管片,即除封顶块外每块管片增加 2 个注浆孔(每块管片注浆孔 3 个,共 5 块管片,合计 15 个注浆孔),减小原注浆孔间的距离,用于盾构接收后实施封闭注浆。

(2)测量工作

盾构接收前的测量是复核盾构所处的方位,确认盾构的姿态、里程,复测洞门偏差,拟定盾构接收段的施工轴线、推进坡度的控制值等参数的重要依据,确保盾构在此阶段的施工中始终能够按照预定的方案实施,以良好的姿态接收,并准确就位在盾构接收导台上。

3. 封堵墙施工

盾构接收井另一端洞口需要采用钢筋混凝土墙或钢板 + 工字钢组合式墙进行封堵,洞门封堵墙要进行专项设计,按照相关要求进行结构受力检算,其检算结果应满足强度要求,盾构掘进过程中控制盾构总推力不得大于检算荷载设计值。

封堵墙采用了钢板+工字钢组合式墙，钢板高7.9 m、宽8.3 m、厚10 mm，在钢板后设置竖向支撑15道间距为0.61 m，在竖向工字钢后设置3道横撑间距1 m，最后在设置6道斜撑，以上支撑均采用I22a工字钢，洞门封堵正面、侧面示意图如图5.5-2所示。

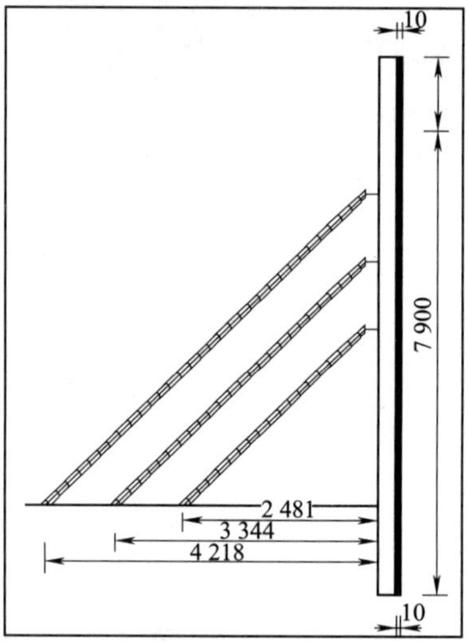

(a)端部支撑

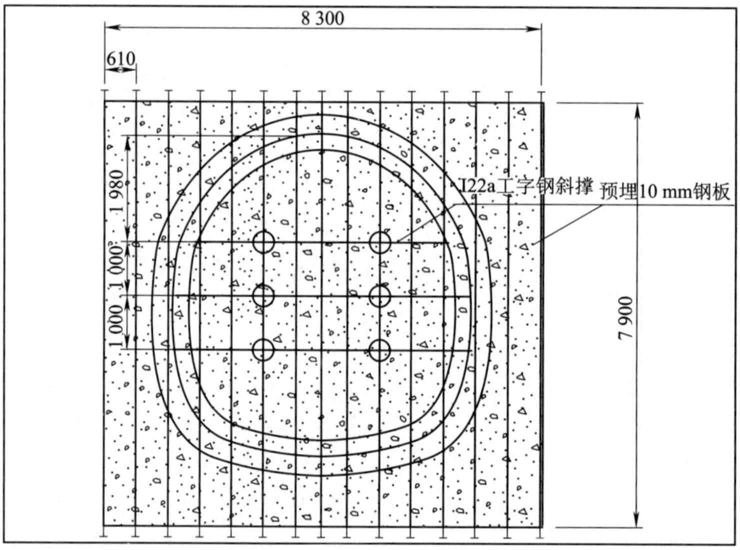

(b)断面图

图5.5-2 洞门封堵结构图(单位:mm)

4. 盾构机接收导台的制作

(1)导台的设计

导台截面形状与盾构机外壳类似，半径为3 150 mm，顶面所处弧面半径同盾体半径。混凝土导台采用C30混凝土，导台具体尺寸应根据接收井净空的要求确定，以满足盾构接收为宜，浇筑采用汽车泵进行回填浇筑。

(2)导台的施工

混凝土导台浇筑在接收井底板上,导台横断面示意图如图5.5-3所示。

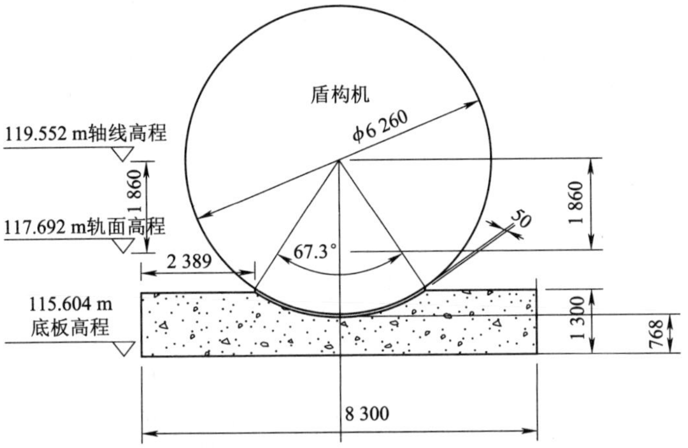

图5.5-3 导台横断面图(单位:mm)

①支模

侧模板采用竹胶板,对拉杆件及横撑进行加固;预先在埋设ϕ25 mm以上短钢筋作为模板底脚的支承点。

混凝土浇筑前,用高压风管清理模板内木屑等杂物。用水管冲洗湿润模板,要保证模板内洁净、用水浇透。

当模板漏浆,模板接缝宽度不大于1 mm时,板缝用包装胶带纸贴缝。在混凝土浇筑过程中,要经常检查,如发现变形、松动等情况,及时修补加固。

②混凝土浇筑

采用商品混凝土浇筑,混凝土采用泵送入模内,必须分层浇筑,分层厚度为30 cm。振捣采用插入式振捣器振捣。振捣时须做到快插慢拔,让气泡排除。振捣时间为20~30 s(翻浆为止),移动距离为35 cm,要求混凝土必须内实外光,不得出现蜂窝、麻面等病害。在混凝土浇筑及收面时必须保证混凝土面弧度,待达到初凝时及时对各弧面进行测量,并处理超限点。

③成品养护

拆模后必须进行至少14 d的养护,养护采用覆盖无纺布保湿,期间严禁任何车辆和重物通过。

④导台的质量控制

(a)导台要严格按图设计高程及坡度进行控制。

(b)混凝土导台施工时一要保证模板的弧度,二要保证浇筑混凝土时模板的稳定性。如果在拆模时发现导台不够平整,则必须对它进行修整(打磨处理)以达到设计要求。

(c)为防止盾构机进洞时出现"磕头"现象,导台接收盾构机后要保证盾构中心高于原设计轴线2 cm。

5. 降水井施工

在地基加固区外打设降水井,降水井布置需根据水文、地质条件进行设计、验算,能满足各阶段施工时对地下水位降深的要求。成井时应严格控制洗井效果，确保成井出水不出砂。启动周边降水井，将地下稳定水位降至洞门钢环以下 0.5 m 后打设水平探孔观察有无渗水情况，无明显渗水方可进行人工凿除洞门工作。

6. 洞门凿除

在围护结构施工阶段应提前思考盾构机接收方案，将洞门环内的钢筋采用玻璃纤维筋替代，可免除洞门破除的风险。盾构机距离洞门围护结构一定距离后停止掘进，洞门凿除前，先开设 9 个观察孔至加固土内，检查加固土体的自立性和渗漏情况，必要时需采取注浆等补加固措施，确保洞门凿除时土体的稳定性。洞门凿除根据现场工况采用在钢环范围内分成上中下九块，且分块凿除，凿除采用自下而上的顺序，且凿除一层（每层厚度不大于50 cm）后及时回填土方并且采用人工夯实，洞门凿除示意图如图 5.5-4所示。

若围护结构为钻孔灌注桩时，洞门凿除先对桩内侧 1/2 部分从下到上逐层进行破除，并割除内侧 1/2 钢筋，同时做好渣土清理工作。内侧 1/2 桩体破除清理完毕后，对桩间部位进行探测，确保没有涌水涌砂危害。然后对外侧 1/2 桩体混凝土进行破除，保留钢筋，以防万一有涌水涌砂发生时，钢筋可以作为最后一道防护，以减小风险。对渣土清理完毕后进行钢筋割除。

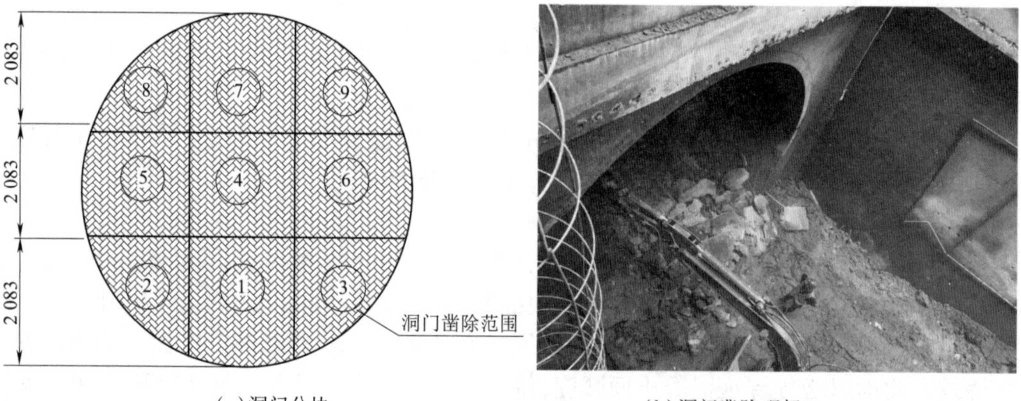

（a）洞门分块　　（b）洞门凿除现场

图 5.5-4　洞门凿除顺序及凿除现场（单位：mm）

7. 接收井内回填

为保护已浇筑完成的混凝土导台，应先填砂至混凝土导台顶面 20 cm，防止洞门凿除时混凝土掉落破坏导台结构。洞门凿除按照自下而上的顺序进行，每凿除 0.5 m 便及时回填土方并分层夯实，土方压实方式以蛙式夯机为主、人工配合为辅依次由下向上铺平夯实，回填一层夯实一层。土方回填至洞门钢环以上 2 m 位置处结束土方回填，铺平夯实后再用20 cm厚 C20 混凝土封闭，形成密闭接收空间。接收井内土方回填示意图如图 5.5-5 所示。

8. 盾构接收段掘进

（1）严格控制盾构正面平衡压力

在接收段盾构施工过程中必须严格控制切口平衡土压力，使得盾构切口前的地层有微小的隆起量来弥补盾构背土时的地层沉降量。同时也必须严格控制与切口平衡压力有关的施工参数，如出土量、推进速度、总推力、实际土压力围绕设定土压力波动的差值等。防止超挖、欠挖，尽量减少平衡压力的波动。

图 5.5-5　土方回填示意图

（2）严格控制盾构推进速度

盾构接收段施工时，推进速度应放慢，尽量做到均衡施工，减少对周围土体的扰动，避免在途中有较长时间耽搁。如果推得过快则刀盘开口断面对地层的挤压作用相对明显，接收段前 12 m 推进速度控制在 1 cm/min。推力控制在 6 000 ~ 6 500 kN 以内。

（3）严格控制纠偏量

在确保盾构正面沉降控制良好的情况下，使盾构机均衡匀速施工，盾构姿态变化不可过大。每环检查管片的超前量，隧道轴线和折角变化不能超过 0.3%。推进时不急纠、不猛纠，多注意观察管片与盾壳的间隙，相对区域油压的变化量随出土量和千斤顶行程逐渐变化。采用稳坡法、缓坡法推进，以减少盾构施工对地面的影响。在盾构接收前 12 m 应根据洞门中心调整好盾构接收位置与姿态。

（4）严格控制同步注浆量和浆液质量

通过同步注浆及时充填建筑空隙，减少施工过程中的土体变形。每环的压浆量一般为建筑空隙 180% ~ 200%，即每推进一环同步注浆量为 5.4 ~ 6 m^3，现场根据地面沉降控制情况可适当增加。注浆压力应控制在 0.3 MPa 左右。严格控制同步注浆量和浆液质量如下：

①保证每环注浆总量。

②保证推进过程中均匀合理地压注。

③浆液的配比要符合施工需要，稠度必须符合质量标准。

（5）严格控制盾尾油脂的压注

在同步注浆量充足的前提下，盾构机的盾尾密封功能就显得特别重要。为了顺利、安全地接收，必须切实地做好盾尾油脂的压注工作。每班上班时检查并保证储桶内有充足的油脂。推进时油脂开关用自动挡根据压力情况自动补压（同时配备专人观察，需要时人工压注），杜绝因人为欠压造成的漏浆、漏水现象。

（6）二次注浆

在盾构推进中，衬砌壁后补压浆和同步注浆一样，也是盾构推进施工中的一道重要工序，是减少隧道和地层后期变形的主要手段。根据接收段地面监测情况，在沉降量较大的情况下实施壁后二次注浆，从而使地层变形量减至最小。注浆结束后，闷头要拧紧。

9. 盾构接收

井内外水土压力平衡后复测盾构姿态及高程，盾构接收掘进过程中控制各项施工参数使盾构按照隧道轴线掘进，尽量确保盾构与洞圈四周间隙均匀，盾构土中接收时盾尾油脂、同步注浆等需按要求压注直至完成盾构接收，同时，还需做好测量校核工作。盾构主体全部通过洞圈进入接收井侧墙内皮前，要停止掘进，保持盾构盾尾注浆孔仍然处于钢洞圈外的围护结构外侧，便于利用同步注浆孔向围护结构外侧土体压注浆液，密封接收井内外空隙。

盾构在竖井内接收继续掘进，直至完成隧道最后一环管片拼装，通过同步注浆系统注入化学浆液，封闭地下水，盾构继续掘进直至盾尾脱出最后一环管片停止掘进，最后 4 环或 5 环通过吊装孔或特殊管片注浆孔进行二次注浆。二次注浆浆液为水泥 - 水玻璃双液浆，采取控制注浆压力和间隔注浆方式，防止浆液大量窜入竖井土体内。注浆效果达到封闭洞门环后，监测无水土压力时，盾构机可继续开启螺旋输送机出土，尽量出完刀盘前方土方，减少人工出土工作量。

(1)盾构分步接收

盾构接收时由于博工盾构井长度仅有 10. 8 m，盾构无法一次完成接收，当盾构机第 663 环拼装完成后，推进第 664 环时开始通过中盾径向注浆孔向盾构机四周注入化学浆液，以封堵后方来水。盾构首次接收到达距离封堵墙端头 2 m 左右时停止掘进，通过分步顶推分步拆机工艺，逐步拆除盾体。盾构第一次接收位置如图 5. 5-6 所示。

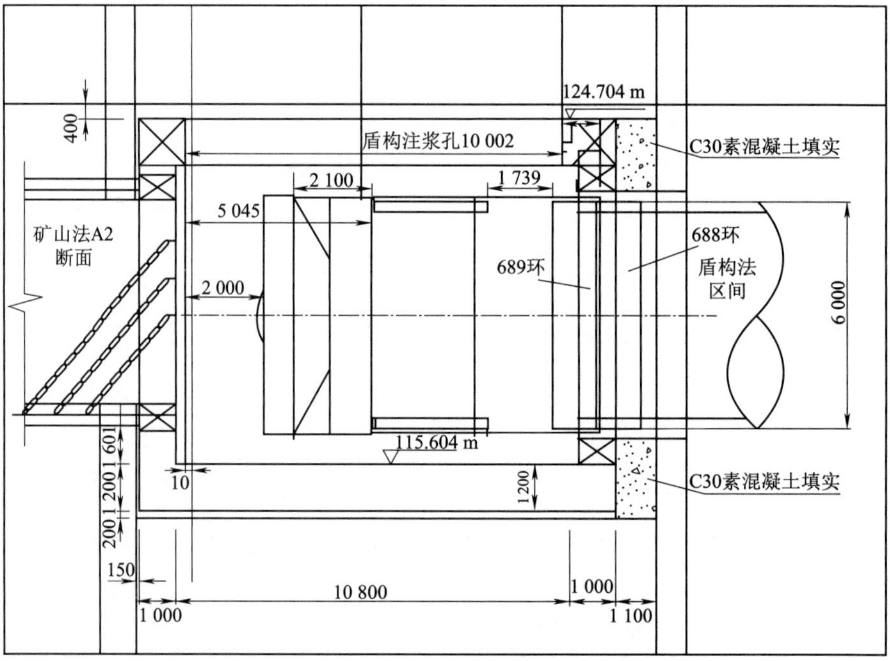

图 5. 5-6　盾构第一次接收位置(单位：mm)

(2)破除封闭混凝土，开挖上部覆盖土方，清除盾体周边残土，清除刀盘前方下部土方时，盾体两侧土方较高，坡度较陡大约 71°。在两侧盾体上焊接钢筋采用木板进行支撑防护，刀盘全部露出后，拆除刀盘，吊出刀盘，如图 5. 5-7 所示。

(3)盾构机前移及吊出

①利用盾构机自身推进油缸，将盾构机继续向前推进，拼装最后一环管片，同步注双液浆止水封闭洞门。当盾尾脱出洞门约 500 mm 时(盾尾刷已全部漏出)停止推进，除去盾构机上部渣土。一边除去渣土，一边用准备好的钢板及快速水泥封堵施工缝隙。

②将前盾吊出，如图 5. 5-8 所示。

③钢板封堵后启动洞内二次注浆（666 环处），注浆时需注意盾构机底部有无翻浆。

④利用盾构机自身推进油缸，将盾构机继续向前推进，当盾尾脱出管片约 366 mm 时停止推进，拆除拼装机放置盾尾内。

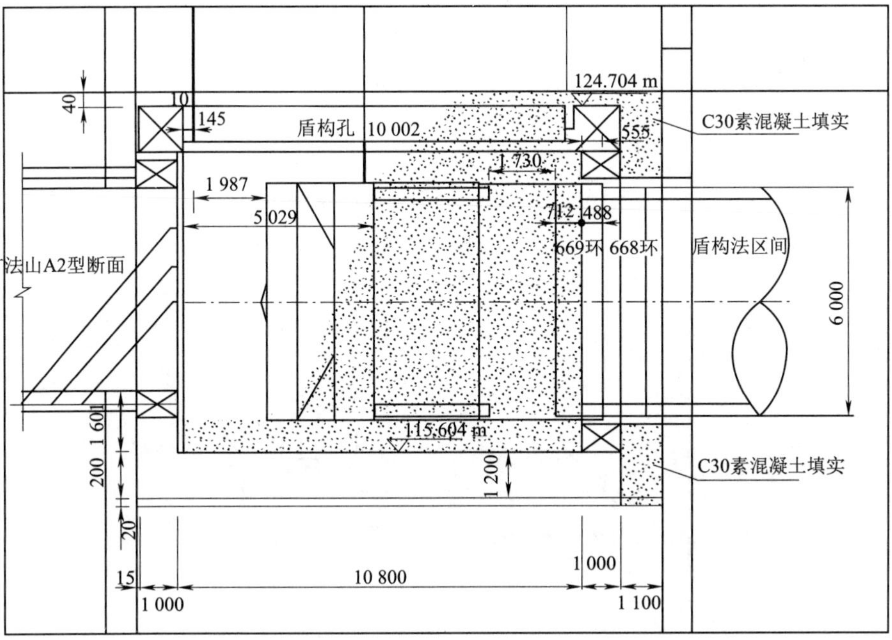

图 5. 5-7　刀盘拆除吊出（单位：mm）

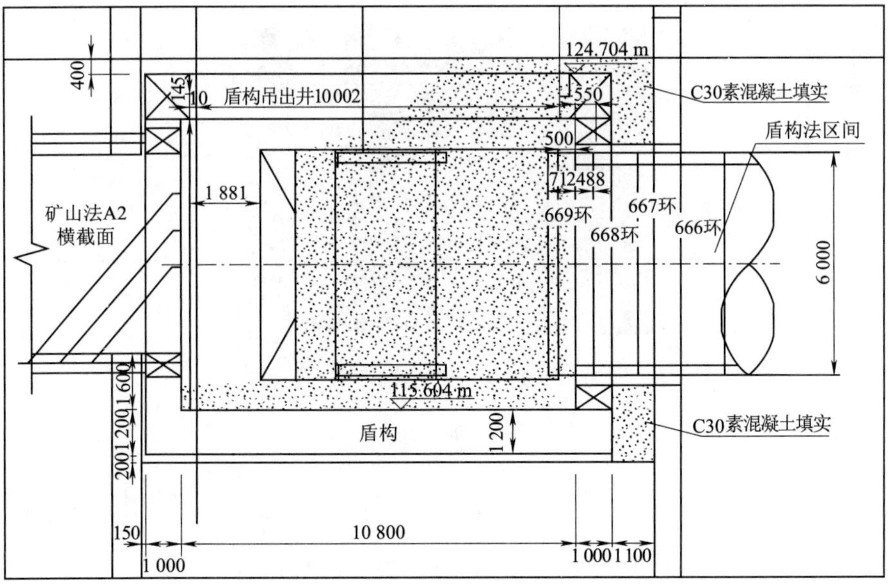

图 5. 5-8　第二次停机及前盾吊拆（单位：mm）

⑤利用自身油缸将中盾和尾盾分离，将尾盾、中盾吊出（如图 5. 5-9 所示），最后将后配

套台车驮运至盾构始发井吊出洞外。

10. 余土清理盾构吊出

人工破除封闭混凝土,清理剩余土方,如图 5. 5-10 所示。破碎后的混凝土与清理土方置于刀盘前方,尽量通过盾构螺旋输送机出土。在盾体上焊接吊耳,经探伤检测后,经过上述步骤,用千斤顶分别分离刀盘、前盾、中盾、尾盾,用 500 t 和 200 t 吊车分别将盾体吊出井外,平板车运输至指定位置。

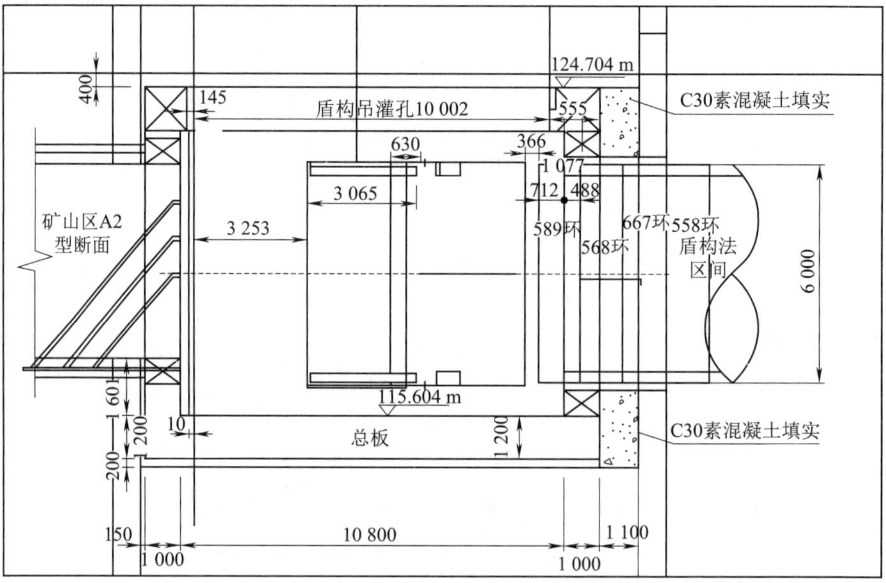

图 5. 5-9 第三次停机及中盾和尾盾吊拆(单位:mm)

图 5. 5-10 余土清除图

第6章　技术总结与主要成果

6.1　技术总结

1. 复杂条件下盾构进出洞端头加固技术

(1)综合对比分析了高压旋喷加固、素连墙隔断旋喷加固、大管棚、水平注浆、冷冻法等技术,得到了适用于超厚富水砂层钢套筒始发与接收的最优端头加固方案。

(2)在有垂直加固条件的岗阜状平原的盾构井端头加固可采用旋喷加固技术,且采用二管法加固优于三重管,端头加固采用P·O 32.5普通硅酸盐水泥合适,可节约成本。加固效果无侧压抗压强度不少于1 MPa,加固体渗透系数小于1×10^{-6} cm/s能满足盾构始发和接收进出洞安全,防治渗漏、沉降。

(3)在管线、给排水管路等复杂环境的端头,超厚富水砂层加固可采用水平冻结法,通过增加泄压孔技术和融沉处理技术,可控制地表沉降和管线变形累计沉降在15 mm以内,速率控制在2 mm/d。

(4)在无垂直加固条件下岗阜状平原的盾构端头可采用大管棚和袖阀管水平注浆加固技术,管棚能有效控制地表沉降,水平注浆能有效改良土体效果,达到止水的目的,避免大量管线迁改和交通疏解,节约成本。

(5)针对超厚富水砂层复杂环境条件,研究形成了适用于本地质条件的盾构始发与接收端头加固技术,解决了端头加固的技术难题。

2. 富水砂层盾构区间钢套筒密闭及进出洞技术

(1)针对富水砂层地铁区间隧道,开发了盾构始发与接收用钢套筒筒体、托架及反力架结构,系统地提出了盾构始发与接收钢套筒筒体、托架及反力架结构设计计算方法,建立了盾构区间钢套筒结构设计技术。

(2)基于"端头加固技术、钢套筒筒体密封技术及高寒富水砂层回填材料研制、钢套筒与洞门连接密封技术、钢套筒与反力架连接密封技术、端头段管片结构密封技术",构建了富水砂层盾构区间钢套筒密闭技术体系。

(3)针对端头无加固作业条件或地层加固效果难以控制时盾构进出洞的技术难题建立了富水砂层盾构区间钢套筒始发与接收技术,避免了地上地下既有建(构)筑物的迁改,保护了施工环境,大大节约了施工工期和成本,产生了良好的经济社会效益,具有较大的推广价值。

(4)盾构始发试掘进100环、负环管片拆除后,洞口段正环管片应力释放;盾构到达刀盘出洞时盾构反力急剧降低,导致管片拼缝不严密、防水胶条压紧程度不足等问题。此外由于哈尔滨地区具有季节性温差较大、冬季温度较低等问题,造成隧道周边土体反复冻融,盾构隧道始发和接收段渗漏水问题频发。针对该问题,在地铁领域首次研发了盾构管片结构内预埋波纹管、安装锚垫板、在始发接收段10环管片范围内施加预应力的技术方法,可达到将管片整体拉紧、防水胶条紧密压实、增强隧道整体防渗漏性能的效果。研发的盾构始发接收段管片施加预应力技术,解决了盾构始发接收段管片拼缝渗漏水通病问题,确保了严寒地区盾构隧道的整体防水质量,在类似地铁工程的设计和施工中具有较强的推广价值。

3. 复杂条件下地铁区间隧道盾构进出洞关键技术

(1)针对采用钢套筒接收和始发的两个连续穿越富水砂层且端头无加固条件的盾构区间隧道的中间车站环境条件十分复杂、无大型吊装和运输设备进出场的技术难题,在该中间站站台层净空尺寸满足盾构机及钢套筒整体过站净空要求条件下,开发盾构机及钢套筒整体过站技术具有良好的社会经济效益。

(2)双螺旋盾构机需要将二级螺旋拆除,一级螺旋尾部与端头井四壁在转体过程中均有干扰,通过小角度多次旋转、滑移工序,有效解决了狭小空间端头井内盾体调转180°,并侧向滑移至右线二次始发的施工技术难度。形成了密闭车站内盾构机调头、二次始发技术系统形成了已封顶车站条件下盾构机盾体及后配套台车调头的成套关键技术,该技术成果可使盾构机在已封顶车站内实现调头、二次始发,创新采用的交叉轨道铺设方法可实现后配套台车在站内完成调头,解决了接收车站已封顶不具备盾构机吊出条件的技术问题,为封闭式车站两相邻区间隧道施工工法提供了设计新思路。站内调头无需大型吊装设备,操作简单,施工成本低,但对后配套设备台车调转需要提前进行设计规划,并对调头区中板承重强度进行检算,确保后配套台车旋转的安全性。

(3)开发了狭小空间盾构洞内接收解体综合技术:哈尔滨地铁博物馆站为既有1号线与新建2号线换乘车站,该站不具备预留盾构吊出条件,需要盾构在洞内接收并解体后分节分块重新运输至始发端吊出。由于既有博物馆站接收端长度仅为5.2 m,且端头上方存在一座建于20世纪80年代的老旧建筑(汉庭酒店),对盾构接收、解体造成了巨大施工难度。针对上述难题,采用大管棚对端头进行加固,对盾构分次顶推、逐节拆解、分块运输的方案进行了详细分析,创新形成了老旧建筑物下狭小空间盾构洞内接收解体综合技术,在国际上首次实现了双螺旋盾构洞内接收解体。

(4)哈尔滨地铁2号线省政府站是黑龙江省内首座PBA暗挖车站,传统暗挖车站相邻区间多采用矿山法施工,但工法存在工期长、安全风险大、机械化程度低等缺点,尤其在本场区高水压环境下,降水难度大、投资不可控。为了解决上述问题,创新性地开发了一套暗挖车站风道内盾构机侧向平移吊出工法,解决了在暗挖车站相邻区间不具备盾构吊出条件下无法采用盾构施工的难题。该工法形成了暗挖车站内盾构机侧向平移吊出技术,实现了省政府站相邻区间的盾构施工,确保了该区间的施工安全,有效缩短了施工工期9个月,节约工程投资约3 607万元,为类似工程设计提供了新思路。

(5)在富水砂层竖井或中间风井内采用回填渣土模拟土中掘进工况,并增加混凝土压盖施工措施,以维持内外水土压力平衡,确保盾构机顺利接收,有效解决了地面场地狭小、管线密集且不具备迁改条件、高大建筑物临近竖井,导致盾构接收端无法从地表处进行常规端头加固的接收技术难题。

6.2　主要成果

1. 专利

(1)一种安装有止水装置的盾构始发钢套筒(ZL 201721592610.0),实用新型专利,有权。

(2)一种盾构机进出洞防水封堵装置(ZL 201721377935.7),实用新型专利,有权。

(3)一种盾构隧道进出洞管片施加预应力的施工方法(申请号:201711163892.7),发明专利,实审中。

(4)一种滑移钢套筒盾构机整体过站二次始发施工方法(申请号:201910107531.3),发明专利,已授权。

(5)一种暗挖车站风道内盾构接收及侧向平移吊出方法(申请号:201910233445.7),发明专利,已授权。

2. 工法

(1)“滑移钢套筒法”盾构机整体过站施工工法,黑龙江省级工法,编号:Hgf 2018 -080。

(2)暗挖车站风道内盾构机分解横移吊出施工工法,黑龙江省级工法,编号:Hgf 2018 -081。

(3)盾构钢套筒平衡始发施工工法,黑龙江省级工法,编号:Hgf 2018 -083。

(4)狭小接收空间站内盾构机解体施工工法,黑龙江省级工法,编号:Hgf 2018 -087。

参 考 文 献

[1]许骕. 承压富水砂层中的盾构进洞工艺研究及应用[J]. 建筑施工,2019,41(6):1123-1125.

[2]陈金刚,刘春光,宋晶晶,等. 多层承压水地层中非降水条件下盾构进洞技术研究[J]. 市政技术,2019,37(6):130-133.

[3]马国强. 复杂工程环境下富水软弱地层内盾构出洞接收关键技术分析[J]. 施工技术,2018,47(14):39-43.

[4]李飞. 浅覆砂层条件下大直径盾构进洞安全控制技术[J]. 中外建筑,2015(8):145-147.

[5]彭仁. 井点降水技术在盾构出洞施工中的应用[J]. 中国市政工程,2013(5):80-82,108.

[6]王星童. 盾构进洞杯形冻结温度场现场实测研究[J]. 中国市政工程, 2018(2):113-116,137-138.

[7]李福锋. 盾构出洞水平冻结加固冻土温度场发展规律研究[J]. 建井技术,2017,38(2):42-45.

[8]康杰. 盾构出洞 PVC 免拔管法水平冻结施工工法研究[J]. 地下空间与工程学报,2016,12(增刊 2):707-712.

[9]李方政,崔兵兵,张世银. 盾构进洞加固 PVC 冻结管力学性能试验研究[J]. 地下空间与工程学报,2016,12(5):1179-1184,1218.

[10]崔兵兵,李方政. 聚氯乙烯盐水冻结管在盾构进洞中的工艺性能分析[J]. 城市轨道交通研究,2013,16(2):116-119.

[11]丁国胜. 水平冻结 + 钢套筒技术在盾构进洞过程中的应用分析[J]. 现代城市轨道交通,2017(2):36-39,44.

[12]伍伟林,王呼佳,高鲲,等. 钢套筒平衡技术在泥水平衡盾构出洞工程中的应用[J]. 城市轨道交通研究,2016,19(9):125-128.

[13]夏晨欢. 盾构进洞钢套筒施工技术的研究[J]. 建筑施工,2013,35(1):69-71.

[14]张国成,蒋忠全,韩明,等. TBM 盾构机在隧道施工中的出洞步进技术研究[J]. 中国设备工程,2019(13):166-167.

[15]袁伟. 地铁盾构接收二次进洞施工[J]. 天津建设科技,2017,27(5):66-67.

[16]郭志峰. "凸"型竖井泥水盾构出洞平移技术[J]. 铁道建筑技术,2016(7):6-9,17.

[17]郭振国. 明洞接收技术在盾构出洞中的应用[J]. 国防交通工程与技术,2015,13(6):67-70.

[18]石平. 武汉轨道交通 4 号线及 6 号线区间隧道上下叠交盾构进洞施工技术[J]. 地下工程与隧道,2015(1):15-18.

[19]王君,刘庆晨,李广军,等. 组合工法在天津地铁盾构进洞施工中的应用[J]. 建筑科学,2012,28(增刊 1):257-261.